慈善城市发展
研究丛书

广州市慈善服务中心
广州市慈善会

广府慈善
文化拼图

朱健刚　武洹宇　主编

中国社会科学出版社

图书在版编目（CIP）数据

广府慈善文化拼图/朱健刚，武洹宇主编 . —北京：中国社会科学出版社，2020.8

（慈善城市发展研究丛书）

ISBN 978-7-5203-5865-1

Ⅰ.①广⋯ Ⅱ.①朱⋯②武⋯ Ⅲ.①慈善事业—研究—广东 Ⅳ.①D632.1

中国版本图书馆 CIP 数据核字（2019）第 294445 号

出 版 人	赵剑英
责任编辑	田 文
责任校对	张爱华
责任印制	王 超
出　　版	中国社会科学出版社
社　　址	北京鼓楼西大街甲 158 号
邮　　编	100720
网　　址	http://www.csspw.cn
发 行 部	010-84083685
门 市 部	010-84029450
经　　销	新华书店及其他书店
印　　刷	北京君升印刷有限公司
装　　订	廊坊市广阳区广增装订厂
版　　次	2020 年 8 月第 1 版
印　　次	2020 年 8 月第 1 次印刷
开　　本	710×1000　1/16
印　　张	22.25
字　　数	342 千字
定　　价	118.00 元

凡购买中国社会科学出版社图书，如有质量问题请与本社营销中心联系调换

电话：010-84083683

版权所有　侵权必究

鸣　　谢

本书在诸位作者的努力下得以顺利完成并出版，得益于广州市民政局的大力支持，亦得益于广州市社会组织公益创投的资助与广州市各区民政局、慈善会和专家学者的宝贵意见。希望广府慈善的历史与文化能得到更多有志者的关注，共同推进区域慈善文化事业的发展。

序　言

广州公益慈善书院创始院长、南开大学教授朱健刚约我给这本《广府慈善文化拼图》写篇序。我觉得由地方民政部门来支持编撰自身的慈善历史是一件大好事，故欣然应允。

早在2006年，我出版《中国慈善简史》的时候，便意识到全国各地纂修地方慈善史志的重要性；如今，当我主持国家社科基金重大项目"中国慈善通史"时，这种感觉就更为深切。《广府慈善文化拼图》虽还只是一本历史的通俗读物，但我知晓他们编撰此书的雄心，是要为纂修广府慈善志做准备。我了解健刚创始的书院团队有历史学、人类学和社会学等跨学科组合的学术背景，我想这样的学术团队如果能够得到地方政府的重视并长期大力地支持，坚持不懈地做下去，未来前景一定十分可观。

其实我们现有的一些慈善研究成果，大都得益于前人纂修的地方慈善志书内容所赐。例如，今天我们对明清时期慈善事业的认知，港台学者梁其姿所著《施善与教化——明清的慈善组织》、日本学者夫马进所著《中国善会善堂史研究》等书，都是充分利用了地方慈善志书资料研究传统社会慈善事业的典范。这表明旧方志中有关慈善的载录，所提供的学术信息或史料价值是非常大的。然不无遗憾的是，今人在慈善志书方面所作的努力与贡献，比较前人来说还显得逊色和滞后。所谓盛世修史修志，中华人民共和国成立七十年来，全国各地地方史志的纂修工作方兴未艾，但其中属于慈善志方面的内容成果，却尚不多见。

这本书虽然只是通俗读物，但是也不乏一些历史灼见。我之前对于广府慈善也做过一些研究。广府人世居"岭海怀抱",既靠海吃海,具有海洋文化的包容;又兼百越族群的强悍,更有梁启超所说的"自外于国中"的边民心态。这种长时期的文化心理积淀,持续形塑和培育着广府地区的慈善文化,使广府慈善文化其样貌呈现着杂糅开放和敢为人先的地方特性。千年的广府慈善文化主要在晚清以来的中国近代史上大放光彩,与全球的连接和交流使得广府慈善的地方特性得以充分发挥出其巨大的前瞻潜能与创新优势。书中选择以"广府"从古至今的政治文化中心——即今日广州市区的慈善实践为主,辅以原属广州府的香山及新会等地的相关资料,来窥探和理解广府慈善文化,颇有新意。根据他们的研究,将广府慈善文化总体大致分成三个时期:第一是汉越文化融合的古代广东时期;第二是中西文化糅杂交融的晚清民国时期;第三则是过往慈善传统与现代公益交汇的当代改革开放时期,亦符合实际。这本书古今贯通,指出2018年广州市又提出创慈善之城绝非偶然,而是走过千年慈善的广州,重新站在"慈善之城"的新起点上,给我留下了深刻印象。

我衷心地祝愿广州公益慈善书院的研究团队可以在这本书的基础上继续努力,把广府慈善志书也早日撰写出来。

是为序。

周秋光
2020年4月2日于长沙

目 录

导论　认识广府慈善文化 …………………………………（1）

历 史 篇

近代慈善先锋爱育善堂 ………………………………………（23）
"黄花岗之父"的公益人生 …………………………………（33）
中国第一家西医院
　　——博济医院 …………………………………………（56）
慈善家梁云汉 …………………………………………………（67）
广府道教慈善 …………………………………………………（74）
花开三朵：惠爱医局、夏葛医学院与明心书院 ……………（84）
以"善"为缘：绵远堂与顺德华人慈善网络 ………………（94）
广府劝善书 ……………………………………………………（109）
粤东红十字会 …………………………………………………（117）
陈济棠与民国广州社会救济事业 ……………………………（126）
九大善堂的黄金时代 …………………………………………（137）
孙中山与近代香山澳门慈善组织 ……………………………（149）
东莞明伦堂的故事 ……………………………………………（166）
"惜字有社、放生有会"
　　——略论新会慈善小史 ………………………………（183）
广州方便医院 …………………………………………………（195）

当代篇

陈开枝的扶贫故事 …………………………………………（209）
从推行传统扶贫济困到推动城市慈善文化建设
　　——广州市慈善会的坚守与创新 ……………………（224）
李森和广州10万志愿者 …………………………………（239）
善城广州：让漂泊的心不再流浪
　　——专业社工介入流浪救助工作的实践与探索 ……（248）
红二代刘小钢的弃商从善之路 …………………………（261）
王颂汤与广东公益恤孤助学促进会 ……………………（275）
全城义剪：公益薪火，点点相传 ………………………（298）
中大公益集群：凝聚NGO力量，散播公益种子 ……（306）
赋能麻风康复者：汉达的故事 …………………………（316）
商业向善，穗企公益趋向平台化 ………………………（328）
自营电商扶贫：唯品会的精准扶贫新模式 ……………（335）
媒体公益在广州 …………………………………………（343）

结　语 ……………………………………………………（352）

导论　认识广府慈善文化

对于广府慈善文化专门的学术研究目前才刚刚开始。本书是一本通俗读物，但望抛砖引玉，以便于对广府地区公益慈善历史文化有兴趣的读者，以进入一帧帧微小图景的方式，对广府慈善的历史文化产生一些生动感性的印象和认识，或能在未来引发有志之士进行不断地发掘和更为深入地探索。

何谓"广府"？

广府慈善文化属于广府文化的一部分。"广府"最初是广州府的简称，后来发展到广义的"广府民系"、"广府文化"，指涉中华民族中一个特别的族群，或者叫民系。对此，《广府文化大典》对其写道："该民系的分布区域主要是珠江三角洲中下游区域；广义上一般指的是说'粤方言'的广东人（有时甚至包括所有以粤语为母语的人）。"① 由此来看，广府人的世居之地乃是北靠大庾岭，南临南海的"岭海怀抱"。这样的自然生态亦影响和塑造着居住在这里的族群气质，使之和内陆面朝黄土背朝天的农耕汉人族群有着迥然不同的精神气质与文化品性。

首先，他们有着"靠海吃海"的生活传统，海洋意识由此而根深蒂固，一切的文化都围绕着海上交通和贸易展开，形成重商、开放的文化氛围。其次，历史上内陆汉人由于避乱等原因由北往南进行过多次迁徙，与当地百越族群不断发生融合互动，形成粤人独有的杂糅文

---

① 谭元亨主编：《广府文化大典》，汕头大学出版社2013年版，第7页。

化。其中，广府人敢于作为、乐于竞争，逐渐形成敢为人先的冒险精神。最后，由于常年远离中央王朝政治中心与儒家正统教化，通过海洋与世界各地相通，这使得广府人容易产生一种梁启超所言"自外于国中"的状态，他们注重感官享受，极易吸收各国文明，有着多神的信仰，在近代迅速接受西学，成为当时最早"睁眼看世界"的中国族群。这一切无不体现出广府文化兼容并蓄和与时俱进的精神特质。

深厚的海洋意识、百越风俗之强悍进取以及"自外于国中"的边民状态，在漫长的历史过程中日益沉淀为广府人深层的文化心理，而这种文化心理也持续塑造着广府地区的慈善文化，使其同样呈现出杂糅开放和敢为人先的地方特性。自海洋连接与全球交流日益紧要的近代以来，这样的地方特性便得以充分发挥出其巨大的前瞻潜能与创新优势。

事实上，广府慈善文化大放异彩的时段也正是自清末民初开始的近代。那么清代之"广府"大致是个什么范围呢？鉴于"广府"最初是广州府的简称，那么这一范围大体便可认为是清代广州府所辖区域。它具体包括：南海、番禺、顺德、东莞、新安、三水、增城、花县、香山、新会、新宁、从化、清远、龙门14个县。其中，省城所在的番禺、南海区域是其政治文化的中心，亦即今天广州市区所在的大致区域。

据此，本书选择以"广府"从古至今的政治文化中心——即今日广州市区的慈善实践为主，辅以原属广州府的香山及新会等地的相关资料，来窥探和理解广府慈善文化。据目前的有限研究，广府慈善文化总体大致分为三个时期：一是汉越文化融合的古代广东时期；二是中西文化糅杂交融的晚清民国时期；三是过往慈善传统与现代公益交汇的当代改革开放时期。下文将就此分期做一通览，为后面的具体篇章个案提供时代脉络的参考。

一 古代广府慈善文化

1. 秦汉至魏晋时期

早在秦朝末年，天下大乱时，赵佗在广州自立为王，创南越国，距今2222年。司马迁作《史记》称："番禺亦其一都会也。"南越国的恤政，虽文献无征，但可从出土文物略窥端倪。1982年8月，在广州市郊瑶台柳园岗发现古墓葬，出土一根完好无损的鸠杖。汉初，朝廷赐鸠杖予年逾七十的老人，享有"入官府不趋"、吏民不得殴辱的尊荣。鸠杖的发现，证明那时南越国与汉朝一样实行尊老、敬老政策。①

岭南气候炎热潮湿，瘟疫频发，催生了高度发达的中医中药行业。晋代嵇含《南方草木状》记载，秦始皇时期"番禺东有涧，涧中生菖蒲，皆一寸九节，安期生采服仙去"。至今广州白云山仍有"蒲涧"古迹。这段记载有些神话色彩，不过仍反映了岭南利用草药治病、养生的悠久传统。

广州应元路有一道教圣地三元宫。从三元宫大门拾级而上，于中殿西侧转入别院，见一古井，镂空井盖呈阴阳太极图案，井深数尺，蔓草掩映其间，俯身而视，泉水清澈，此即传说中的"鲍姑井"，距今已有1600多年。

东晋时期，南海太守鲍靓，酷喜道术，生一女鲍姑，擅长针灸，能用草药治疗疫症。鲍靓将鲍姑许配给著名医学家葛洪。葛洪驻罗浮山采药炼丹，经常来往于广州、罗浮之间，著有《肘后方》一书，为中医药经典著作。

葛洪仙逝后，鲍姑定居越岗院（院址在今应元路三元宫）。鲍姑用越岗院内井水熬药，为群众治病，救活人无数。②世人感念其德，将这口井叫做"鲍姑井"，在她身后，信众建鲍姑祠以纪念之；鲍姑井的北面，有近年重修的鲍姑宝殿。尽管先代文献间有出入，葛洪、鲍姑夫妇研究草药医学，救疗民间疾苦，可称为广府慈善的先驱者。

2. 唐宋元之福利事业

广府慈善文化逐渐形成是在唐代。节度使孔戣在城内北一里设立广恩馆，收养官宦流落广州"不能自存者"。宋淳熙十年，转运使管鉴奏准朝廷，在西城建"广安宅"，买官田三十顷，另拨粗米七百多

---

① 司徒尚纪：《中国珠江文化简史》，中山大学出版社2015年版，第66—67页。
② 《广东省广州市粤秀山三元宫历史大略记》碑，存三元宫内碑廊。

石、钱九百多贯，救济流落岭南的士大夫子弟，地址在今中山六路北面旧南海县街。①

宋代，提举刘镇孙在广州威远门内（今海珠北路）设立寿安院，收治贫病无依者，番禺探花李昴英为此撰成《寿安院记》颂扬其德政。寿安院是我国最早有详细文字记载的医院。

李昴英在文中，对宋代官办慈善事业，有较多论述。他指出，宋代始设福田院，抚恤穷疾，"与天地同一好生"。然而，设立常平仓的本意是救济"凶荒疾疫"，"反以政事病民"，对当时一些官办救济事业的弊端作了深刻反思。鳏寡孤独、水陆商人、传书差役，一旦得病，被主人赶出门外，"往往转徙间巷"，一开始可能病情不重，然而未得收容，风餐露宿，药食不时，反而加重病情。刘镇孙效仿苏东坡在杭州时的义举，在威远门内择得高爽之地，建筑堂皇巨厦，设立寿安院。寿安院左边是医局，右侧设长廊。院内有男女病室，无依无靠的病人可随时入诊。药物精工炮制，食物精心烹煎，日用器物也十分完备。病人住院，住处既高爽清洁，用具齐备，睡眠充足，心情已大为宽慰，加上药物的效力，多数不久即可康复。即使药石无灵，也妥为安葬。刘镇孙拨给医院可收租的田地，作为长期经费来源，规划妥善，可行之久远。李昴英强调，正因为刘镇孙深具儒家"恻隐"之心、"仁人"之德，方能有如此体贴穷黎的善举。②

除了刘镇孙所办的寿安院，宋代还出现了惠济军民药局（后改称惠民药局），属于向军民、贫病者提供熟药的政府机构。

阿拉伯旅行家伊本·白图泰，在游记中记载了元代广州一家大型的慈善机构：

> 城中央有一座九门大庙，每一门内设有圆柱和台凳，供居住者坐息。第二与第三门之间有一地方，内有房廛多间，供盲人、残废者居住，并享受庙内供应的生活费和衣服。其它各门之间亦有类似的设备。庙内设有看病的医院和做饭的厨房，其中医生、

---

① 黄佛颐：《广州城坊志》，广东人民出版社1994年版，第371—372页。
② （宋）李昴英：《文溪存稿》，暨南大学出版社1994年版，第31—32页。

仆役很多。据说：凡无力谋生的老人皆可向庙里申请生活费和衣物。一无所有的孤儿寡妇亦可申请。该庙是由一位君王修建的，并将该城及其附近的村庄的税收，拨充该庙的香火资金，这位君王的肖像画在庙里，供人参拜。①

3. 明清传统慈善之兴盛

在广州市黄华路43号广州南洋电器有限公司的厂区院内，有一座古建筑，坐北朝南，硬山顶青砖石脚，雕花封檐板，面阔三间，深一间，占地面积约120平方米，室内高敞，梁架粗大，具有官式建筑特征。经广州市方志办陈泽泓研究员考证，这座建筑，乃是清代普济院（民国初年改称"女老人院"）旧址。②历经兵燹与城市改造，广州市内清代慈善机构建筑已百无一存，普济院旧址的发现，提供了弥足珍贵的实物，让市民得以回顾明清慈善机构的历史现场。

广州普济院始建于康熙六十一年（1722年），原有房屋71间，附设地藏庵一所，专门收养贫老妇人；此后迭经增建，至同治年间房屋174间。鼎盛时期，普济院与普济堂（男老人院，在今东川路）合共收养老人2050名，规模甚为庞大。

到明清时期，广府地区经济、文化发展到一个新高度，呈现出政府救济事业与"官倡绅办"慈善事业同样兴盛的状态。除上述普济堂、普济院外，清代尚有育婴堂、义仓等福利救济机构的设置。

成立于1697年的广州育婴堂，从老地图看，位于今东华东路、东湖路交叉口附近，属于官督商办，由盐商负责筹措费用。1730年雍正年间，专供奶妈喂养婴儿的房间就达29间。1739年乾隆年间，商人沈宏甫捐钱千两，在广州大东门外子来里，又买地另建新堂，房屋300余间，作为分设机构。当时雇请的乳母须年轻力壮，且贫家农妇优先，也间接地救济了贫家产妇。光绪年间肇庆府也重修扩建育婴堂，后来还设立章程，贫困者应将无力抚养的婴儿抱送至育婴堂抚

---

① 马金鹏译：《伊本·白图泰游记》，宁夏人民出版社1985年版，第552页。
② 陈泽泓：《对广州市黄华路一座清式建筑物的考证》，《中国地方志》2013年第1期。

养,倘若将其溺杀,育婴堂一旦查明将"禀官究治",广东的"溺女之风,自是亦少"。

积谷备荒历来属于政府"荒政"的范围,历史上很早就有"常平仓"的设置。到清末时期,出现了由本地绅商创办的义仓。据中山大学陈春声教授的研究,晚清时期,以广州府范围来看,除省城惠济东、西仓外,以南海、顺德、香山县绅商设立的义仓较多,反映了这三县商人经济实力十分雄厚。

明清时期,在广州府城及所属各县,除普济院(普济堂)、育婴堂、恤嫠局、常平仓外,普遍还有漏泽园(公共坟场)的设置,收葬无主尸骨及家贫无葬地者。漏泽园的意思,大约指这些不幸之人,属于朝廷恩泽所遗漏者,在生既已不幸,死后应该得到妥当埋葬。这些事业,具有社会救助与慈善双重性质,往往是由政府提倡拨款设立,地方绅士参与筹款与日常管理。

在当时,教化是传统慈善不可分割的组成部分。在近代慈善山现以前,施善过程总是伴随着教化。例如:恤嫠局并非面向所有寡妇实施救济,而是选择符合儒家意识形态的部分寡妇为对象;养济院并非收容各种鳏寡废疾,而是选择"端正""清白"的救助对象。通过这种"文化排斥",向世人宣示,符合儒家意识形态的个人才有机会得到救助。故此,传统慈善不仅救助资源有限、救助手段单一,而且严格挑选救助对象。而近代慈善则倾向于按救助对象的真实需求进行施善,不设定过多的道德门槛,更加注重受助者的教育,帮助其提高职业技能,从辅助治理的角色走向主动引导变革的角色。

4. 清代广府慈善之特色实践:种洋痘局

清中期以前的广府慈善,就其主要品类来说,与内地城市有相似的一面,如上述普济院、育婴堂、恤嫠局等。但更重要的是,广州出现了在国内独树一帜的新技术,这就是在十三行行商资助下引进的种洋痘服务。梁其姿院士在《面对疾病:传统中国社会的医疗观念与组织》一书中,对广州率先引进种洋痘技术做了十分深入的研究。[①]

---

① 梁其姿:《面对疾病:传统中国社会的医疗观念与组织》,中国人民大学出版社2012年版。

天花也叫痘疮，是一种烈性传染病，在公元4—5世纪传入中国，经过七八百年的调整适应，逐渐演化为主要危害儿童生命的病毒。在清代前期，对源自白山黑水之间的满洲人来说，天花是最致命的祸患。清朝第一个皇帝顺治帝，在年仅24岁时去世，正是出天花所致。据传说，康熙帝在8岁时能继承皇位，主要原因是之前出过天花，不会再次感染。清廷由此规定，未出过痘的皇子不得继承皇位。康熙帝为此从江西征召擅长种人痘的医师入京，为皇室子弟种痘。

中国在16世纪或者更早就发明了"人痘法"，以江南地区较多使用。到嘉庆初年，已有善堂为幼童种人痘，如扬州江都邵伯镇的善堂博爱堂，"诸君子发心择请痘师，并欲助衣食，广为贫家儿女种痘……"然而限于技术成熟度，死亡率仍然太高，因而不能得到广泛信任。1874年5月18日，香港《循环日报》刊登《种牛痘说》，称"向来江浙等处，其因种痘而殇者不知凡几"。

1796年，英国人琴纳（E. Jenner）发明了牛痘接种技术。1802年，英国东印度公司医生皮尔逊开始在澳门试种牛痘，他将技术传授给十三行商人郑崇谦及在洋行工作的中国人邱熺（邱浩川）等人，并迅速在广东各地传播。1907年，牛痘接种技术从广东乳源传入湖南宜章，这是跨省传播的起始。1810年，由十三行商人伍秉鉴、卢观恒、潘有度出资数千金，邱熺、谭国在洋行公所设立种洋痘局，开始大规模为中国人免费接种，救活婴儿无数。这是中国人所办的第一家种牛痘机构。1817年，两广总督阮元请邱熺到家中为儿孙接种，并赋诗相赠："若把此丹传各省，稍将儿寿补人年。"也就在这一年，邱熺参考英国医学著作，根据自己的亲身经验，参以中医学理论，出版了中文《引痘略》一书。该书出版后，曾以各种名称在各地翻刻出版，促进了牛痘接种技术的传播。1828年，时任翰林院编修的广东人曾望颜，在北京米市胡同南海会馆设立种痘局，从广州引进接种技术，为京师各界人士接种，这是目前所知种牛痘法向省外传播的第二波。不久，牛痘接种技术又从广州引进到福建，此为第三波。

在十三行商人、职员的共同努力下，牛痘接种技术先在澳门、广州落地生根，培养出有经验的种痘师后，渐次传授给北京和各省，拯救了无数生命，真可谓"功德无量"。广州慈善家作风务实，不因这项技术来自西洋而加以排斥,大胆试验,确认有效之后立即加以推广。据梁其姿院士研究,种牛痘技术在各地的普及,虽有官员、绅士提倡之功,但并非通过政府行政机构加以推广,而是通过民间善堂网络加以实施。事实上,在 1949 年以前,种牛痘也一直是一项主要由民间负责的慈善事业。

二 近代广府慈善文化时期

步入近代,两次鸦片战争都从广州开始,其间又有太平天国起义、红兵起义的影响,使得原有的救济、慈善机构千疮百孔,难以适应社会重建的需要。

广州眼科医局(博济医院)的出现,昭示着一种来自西方的近代慈善模式开始进入中国。博济医院除了引进先进的医疗技术外,还带来新的慈善理念以及慈善机构运营模式,刺激了香港东华医院、广州爱育善堂等本土近代慈善机构的诞生。自 1871 年之后的 40 年间,广州城内外诞生了大大小小慈善机构三十多家,广泛涉及医疗、免费教育、救灾、教养盲童等领域,对缓解社会矛盾、调解民间纠纷作出重要贡献。

1906 年,因收回粤汉铁路建设权,粤商团体掀起了大规模的运动争取铁路民办,"九大善堂"凭借从事慈善事业所建立起来的公信力,成为粤汉铁路招股的主办机构。"九大善堂"在外来慈善的刺激下诞生,代表了新兴城市工商业者的社会责任感以及其中道教人士的"救世"理想。

当时天主教、基督教在广府地区兴办的慈善事业,对本土近代慈善起到十分重要的刺激作用,并带来了比较先进的慈善理念、管理制度与技术。本书侧重介绍基督教长老会背景的博济医院、夏葛医学堂、柔济医院、惠爱医院与明心瞽目书院,是因为这几个机构一脉相承,但并不意味着其他宗派就不重要。例如:天主教在广州淘金坑设立圣婴育婴院,在梅花村办安老院,在长堤兴办中法韬美医院;浸信会系统在东山一带大举兴办恤孤院、养老院、慕光瞽目院、两广浸信会医院等,贡献甚大。除此之外,几乎所有曾在广州落地生根的基督教差会,都办理过免收学费的学校。限于篇幅,此处暂不作展开。

与江南地区单一行会组织的善堂不同，由多个工商业行会联合发起的爱育善堂、广济医院、广仁善堂、崇本善堂等，形成了慈善的近代形态，从原来消极被动的"勒捐"转化为积极主动的"乐捐"，在筹款、管理上也有着更大的自主性，有力地弥补了政府社会保障的不足。与此同时，晚清广州也有单一行会创办的善堂，如寿世善堂是由盐商所创办。

在清末广州的慈善史里，白纶生是一个重要的人物。同治十年（1871年），这位在洋行打工起家，后成巨富的商人协助创立了近代广州最早的善堂——爱育善堂。除了日常的赈济工作，爱育善堂最大的特色在于兴办义学，招收贫民子弟读书，并且一律免费。随着义学的扩充，全市分校达27间，每年收容失学儿童千余人。

约从1900年开始，方便医院逐渐成为"九大善堂之冠"，亦是广州最为著名的慈善机构之一。方便医院以收容病重垂危之人为主，同时兼作异乡劳动者病亡收殓的处所。收殓尸骸作为当时善堂的基础业务之一，也在特殊历史事件中发挥其独到的作用。1911年，广州黄花岗起义之后，七十二烈士喋血沙场，尸骨无人敢收，义士潘达微舍命斡旋，请两粤广仁善堂出面收殓了烈士们的遗骸。

这些善堂多半位于西关的工商业发达之地，另有一小半虽在西关之外，也是由富有的商人主持打理。巧合的是，这与美国现代公益的起源颇为相仿，位于南中国的广州也是在19—20世纪之交，在时局动荡的序幕下，由商家巨贾建立了具有现代意义的慈善组织。

当时的广州慈善家们就拥有非常先进的运营理念。善堂初始经费多是商人独资或由商人和社会各界集资而得。清末广州九大善堂几乎都利用埋财手段来保持善款收入的稳定。善堂主要由各行商人担任善董，他们不仅每年为善堂捐钱，更发挥其经商才能，拿善堂资产投资理财。他们或买地买铺，再到市面上放租；或放入典当行，收取相对较高的利息。用行内的话来说，前者叫做"以土养业"，后者称为"发典生息"。在鼎盛时期，爱育善堂曾拥有近200间店铺和2500多亩沙田，仅一年的店铺和田地租金就有2万多两白银。

这些财力雄厚的善堂在大时代的背景下，极大地推动了现代公益理念的萌发。施粥施衣等扶贫济困活动是善堂的常规动作，此外，他们还兴办义学，招收贫寒子弟，开设义诊，对穷苦人士赠医施药，甚至参与到当时风起云涌的革命运动中去。

晚清时期，广州城内外实际有超过 30 个本土性质的慈善机构，在此之外，从事广义的公益①事业而涉及慈善的机构也有不少，如粤东红十字会、中国改良会、戒烟会等，基督教、天主教等外来宗教所办的慈善事业尚不计在内。粤东红十字会是中国最早成立的红十字组织，其领袖人物张竹君、马达臣、伍汉持为辛亥革命作出了特殊贡献。民国初年，广东相继由滇系、旧桂系军阀统治，慈善事业未能有进一步发展，大多出现维持现状、不进反退的迹象。

1920 年，孙中山、陈炯明驱逐桂系，收复广东，支持各项进步事业，涌现了工会等新型互助组织，政府也积极创办新的社会救济事业。国共合作时期，何香凝创办了国民党红十字会、贫民生产医院等新的慈善机构。大元帅府、国民政府在取得对广州的控制权以后，采取行动把当时的善堂置于政府监管之下，1926 年 11 月成立了一个监督机构"广州善堂总会"，以监管广州市所有的善堂。新总会的公告称"须知慈善事业，为政治之一端"。从此，善堂也由以往商绅主导转向由政府大力干预。

革命政府加强了对社会组织的控制与干预，支持符合执政理念的机构。因此，方便医院业务得到发展，取代爱育善堂成为广州慈善界领袖，但原有一些以商人为主体的善堂受到冲击，筹款与救济的意愿下降。此一时期，一些与孙中山关系密切的军政人物、企业家亦积极参与慈善，如第五军军长李福林在岭南大学附近捐建了一座岭南医院，为附近村民提供免费医疗服务；南洋烟草公司简照南一家，长期给花地孤儿院提供资金。

陈济棠统治时期（1929—1936 年），政府各项社会救济、社会保障事业获得长足发展，通过整理归并，扩充了广州市救济院，完善了精神病院、明心瞽目学校、孤儿院的管理，创办了仁爱善堂、平民

---

① 其实，清末民初时期中文"公益"二字，多指国家民族之利益，与今日用法有一定区别。参见武洹宇《中国近代"公益"的观念生成：概念谱系与结构过程》，《社会》2018 年第 6 期。

宫、平民宿舍、劳工安集所等新的慈善、救助机构。

晚清广府民间慈善事业的兴盛，与清政府管治能力下降、财政紧张有十分密切的关系，也代表着工商业阶层的壮大。随着孙中山领导的护法军政府、国民政府的建立，政府管治能力不断提高，社会保障、社会救济事业不断完善，晚清时期形成的民间善堂，逐渐从主角降到配角地位，演变成为政府救济事业的重要补充。沦陷时期，仍有部分善堂在艰苦的环境下坚持救济贫苦。汪伪政权为了掩盖其罪恶性质，也开办了广州市孤儿院等机构。

新中国成立以后，1950年4月，中国人民救济代表会议在北京召开。在这次大会上，慈善事业被视为"统治阶级欺骗与麻醉人民的装饰品"，政府决定对其进行全面接收和改造。一年后，广州市政府成立了"善堂会馆联合会筹备委员会"（1956年8月改称"广州市社会公益团体联合会"），统一管理社会公益社团。1954年后，逐步调整善堂、善院、善社等组织和业务，原有慈善救济团体逐步裁并，由市政府举办的社会福利事业所代替。同年，走过了80余年的爱育善堂被广州市社会公益团体联合会接收。在随后近30年的时间里，这座城市的慈善轨迹戛然而止。

三　当代广府慈善文化

1. 官办慈善的崛起

时移世易，1978年12月，中共十一届三中全会召开。改革开放不仅掀开了中国历史新的一页，也逐渐解禁了尘封已久的民间慈善事业。彼时，毗邻港澳的广州"近水楼台先得月"，广大侨胞和港澳同胞通过各种渠道进行捐赠，其慈善事业犹如久旱逢甘雨，在短短几年间，就有许多种子生根发芽。例如，1984年11月，香港慈善家霍英东为中山大学捐资3700万港元兴建体育馆，这是很能代表那个时代的一笔捐赠，引领了华侨慈善资本回乡支援教育、尤其是高等教育的潮流。该体育馆后来被命名为"英东体育馆"，成为中国大陆第一个"中国大学生体育训练基地"。

然而，在那个"乍暖还寒"的20世纪80年代，海外的捐赠虽多，但本土的慈善组织却一直处于蛰伏状态，慈善一度成了成功人士的专利，在当时的社会上，人们更喜欢用另一种说法：学雷锋，做志愿者。广州开始借鉴香港、澳门等地成立从事志愿服务事业的义工组织，将其理念与大陆的"学雷锋"活动相结合。真正的春天出现在1994年，在那年的2月，正值"中华慈善总会"在北京成立之际，《人民日报》发表了一篇特别的评论员文章——《为慈善正名》，其中写道："社会主义需要自己的慈善事业，需要自己的慈善家。人们都心慈面善，都乐善好施，都乐于助人，那么社会中的假恶便会无容身之地，我们为之奋斗的文明祥和、丰衣足食的社会主义现代化便会早日实现。"

舆论既开，广州领风气之先，在当年6月便成立了"广州市慈善会"。这是新中国成立以来广州市成立的首个慈善团体。在距离爱育善堂关停整整30年后，广州重新找回了本土慈善组织。在政治风气明显改观的大背景下，一批官办慈善组织在20世纪90年代中期开枝发芽：

1993年7月，广州市慈善会成立；

1994年2月，广东省扶贫基金会成立；

1994年5月，广州市青少年发展基金会成立；

1994年7月，广东省青少年发展基金会成立。

客观地说，在一个百废待举的历史阶段，官办慈善组织在扶贫济困、帮助弱势群体方面做了大量工作，功不可没，但当时民间组织的参与还几乎没有开始，慈善事业的生命力相对有限。进入21世纪，经过改革开放20余年的洗礼，亦受到港澳社会的气氛感染，大陆地区公民意识逐渐觉醒，不少"先富起来的"有产者开始意识到，他们应承担更多的社会责任。

一个看似偶然的时机，国际慈善组织传入广州。1999年，时任国家副主席的胡锦涛会见国际狮子会代表，表示将在国内创建狮子会。紧接着，邓小平之子、时任中国残联主席的邓朴方承接了这一重任，他选择深圳和广州作为试点城市筹备狮子会。2001年，刚到省残联的郭德勤收到了一份公函，函中附上了国务院多个部委的公章，要求其尽快着手筹建广东狮子会。2002年4月，广东狮子会成立，郭德勤任创会会长，在他的开阔治理思路下，广州企业主那种野蛮生长的创造力与慈善热情得以激发，逐渐发展成为孕育民间志愿组织与广州本土慈善家的摇篮。

学界一般将20世纪90年代中期到2004年视为"公办慈善主导发展期"。在2004年6月,《基金会管理条例》的施行则开启了一个新的阶段。该条例首次提出鼓励"非公募基金会"发展的意见,被视为民间慈善的破冰性文件。自此,中国民间基金会登上历史舞台,广州亦随着全国大潮,进入了民间慈善组织蓬勃发展的新时期。

在民间基金会成立的这轮热潮中,广州的商界人士再次站出来,义无反顾地担当主导的角色。2005年6月,广州企业家翟美卿创办了"香江社会救助基金会",拿到了民政部"001"的批号,中国首个全国性非公募基金会率先在广州诞生。由于广州经济主要以房地产、金融等传统产业为主,当地企业家在参与公益慈善时也偏爱相对传统的扶贫济困、捐资助学等品类。除了香江集团的刘志强、翟美卿夫妇之外,还有恒大集团的许家印、时代地产的岑钊雄等房地产商人,他们均在官方倡议的扶贫活动中有着大手笔的捐款。但这些资金却很少能够关注和支持一些创新型的民间慈善组织。于是,在2010年前后,如何扩大慈善的影响力,动员更多民间力量参与,成为广州慈善界的一个重要命题。

2009年12月,广州市政府抱着勇于创新的心态开展了"广州慈善日"活动,即通过举办大型慈善募捐晚会、慈善一日捐、上街贴旗筹款等系列活动,在全市范围内开展大规模募捐,反响良好。当日共接收捐款1.04亿元,大大超过以往的主题募捐活动。

2010年,在时任中共中央政治局委员、广东省委书记汪洋的支持下,经国务院批准同意,确定自当年起每年6月30日为"广东扶贫济困日"。作为广东的"首善"之城,广州主动将"广东扶贫济困日"和"广州慈善日"合并,并由广州市民政局牵头成立活动工作小组,成员包括宣传、统战、国资、财政、工商、侨办等20多个部门,各部门发动其领域内的国企、外企、民企以及工商户等参加捐赠。据统计,自2010年广东扶贫济困日活动开展以来,广州共筹集善款累计达33.54亿元人民币。

2. 2011年:开放公益慈善和全面社会建设

经过了十多年的平稳发展,2011年广州迎来慈善事业的又一个春天。这一年，为呼应社会各界关于发展慈善事业的强烈愿望，切实发挥慈善事业在构建社会主义和谐社会中的重要作用，广州在全市范围内开展"羊城慈善奖"评选表彰活动。同年，以微博为载体的"微公益"兴起，全国公益史上的最大丑闻"郭美美事件"发生。而广州在当年吸引全国目光的事，则是突破性地开放社会组织的注册登记。

2011年7月，广东省委省政府印发《关于全面加强社会建设的决定》，这份文件对广州的公益慈善事业产生了深远影响。当时，广州市响应省委省政府号召，开始探索"小政府，大社会"的社会管理转型，大力扶持民间社会组织。有一组数据可以说明2011年前后产生的变化：在2011年以前，广州市政府购买社工服务的总额一直没有突破亿元，但在2012年，投入资金达到2.95亿元，2013年更是增至3.3亿元。广州的慈善事业也得益于这一波"社会化改革"的大潮。

2011年10月，广州市人大通过《广州市募捐条例》。这是全国省会城市中第一部规范募捐工作的地方性法规。该条例一大特色是公募权向民间组织放开，即意味着，除红十字会、慈善会、公募基金会以外，广州公益性的社会团体、民办非企业单位和非营利的事业单位也可以开展募捐活动。在学界看来，这标志着广州慈善事业从"垄断化行政型慈善"向"市场化服务型慈善"的方向发展。

"政策是公益行业的第一生产力"。在多重利、好政策的刺激下，广州成了全国公益人士的向往之地，公益组织如雨后春笋般涌现，他们与广州发达的媒体行业产生了奇妙的化学反应，两者合力拓展了这座城市对公益慈善的想象力。也许就是从那时候起，广州市民开始意识到，做公益不仅仅是扶贫济困，还可以从各个维度让世界变得更好。

媒体与公益组织是天然的盟友。其时广州的报纸、电视台对新兴的公益行业十分关注，不仅不遗余力地报道，还亲身参与运作了许多颇具影响力的公益项目，其中尤以"南方报系"声势最大。2011年8月，南方都市报与中国扶贫基金会合作，创办号称"中国公益第一刊"的专业类公益杂志《中国财富》，同年举办"责任中国公益盛典"颁奖礼。在2011年至2015年间,南方都市报社是广州乃至华南公益界的舆论高地。

当时,拯救白血病女童刘碧心的"全城义剪"行动,是这段公益勃发期的标志性事件。当时,广州一位名叫刘任能的发型师"卖艺救女",希望有尊严地为女儿筹集医疗费。此事经权威媒体报道,社交网络交叉传播后成为公共事件。2012年2月,近200名发型师齐聚刘碧心母校举办了一场"爱从头开始十万火急救碧心"的义剪筹款活动,吸引了多达2800余名热心市民前来支持,现场筹款39万余元。

义举尽管未能拯救重病的刘碧心,却播下了公益的种子。事后,刘任能将剩余的将近10万元善款全部捐出,在广州青基会设立"碧心基金"以帮助更多重病的孩子。受此启发,同年7月,邓飞、王振等人联合发起了有名的"大病医保"公益基金。

3. 从野蛮生长到规范共识

自此,从2011年到2014年三年间,广州公益慈善行业处于一个蓬勃发展的时期。2013年6月,广州举办首届广州市慈善项目推介会。按"政府搭台、慈善组织运作、社会参与"的思路,官方出面为民间组织募款,截至2016年,总计为1200多个项目对接善款12亿元。

2014年初,广州启动首届"社会组织公益创投活动"。此后,政府拿出的资金连年"加码",从1500万元到1850万元,2016年增至2240万元。虽然官方大力支持,利好政策已经落地,但监管措施还没到位,不少新兴力量在政策的灰色地带里"野蛮生长"。

当时,社会各界对大量涌现而又形态各异的公益组织产生不小的意见分歧。随着冒用社会组织名义,名为评比表彰、培训认证、项目合作、会议会展等方式,实为传销、非法融资甚至危及公共安全、国家安全等违法活动的个案日益增多,对政府相关部门的行政执法行为提出了更为严格的标准和要求。

2014年的秋天,时任中山大学讲师的周如南以"安平公益传播基金"的名义组织了一场《在规范与激活之间——社会治理创新论坛》的"官民对话"研讨会。当时,在中山先生曾发表"非学问无以建设"演讲的百年红楼马丁堂,人大代表、律师、记者、学者、公益从业者与广州市民政局的官员们围坐在一间铺满旧日黑白格子地板的古老房间里展开了充分对话，并达成有效共识。

这一共识奠定了广州公益未来数年的发展基调。此后，广州公益慈善行业进入了一段各方有着微妙默契的平稳发展期，顺应国内"政社分开"的潮流，将官办慈善的业务越来越多地交给民间，一批扎根社区的公益组织得到了长足的发展。与此同时，《广州市社会组织管理办法》（以下简称《办法》）于2015年1月正式施行。这是备受广州公益圈关注的另一项法规。

该《办法》确立"社会组织管理坚持政社分开、权责明确、依法自治的原则"；强调"社会组织管理遵循培育发展与规范管理并重的原则"；明确政府部门推动社会组织健康有序发展，支持、引导社会组织参与社会管理和公共服务，增强社会组织化解社会矛盾、提供社会服务和参与社会管理的能力。《办法》的一大亮点是规定广州的社会团体和民办非企业单位的注册资金由"实缴制"改为"认缴制"。这意味着，与申办企业类似，1元注册资金即可申办社会组织，从此社会组织的注册门槛大大降低。

4. 创建全国慈善之城

2016年3月，《中华人民共和国慈善法》正式出台，成为慈善领域的划时代标志。中国也将从传统意义上"扶危济困、扶老助残"的"小慈善"时代，步入由政府主导，将诸多公共领域融会贯通，同向发力的"大慈善"时代。广州作为中国公益慈善的活跃地，仅4个月后，即以贯彻落实《慈善法》为契机，按照"政府搭台、社会运作、公众参与、全民共享"的理念，开展"羊城慈善为民"系列活动。

"羊城慈善为民"活动主要有四大特点：一是民间性，突出慈善民间化的属性，激发民间活力，减少行政色彩。政府负责统筹指导和把关监督，慈善组织负责具体运作实施。二是专业化，原则上交由社会专业机构按照专业化机制运作。三是创新性，鼓励创新慈善形式，广开慈善渠道，推动慈善机制改革。四是广泛性，以"人人慈善为人人"为口号，最大程度疏通慈善渠道，让企业和市民都能自主参与其中，各尽其力，各享其乐。

其中，创新驱动是近年来广州慈善事业快速发展的一大成功经验，特别是顺应互联网发展潮流，开拓"互联网＋慈善"新形式，不断创新网络慈善平台，优化广州慈善地图，方便群众随时随地寻找资源，便捷捐款、参与监督、广开慈善渠道，推动慈善与教育、科学、文化、卫生、体育、环保、日常消费等结合。通过"慈善＋体育"、"慈善＋艺术"、"慈善＋消费"、"慈善＋艺术"、"慈善＋创投"等举措，吸引市民热情参与。与此同时，广州慈善的文化氛围愈加浓郁，慈善标志、慈善之歌、慈善吉祥物以及广州慈善榜等相继涌现，不断刷新广州城市文明的新高度。

此外，广州还实施了慈善款物募用分离，建立健全募用分离制度，通过联合募捐、公益创投、协议委托、公益招标等方式，促进资助型组织负责慈善物资筹措及管理，服务型组织重点开展为民服务，进一步助推慈善组织做大做强。在此基础上，在2017年初《慈善法》公布一周年之际，广州又启动深化"羊城慈善为民"行动，深入开展七大行动，计划用4年时间建设引领国内、在国际上有重要影响力的"慈善之城"。

与此同时，广州还率先把全国"慈善之城"工作纳入城市整体发展战略来考虑，发挥慈善事业在经济社会发展中的作用，使其与国家重要中心城市的地位和影响力相匹配，让慈善成为广州城市的新名片。为配合战略实施，广州出台《深化"羊城慈善为民"行动创建全国"慈善之城"2017—2020年行动方案》，成立全国首个"慈善之城"创建联盟。"慈善之城"标识、主题歌，及《善城》杂志创刊号等正式发布。该行动方案具有三大特色：

一是推进政社联动。提出将政府、慈善组织、专家学者、爱心企业、爱心人士等力量联合起来，通过组织各个领域的专业力量打造政社合作、社会广泛参与的创建联盟，明确创建的工作任务和完成时限。二是设置量化指标。量化指标发挥指引性作用，并不是创建慈善之城的终极目标①。三是突出全民共享。倡导共享精神，促进慈善活

---

① 指标包括：建设一个国内一流、国际领先的国际慈善枢纽地标；建设200多个公众参与度高的慈善广场；捐赠的年增长率不低于5%；注册义工（志愿者）占城镇常住人口的比例达15%以上；每万人拥有社会组织数不少于8.5个；社会组织从业人员占经济活动人口比重不少于2.5%；慈善信息公开100%达标等。

动从阶段性转向常态化，倡导"善心人结善缘享善果"，大力营造慈善正能量，增强群众的慈善获得感。

中国慈善联合会相关负责人认为，创建全国"慈善之城"，广州是首个提出的城市，在全国没有可借鉴的经验做法，需要在政府和社会层面谋求最大的共识，让各政府部门、企事业单位和全体市民都参与其中。在创建慈善之城的大方向下，2017年7月，广州市民政局印发了《关于深化"羊城慈善为民"行动创建全国"慈善之城"之"尽善净行"工作方案》，再次引起全国关注。

这是广州提出创建"慈善之城"后，首个具体落地的系统行动方案。公开透明、廉洁高效，是确保广州慈善事业健康发展的基石。《"尽善净行"工作方案》以"廉洁慈善"、"阳光慈善"为目标，以"政府监管、社会监督、行业自律、内部治理"、"四位一体"的慈善事业综合监管体系为重点，最终要营造"尽己所能、人人慈善，公开透明、干净行善"的慈善发展环境，在全国擦亮"慈善之城"品牌。

其中，政府扮演的是政策制定、资金支持、指导监督的角色，每年组织开展一次"清风促善行"专项行动，严格落实日常监督检查、重大慈善项目专项检查、慈善组织抽查审计、年度报告等制度。慈善组织则以规范内部治理为抓手，深入开展慈善组织防治腐败工作，进一步将慈善组织募捐活动、财产管理和使用、信息公开等社会关注的重点内容纳入慈善组织评估指标体系范畴。

除了强化以政府执法为保障外，作为广州打造廉洁慈善环境的主要指导行动纲领，《"尽善净行"工作方案》一大特点就是突出社会力量的广泛深入参与。其中，以社会监督为核心，广州将进一步擦亮以广州市慈善组织社会监督委员会（简称"慈监委"）为主的社会专业监督"第三只眼"。通过发挥独立第三方社会专业监督机构的作用，发布广州市慈善透明度评价指标体系，对全市慈善组织进行独立社会监督和透明度评价，提升慈善组织透明度和公信力能力建设。

同时，依托广州市创建全国"慈善之城"联盟，联合广州地区慈善力量，发布"慈善之城·尽善净行"联合倡议，将每年"中华慈善日"（9月5日）作为广州慈善公众开放日，鼓励慈善组织向公众开放，组织人大代表、政协委员、公众参观慈善组织，开展慈善"晒账单"活动。全市公益慈善组织机构的基本信息、近一年来的公益活动情况、接受捐赠情况、活动支出明细以及行政经费管理情况均在网站上公布,供公众查阅。

2018年1月,中共广州市委十一届四次全会提出"建设慈善之城";随后召开的市十五届人大三次会议上,市长温国辉作2018年政府工作报告,也明确提出"创建慈善之城"。广州创建"慈善之城"已列入市委、市政府的重要工作部署。在此之中,"政社协同"的共识可谓广州慈善文化最可贵的精神财富,每一次政府与社会的博弈、对话、互动、合作,都是推动公益慈善前进的核心动力。走过千年慈善历程的广州,现在正站在"慈善之城"的新起点上。正是广府慈善文化的历史与社会建设的当代紧密相连,让广府慈善文化焕发出新的活力和光彩。

(执笔:朱健刚　蓝广宇　陈晓平)

※ 历史篇 ※

近代慈善先锋爱育善堂

"善堂"这个名称，最早出现于明代江南地区，太平天国运动后盛行于广府地区及岭南各地。改革开放以来，潮汕地区陆续恢复了数百家善堂，广府地区的慈善机构则大体另起炉灶，很少沿用"善堂"这个传统名称。百多年来慈善文化在不同区域之间的递嬗演变，深刻折射出中国文化的多元一体性质。

1871年，广州爱育善堂的诞生，为岭南近代慈善事业的先声。广东原有普济堂、育婴堂、恤嫠局、栖流所的设置，注重救济孤寡废疾、收容流民，受惠者有限，教化色彩浓厚，注重消极性质的收养。与此对照，爱育善堂实行普惠性质的施医赠药、免费教育，注重身体健康与能力发展，具有更多积极慈善的性质。爱育善堂有效动员行会商人持续参与，形成庞大的资产规模，带动了晚清广东全省兴办慈善事业的热潮，在数十年里一直处于岭南慈善界的领导地位。"善堂之设，创于近代，各府州县皆有之。而广州爱育善堂，其规模之大、积储之厚、捐输之广、施济之宏，尤前此所未有，偶有灾荒、赈济平粜，一呼即应，其惠几遍于全省。"①

善堂的创始人群体

爱育善堂的首倡者，是南海县一位白手起家的商人钟觐平（钟辅廷）。钟觐平出生于南海大沥隆福乡一个五世单传的赤贫家庭，年轻时往广西贩运桂皮，遇上市道转好，外销畅旺，苦心经营，遂

---

① 叶觉迈：宣统《东莞县志》卷十九，建置略。

成巨富。钟觐平发家之后，定居广州西关，与好友陈次壬等12人发起成立爱育善堂。

陈次壬在12人"首事"（发起人）名单上列第二位，实际上出力最多。陈次壬，南海县云津堡王餧乡人。1861年，他经人介绍前往汉口，担任外商广南行买办，主理茶叶、盐务等生意，获利巨万。武汉为九省通衢，灾荒年饥民蜂拥而来，陈次壬向同业商人发起募捐加以赈济，活人无数。陈氏在武汉经商十多年中，出资修葺湖堤、帮助发运客死者灵柩还乡、捐助救火水龙、设置救生船等，屡有善举。

同治十年（1871年）农历三月，爱育善堂成立，暂时租借十三行洋行会馆办公。在此之前，粤中著名盐商潘仕成破产，潘氏豪宅被盐运使没收抵债。潘氏大宅位于十七甫（今十八甫），为西关商业中心，造价昂贵，加之配套的家具用品十分豪华，颇难出手。新来的盐运使钟谦钧，曾在武汉为官多年，与陈次壬为莫逆之交。陈次壬向钟谦钧提议，由善堂集资购入作为总部，盐运使司趁机脱手回收现金。是年冬，善堂用三万八千多两银子购入潘氏大宅，除部分用作办公外，其余改建为商铺出租，收取租金用作善举之用。

爱育善堂地图

爱育善堂旧址所在地

1871年春，向广东善后总局呈请立案的12位善堂首事（发起人），主要由商人、买办组成。近代以来，广府地区工商业持续发展，形成富裕的工商业者、买办阶层。他们出身于平民家庭，靠自己的努力积聚财富，也勉力回报社会。据查，12个首事都没有举人、进士身份，但至少有4人是买办、3人是行会商人。

在善堂首届"总值理"（董事）里面，有来自龙潭村的著名慈善家白纶生（又名白经、白进贤）。他少年时进入洋行打工，熟悉生意门道之后独立经商，一生热心公益，至今海珠区龙潭村仍保留着光绪皇帝御赐的"乐善好施"牌坊。另一位总值理吴炽昌，原籍广东四会，早年赴上海经商，精通英语，回广州之前担任上海普育善堂董事。

爱育善堂的创始文件称"仿上海普育堂章程"，应该出自吴炽昌的提议。1867年，上海知县与江南善士余治创办普育堂，由董事唐廷枢、吴炽昌加以协助。唐廷枢（1832—1892），广东香山人，早年入香港马礼逊纪念学校学习英文，出任上海怡和洋行总买办，后受李鸿章赏识，以经营轮船招商局、创办开平煤矿成就卓著，被誉为"中国第一位近代企业家"。而他弟弟唐廷庚，正是爱育善堂12位首事之一。爱育善堂效仿上海普育堂实行施医赠药，但在兴办义学（免费学校）、动员行会参与、以资产经营支撑善举等方面，则有着自己的创新。

善堂的创始群体（首事总理值理）中，梁云汉为香港东华医院首任主席，李璿、陈桂士、陈朝忠均为东华医院首届总理，显示省港两大慈善机构在人事方面有着密不可分的联系。另外，爱育善堂总理、值理的办事能力和公正性得到社会信赖，也受到政府官员的倚重。

1878年，省城西关一带遭遇前所未有的风灾，"南海县属城西一带地方吹倒庙宇民房铺屋二千八百余间，压毙男妇一千四百余名；省河一带沉覆大小船只二百余号，溺毙三百余人"。粤海关监督俊启首倡捐资救济，委托爱育善堂陈桂士负责赈灾；陈桂士另外利用善堂网络，几天之内即募集数万元。陈桂士，广东新会人，世居广州西关，为瑞记洋行买办，长期在省港两地从事慈善事业。陈氏精通英文，对西方世界比较了解，中国驻美公使陈兰彬上奏朝廷调陈桂士随同出洋，但此时广东救灾任务很重，两广总督刘坤一上奏"惟广东赈务方殷，不得不留该绅办理"。当时的广东省政府就已认识到，救灾也需要倚重民间慈善家，他们的民间身份对处理赈灾极为有利。

爱育善堂的倡建人群体中没有"正途出身"的科举人士，在中国慈善史上有着标志性意义。在此之前，长江流域的诸多善堂，总是会请正规的绅士（举人、进士、退职官员等）领衔，以显示其正统性。同时期的上海同仁辅元堂，虽由沙船帮商人捐助，仍然需要请绅士挂名。爱育善堂的纯商人背景，代表了一种新型慈善组织的兴起。

慈善历程

从同治十年正月开始，钟觐平、陈次壬发起筹建善堂，得到买办与各行会商人的热烈呼应。1874年，广州博济医院院长嘉约翰医生（John Glasgow Kerr）在一篇英文文章中写道："（爱育善堂）头一年收到捐赠高达49063.91元。"与之相比，1818年广东省、广州府官员成立恤嫠局，虽动用官款，也才募集到14000两。爱育善堂募集善款的规模，显示城市工商业者实力雄厚，一旦出现有能力的慈善领袖，形成完善的管理制度，他们对慈善事业便不吝投入。

除盐运使钟谦钧在第一年捐赠四千两之外，爱育善堂的经费主要来自参与的各行会每年的认捐，以及房地产租息收入。"该堂最盛时期，拥有铺屋180多间，并在南海、番禺、中山等地有田产2500多亩。"（《广东省志·民政志》第123页）善堂吸收了传统祠堂、庙宇的经验，用可靠的租息收入来维持收入来源稳定，避免大起大落。

爱育善堂的慈善内容，与上海普育堂仍有区别。普育堂章程第一条为"留养宜分项定额"，设立老男、老妇、男残废、女残废、养病、抚教、贴婴7个部门；第二条为"幼童宜教令习业"，收留孤儿读书、学习手艺等。[①] 爱育善堂规章第一条，即是遍设义学教养幼童，把教育放在第一位。创办之初，善堂即拟在"省垣东西南北及河南先设义学若干所"，初期开设7间，高峰时期达20多所。

爱育善堂的常年经费，除收租外，主要来自轮值行会每年约6000

[①] 普育堂章程第二条，《中国教会新报》1869年第54期；普育堂章程第三条，《中国教会新报》1869年第55期。

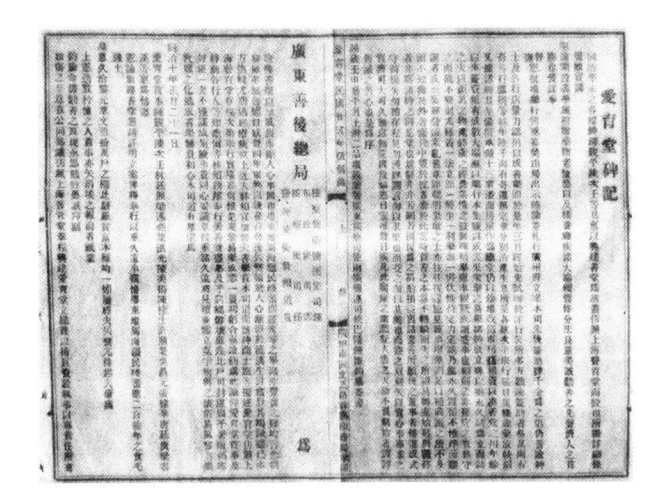

《爱育堂碑记》

两的捐献。从创建初期开始，爱育善堂就建立了"行头值理"制度，从 21 个工商业行会中，每年选出 7 至 13 人担任善堂值理，管理日常事务。1931 年，善堂改组章程称：

> 本堂向由原日创办者及捐助年捐之银行业、麦面行、当押行、咸鱼行、土茶行、菜栏行、土丝行、檀香行、玉器行、珍珠行、北江行、鸭栏行、油行、米埠行、经司行、烟丝行、京果海味行、果栏行、颜料行、南北行、麦子行、疋头行、药材行、参茸行、花生芝麻行、鲜鱼行、洋杂货行、酱料行、南番布行、米糠行等行头内，每年轮值两行为当年值理，由各该行推举身家殷实、热心任事之商董数名为代表……①

到 1933 年，善堂的行会组成增加到 30 行。清末民初，广州工商业有"七十二行"的说法，这 30 个行会具有一定的代表性，增强了善堂的实力。轮值制度加强了行会商人的参与感和荣誉感，保证每年的善款投入稳定。与之相比，同一时期上海、汉口的善堂大多只由同

---

① 《爱育善堂民国廿二年征信录》。

一行帮组成，香港东华医院的支持行会也只有7—8个，爱育善堂能形成全省领导地位，与它得到30个大型行会支持，有重要关系。

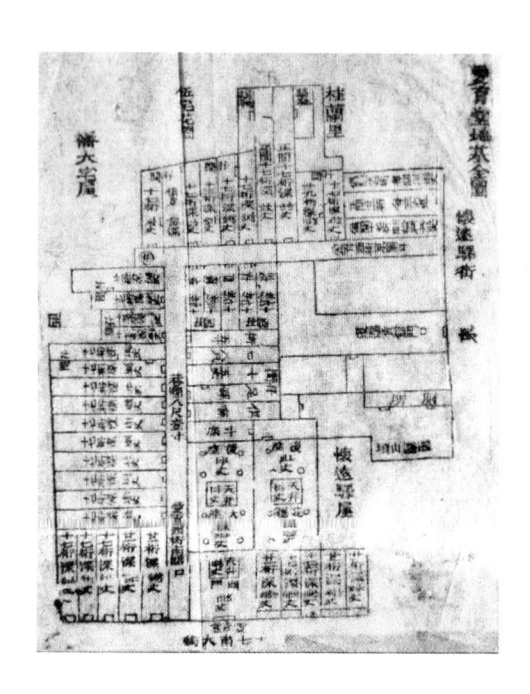

爱育堂地基全图

爱育善堂的常规善举主要是施医赠药、兴办义学、施棺施葬，突发性的工作则包括救灾与兴修水利。善堂开办的第二年，即在全城开设义学19间，学生人数达到564名。义学主要是启蒙识字，除宣讲圣谕外，注重实用教学，以便将来谋生之用。施医赠药以贫困民众为对象，1872年即已施药37758帖。1879年起，爱育善堂负责捡拾水面浮尸，并购买义地为之殓葬。

爱育善堂在广东乃至全国突发性的赈灾工作中，有着突出的表现，大大地提升了善堂在社会上的声誉。

1877年，在赈济清远水灾后，善堂为之出资兴建石角围，保护田园不再受浸。1878年，省城西关一带遭遇数百年未遇风灾，龙卷风扫过密集居民区，倒塌房屋2000多间，压死男女1000多人，受伤者无数。爱育善堂立即组织大批伤科医生前往救治，在现场盖搭棚厂，安置伤员。1885年夏，北江、西江、东江同时暴涨，水灾极为严重。善堂绅董立即捐款一万余金，立即派出多个队伍四处放赈。因灾情严重，除在本地募集善款外，还请香港、上海、宁波等地粤商广为劝募，爱育善堂担负起了民间救灾的总收发、总指挥职责，一个月内接受各地汇来善款达十多万之巨。因灾情紧急，善董禀请地方官，借用轮船前往灾区散发救灾物资，各善董无不奋力争先，心力劳瘁而不顾。

爱育善堂西医赠医所

爱育善堂拥有广泛的慈善资源，得益于省港网络者甚多。不少在爱育善堂兼任职务的香港商人都作出了突出贡献。香港东华医院主席、保良局创始人卢庚扬（原籍东莞），在美国经商后回香港开设金山庄。他将五仙门外海坦（江边土地）捐给爱育善堂，兴建爱育新街（今海珠广场一带）商铺用，用以收租行善。

1876—1878年，华北发生数百年未遇大旱灾，赤地千里，饥民遍地，史称"丁戊奇荒"。爱育善堂虽身处岭南，并无畛域之见，本着"民胞物与"之义，募集巨额善款寄往灾区。

爱育善堂在存续的八十几年里，一直坚持稳健政策，不愿为了发展而承担过多财务压

爱育西街

力，有人或许会认为这种做法过于保守。慈善史专家夫马进在《中国善会善堂史研究》一书中，曾论及晚清上海大量善堂因急于扩大视野规模而陷入财政危机。事实证明，爱育善堂按投资收益制定开支计划的经营策略是正确的。省城另一著名善堂广济医院，曾以多方参与社会事务而声誉鹊起，至20世纪20年代，因经费不敷，被迫停止赠药，对广府慈善事业产生了一定的负面影响。

善堂与公共事务

1907年，因受水灾影响，粤省米价飞涨，时有抢米事件发生，人心浮动。两广总督岑春煊为平抑米价，筹集资金二十多万，由九大善堂、七十二行商人、香港东华医院组织实施，从外地购买米粮运粤平粜，在爱育善堂东厅设立平粜总公所，推选银行业同仁管理财政，米埠行米糠行办理运输。购粮款由各大善堂及总商会先行垫付，爱育善堂出资最多，达到两万元。经各善堂、商会紧急调运，粤中米价终于回落，贫民均称颂其功德。

爱育善堂在起初20多年里，谨守本分，单纯办理慈善，不过多参与其他公共事务，避免动摇根本。然而，孙中山领导的革命运动，多次以广州为主要进取目标；孙中山的许多重要助手曾先后在广州进行革命活动；香港的革命报刊曾在广州广泛发行。爱育善堂善董也逐渐受到革命思潮的影响。

武昌起义爆发后，广东商界、慈善界积极商议应对之策，经过激烈辩论，同意响应武昌起义，推翻清朝统治。农历九月八日，省城九大善堂、七十二行、总商会在爱育善堂召开会议，通过决议，宣布接纳共和政体；九月十八日，在爱育善堂代表黄云轩主持下，各善团、行商在总商会集议宣布广东独立。① 慈善界与各界人士的积极活动，促成广州迅速光复，也有力地支援了各省革命力量，对推翻帝制、创立民国有一定贡献。

---

① 郭孝成：《广东光复记》，载柴德赓、荣孟源等编《中国近代史资料丛刊辛亥革命》第七册，上海人民出版社1957年版，第229页。

民国初年，政局多所变更，对爱育善堂有不少影响。1923年，军政府因军饷匮乏，向爱育善堂勒借数万元，久拖不还。为筹措北伐军饷，大元帅府成立官产清理处，将原有官产进行变卖，殃及池鱼，将爱育堂后面"暹罗贡馆"没收拍卖，拆除净尽，善堂租金收入因而减少（《爱育堂民国廿二年征信录》节略宣言）。

爱育善堂以其慈善界领袖地位，被社会寄予重望，不时要承担各种额外义务，负担越来越重。政府枪决罪犯，均要求善堂施棺殓葬；各医院、安老院有人病故，没有亲属的，均由善堂殓葬，每年这项开支超过万元。1925年发生省港大罢工，从香港回到广州的罢工工人没有寒衣，由善堂捐资制作棉衣。

1938年广州沦陷，善堂各善董逃往港澳避难，经费无着，业务停顿。抗战胜利后，政府派出米糠业同业公会主席黄咏雯等富商担任整理委员，各项善举次第恢复。1954年，爱育善堂并入广州市公益善团联合会，改为联合会第二诊所，在它诞生的第83个年头画上了句号。

爱育善堂的创立，可以看作是对基督教广州博济医院竞争性的回应，也受到香港东华医院的启发。晚清广府商人眼界开阔，善于吸取他人的长处为我所用。嘉约翰认为：无可置疑的是，外国人的榜样（指此前教会所办的慈善医院等）是促成爱育堂创办的动力。[①]

作为岭南近代慈善先锋，爱育善堂开创了大规模的施医赠药、施棺殓葬、义务教育、赈灾救灾等慈善救济服务，为后起慈善机构办理

---

① *China Medical Missionary Journal*, 3.4（1889），p.152.

业务提供了范例与经验。宣统《南海县志》称："我粤自爱育善堂提倡，各善堂相继而起，数十年来，赠医施药、平粜赈灾诸善举，糜不竭力举行……其有俾于吾粤诚非浅鲜也。"随后，两粤广仁善堂、广济医院、方便医院接踵而起，形成清末蜚声海内的广州"九大善堂"，以慈善集群的形式服务大众，成为岭南慈善史一段佳话。

（执笔：陈晓平）

"黄花岗之父"的公益人生

"黄花寥落植白骨，青灯冷焰祭忠魂"，这是广州东圃棠下街棠东村启明大街一幢破败老屋门前的一对楹联。晚清辛亥那年，屋主的一位后人曾将这栋祖屋卖掉，只为妥善掩埋黄花岗之役的死难烈士。1914年，这位后人因躲避政治迫害不得已去往上海，行前专门嘱托自己一双儿女需在农历三月二十九日前往黄花岗祭拜先烈，并亲自设计了祭拜的方式：骑白马，穿白衣，披白绶带，其上写"黄花岗之子"与"黄花岗之女"字样。4年之后，黄花岗七十二烈士陵园由他主持修建。

1929年，他于香港病逝，遗愿归葬黄花岗，可惜其中诸多波折，直到1951年才得以迁回，自此安眠在七十二烈士主墓旁。今天，当人们漫步于优美的园林墓地、瞻仰先烈时，亦会顺便了解到他与黄花岗的生死故事，但很少人知道他毕生投身公益，不问一官半职。他究竟是什么人？与辛亥革命有着怎样的关联？而公益与革命之间又有着什么关系？

时间回溯到百年以前的辛亥三月，一个集体死亡的日子，从这里走近他。

一 收尸义举

1911年农历三月二十九日下午，黄兴率领120余名革命志士发动武装起义，袭击两广总督署，史称"三·二九起义"。这是同盟会发起的第十次武装起义，亦是革命党人牺牲最为惨烈的一次，百余名革命党人在起义中牺牲。当时尚未暴露身份的革命党人潘达微以记者身份联合善堂，冒死收殓了其中七十二名烈士遗骸合葬于广州黄花岗。

黄花岗烈士遗骸　　　　　　　潘达微先生像

　　潘达微，号心微，字冷残、铁苍、影吾、景吾等，亦有多种笔名，兼画家、摄影师、实业家和慈善公益人等多种身份，是广州广仁善堂的善董潘文卿之子，是整整一个世纪前的"80后"。与同时代的很多青年人一样，在十几岁的时候亲历了甲午惨败与戊戌变法，深受维新思潮影响，后来转向革命，并携妻陈玮庄为"黄花岗起义"运送军火。

　　当时的起义实况异常惨烈。原计划参加起义的十路大军，只有黄兴一路孤军血战，悲壮无比——"是役也，碧血横飞……草木为之含悲，风云为之变色"——孙中山如此写道。起义失败后，清廷将百余具革命党人尸首移至广东谘议局，潘达微亲自记录了1911年农历四月三日目睹尸骨惨状时的情境："陈尸场上，逻者洞察尚严，积尸分数叠，折臂断胫，血肉模糊，目不忍睹。"① 当探知清廷欲将烈士尸骨抛于一处随意掩埋行刑犯人的"臭岗"中时，他当即前往两粤广仁善堂请求协助，妥善掩埋烈士遗骨。农历四月四日，阴雨绵绵，潘氏整日处理丧事：

---

① 潘达微：《黄花岗七十二烈士殡葬之情形》，广东省政协文史委员会、广东省美术馆编：《魂系黄花：纪念潘达微诞辰一百二十周年》，广东人民出版社2001年版，第194—195页。有学者认为："清政府如此对待烈士尸骨，无疑含有警示社会之意：他们希望民众记住反抗朝廷者的下场，莫再犯事。"详见王楠《第三章墓地：原质性的纪念空间》，罗福惠、朱英主编《辛亥革命的百年记忆与诠释》（第四卷），华中师范大学出版社2011年版，第132—133页。

当时伤心惨目，不可言喻。盖陈尸数日，继以夜雨，尸体霉胀，且各义士多被假发，发去脑袋，中攒无数小虫蠕蠕动，体缚以铁索，多合二、三人为一束。呜呼！……是日也，风雨愁云，行人绝迹……余随最后一棺，步送至红花岗。①

为了这次殡葬，潘达微卖掉了自家祖宅。② 不久，他发表文章详述收尸经过，题曰"咨议局前新鬼录，黄花岗上党人碑"，"红花岗"由此而更名"黄花岗"。此举名动海外，为人称颂至今，潘氏也因此而成为塑就黄花岗历史的重要人物被载入史册。

潘达微祖宅现状：棠东村之启明大街 27 号③

然而今日之英烈在昔日清廷看来，皆是必须诛杀的乱臣贼子。可以想见，为反叛者收尸何等冒险。如此敏感而棘手的任务在善堂与志士的联手中顺利收官，足以体现两者之间的深度连结。但有关此事的史料记载仅寥寥数语。因此，想要照亮百余年前那一片幽深的网络，还需深入探究潘达微的生平细节及隐伏其后的实践脉络。

---

① 潘达微：《黄花岗七十二烈士殡葬之情形》，《魂系黄花：纪念潘达微诞辰一百二十周年》，第 194 页。

② 潘氏祖宅尚存，于今广州天河区沙河镇棠东村启明大街六巷八号，为潘达微祖父"达善公"所建。

③ 笔者摄于 2017 年 7 月 19 日。称村委曾表示，"听说潘达微是为了埋葬七十二烈士典当了屋子，我们就一定要为他保护好祖居"而一直致力于赎回该屋，且在 2001 年市政府有关文件已把潘达微祖居定为"市内控文物保护单位"（参见姚瑞英《棠东村人民怀念潘达微》，《天河文史》2001 年第 9 期，第 274 页）。然笔者田野所见潘氏祖宅堆满垃圾，未有任何保护措施，亦未见挂牌。

1880年，潘氏降生于番禺棠东村。① 有关他早年生活的史料不多，仅知其体弱多病，曾随吴英荽习画。② 可以推算，在其自我意识形成的少年时期，即1890年至1900年间，正值甲午战败，维新思潮盛行的历史时段。此间，潘氏因求医而结识孙中山，并于《马关条约》签订的同年，决心投身革命，因遭家庭反对而携妻出走，移居番禺河南③龙导尾。

1899年，潘达微与挚友史坚如一同加入兴中会。④ 次年，史坚如殉难，潘氏遂"更艰苦卓绝，散尽家财，以追随中山先生"⑤。由此一直到辛亥鼎革，潘氏所有活动皆服务于革命事业和改造社会，主要依托于三种组织形式：学堂、报纸和善社。

研究表明，大量的报馆、学堂、学会在甲午以后不断涌现。⑥ 这些机构的发起人，多为学生辈的读书人⑦，与传统意义上的"士"有很大不同。时任礼部左侍郎的于式枚曾评议说，这些人"不农不工不商，但强名曰士，未尝任纳税当兵之责，乃欲干外交、内治之权。至敢言监督朝廷，或一又云推倒政府。读诏书，则妄加笺注。见律令，则至肆讥弹。胥动浮言，几同乱党"⑧。

也就是说，当时出现一批思想趋新的读书人，不再以考取功名为求学的主要目标。他们热衷时政，兴办社团，主张变革，有的甚至参加革命。许纪霖将这批趋新的年轻士人称之为"新型的士"，并指出正是由于他们的聚合，产生了一种以学校、报纸、学会为基本结构的

---

① 资料来自黄大德先生对潘氏后人的访谈笔记（未刊）以及笔者的田野资料。
② 黄大德：《潘达微年表》，广东省政协文史委员会、广东省美术馆编：《魂系黄花：纪念潘达微诞辰一百二十周年》，广东人民出版社2001年版，第257页。
③ 意即珠江之南，相当于今天广州市海珠区的主要部分。
④ 黄大德：《潘达微年表》，广东省政协文史委员会、广东省美术馆编：《魂系黄花：纪念潘达微诞辰一百二十周年》，广东人民出版社2001年版，第257页。
⑤ 谭永年：《中国辛亥革命回忆录》（上），台北：文海出版社1976年版，第258页。
⑥ 参见闵杰《戊戌学会考》，《近代史研究》1995年第3期；闵杰：《新发现的戊戌时期学会及其意义》，《求索》1993年第6期；李文海：《戊戌维新运动时期的学会组织》，载胡绳武主编《戊戌维新运动史论集》；张玉法：《戊戌时期的学会运动》，《历史研究》1998年第5期。
⑦ 罗志田：《革命的形成：清季十年的转折》（中），《近代史研究》2012年第6期，第19页。
⑧ 于式枚：《奏立宪必先正名不须求之外国折》，故宫博物院明清档案部编：《清末筹备立宪档案史料》（上），中华书局1979年版，第337页。

"三位一体"式公共领域。①

之所以称之为"三位一体",是因为三者经常为同一新士群体所办,往往"报纸背后有学会,学会背后有学校"②。为什么会出现这样的现象?晚清最后十余年所涌现的这批新式机构,究竟蕴含着何种理念?潘达微所办学堂、报纸与善社是否也遵循着相近的运作模式,共享着同样的精神理想?

二 社团、公益与变革

1894年,甲午战败,举国震动。如果说鸦片战争的失利只是打碎了天朝帝国的幻梦,那么甲午一役的惨败则是彻底揭开了国力的羸弱实况,将亡国灭种的悲哀与警觉火速蔓延。陡然刺激之下,国人求变的动机亦从"自强"的愿望转变为"救亡"的急迫。由此至戊戌变法期间,大量新式团体在全国各地不断涌现,形成了中国近代社团的首次高峰,详见下图。

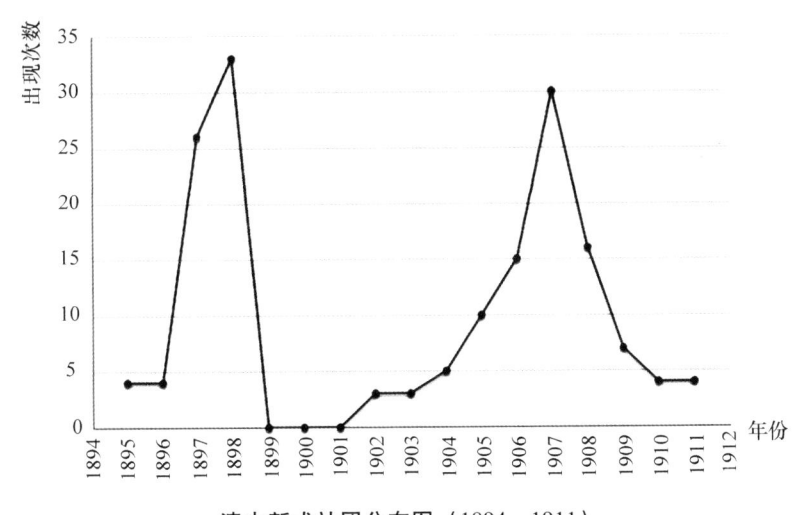

清末新式社团分布图(1894—1911)

---

① 许纪霖:《近代中国的公共领域:形态、功能与自我理解——以上海为例》,《史林》2003年第2期,第81—82页。
② 同上书,第84页。

图中的第一次结社高峰与康有为、梁启超、谭嗣同等维新人士提出的"合群立会"的主张有关。1895年春,中日《马关条约》的内容引发"公车上书",反对议和,但清廷仍坚持签订《马关条约》。同年夏秋,康有为在京发起"强学会",乃"专为中国自强而立"①。这是维新人士发起的首个学会,一般认为是模仿西方传教士所立"广学会"而发起的。

广学会的前身"同文书会"是清末基督教在华最大的出版机构,1887年成立于上海。1891年10月,英国传教士李提摩太(Timothy Richard,1845—1919)就任其总干事。随后,"同文书会"更名"广学会",旨在"以西国之学,广中国之学,以西国之新学,广中国之旧学"②。为此,广学会不仅增设书局,而且积极经营各种报刊,尤以《万国公报》发行最广,影响最大,被时人誉为"西学新知之总荟"。当时想要了解西方的读书人,几乎都要看《万国公报》。

事实上,李提摩太的办报目的除了传教,还有推动变革。他曾明确表示:"期刊给我们西方国家带来了革命,我们要将这场革命继续进行下去。"③康有为与李氏过往甚密,深受其影响,亦欲以学会、报纸的组合推动变法。康有为后来回忆说④:

> 昔日在京师合士大夫开强学会,英人李提摩太曰:"波斯、土耳其、印度久经凌弱,未知立会。中国甫为日本所挫,即开此会,中国庶几自立矣。"夫以一会之微,而泰西乱国者辄以为关存亡之故,社会之用大矣。

这段记述非常重要,不仅直接点明了李提摩太的关键作用,且明确

---

① 康有为:《上海强学会章程》(1895年11月),姜义华、张荣华编校:《康有为全集》,中国人民大学出版社2007年版,第93页。
② 古吴困学居士:《广学会大有造于中国说》,《万国公报》第88册,1896年5月。
③ 《广学会年报》,转引自[美]何凯立《基督教在华出版事业(1912—1949年)》,陈建明、王再兴译,四川大学出版社2004年版,第88—89页。
④ 康有为:《日本书目志》,《康有为全集》第3册,上海古籍出版社1992年版,第760、761页。

表达了其影响所生成的政治思维——"立会"与否决定国家强弱。这一思维也贯穿在几乎同时出现的浏阳"算学会"与广州"农学会"之中。前者为谭嗣同所建,后者为孙中山所创。对于办会,谭、孙二人也同样指出,泰西诸国兴盛之根基,在于"议院、公会之互相联络,互相贯通"①,无论士庶,"忠君爱国,好义急公,无论一技之能,皆献于朝,而公于众……",使"智者出其才能,愚者遵其指授,群策群力,精益求精……"②。因此,"合群非开会不可"③。

由这些语句可知,"立会"与否之所以决定国家强弱,是因为"立会"的真正指向,实乃宪政的基础——议会。在当时的士人看来,西方国家强盛的根本原因已不仅仅是坚船利炮,而是能够上通下达且有效实现全民动员的现代政体。在此过程中,谭嗣同、梁启超等人还进行了理论本土化的努力。他们曾将明末黄宗羲、顾炎武等人限制君权的著述进行摘录,秘密印制、散布数万本,尤其强调学校发挥监督与议政功能的思想古已有之,以期增强新兴"学会"兼具学校与政党作用的合法性。学校也由此而被整合进学会、报纸的组合体系。

同一时期,一本全面介绍东瀛小国如何以"立宪政体之胜"而迅速崛起的《日本国志》于1895年秋冬在广州羊城富文斋付梓,世人争相传阅,多家书局竞相再版。该书乃清廷驻日参赞黄遵宪所作,其中详细介绍了明治维新的改革措施及其现实功效,明确指出宪政改革是图强求变的关键所在。其中,卷三十七"礼俗志四"有专门一节题为"社会",详细介绍日本各种民间结社,并总结道:"凡日本人无事不会,无人不入会……",从而阐明"如束箸然,物小而材弱,然束数十百枝而为一束,虽壮夫拔剑而斫之亦不能遽断"的合力之理。④ 这些内容与思想成为维新思潮的重要来源。

事实上,所谓"三位一体",也并非是学校、学社和报纸的简单

---

① 谭嗣同:《浏阳兴算记》,蔡尚思、方行编:《谭嗣同全集》(增订本),中华书局1998年版,第118页。
② 孙文述,区凤墀执笔:《拟创立农学会书》(1895年10月6日),中国社会科学院近代史研究所编:《孙中山全集》第1卷,中华书局2011年版,第24页。
③ 楼宇烈整理:《康南海自编年谱》,中华书局1992年版,第29页。
④ 黄遵宪:《日本国志》下卷,天津古籍出版社2005年版,第915—916页。

叠加，它本质上是一套实现"求通合群"的操作思维，即通过结社、教育和传播，以实现智识启迪、网络连接和制造舆论，酝酿议会，推动变革。到戊戌变法前夕，全国各种维新社团已多达70余个，遍及30多个城市。其中，谭嗣同与唐长才等人在湖南所建的"南学会"，实"兼学会与地方议会之规模"①。

1898年6月，光绪皇帝颁布《明定国事》诏书，宣布变法。9月，慈禧"训政"，变法失败。康、梁流亡日本，"六君子"被诛杀，戊戌党禁开始。② 绝大多数维新社团、报馆、学校被停，其主创者流亡海外，故而出现上页图之中的低谷时段。这一低谷从变法失败持续到1901年，期间发生了惊天动地的庚子义和团事件。为挽回人心，清廷宣布实施新政。但"异端"力量的引入致使朝廷失道形象已经铸成，世道大变，曾经拥清改良的一批士人开始倒向反清革命。立宪与革命遂成为两种竞争性的变革出路，贯穿晚清的最后十年。

而不论哪一种出路，所指向的未来皆是现代的民主政体，而民主的基础是具备参政议政能力的现代国民。中国的国民显然与此相距甚远，多数普通平民尚不识字。当时舆论亦将这一"蒙昧"状态与国民"虚憍"性格作为义和团迷信的重要归因。"开民智"由此被视为避免重蹈覆辙与实现政治转型的关键所在，成为清末社会最流行的"口头禅"。

于是，在1901—1903年间，大量以"开民智"为宗旨的阅报社、宣讲所、演说会乃至画报、白话报以及小说、戏曲、戏剧改良等推动平民启蒙的团体活动以多种多样的形式在全国各地不断涌现，形成图中所示的第二个高峰。

与戊戌时期学堂、学社旨在"兴绅权"的意图不同，庚子以后兴起的这批以"开民智"为宗旨的会社、团体主要面向中下层的普通民众，其发起人多为身份各异的"志士"，有功名者甚少。据李孝悌的研究，"志士"乃当时流行用语，并无精确含义，指的是"没有士

---

① 梁启超：《谭嗣同传》，《戊戌变政记》，张品兴主编：《梁启超全集》第1册，北京出版社1999年版，第232页。
② 参见张玉法《清季的立宪团体》，台北："中研院"近代史研究所1985年版，第150—154页。

绅身份，而思想、作为前进的平民，乃至一般的商人，甚至还包括了和尚、喇嘛等出家人。渐渐地，官府和士绅也加入行列"①。

由多元主体所践行的这场志愿运动，在很大程度上构成了当时"公益"的具体内容。更准确地说，应该是"开民智"的运动充实了中国"公益"概念的近代变形，因为中文"公益"一词的语义重心在1900年之后发生了根本扭转——从表示参股人经济盈利的金融词汇转变为表达国民参与公众事务的政治词汇，并于晚清得以普及。而这一过程恰与20世纪初"开民智"的启蒙运动彼此重合。

当时的报纸刊物即常以"公益"来表述各种志士乃至平民所开展的以"开启民智"为宗旨的活动，尤以设立学堂和阅读书报最为常见。例如，1906年的《时事画报》曾报道两广总督周馥路过江南地区，因见"东西各国报馆林立，虽厮养走卒，无不阅报"，故而感到"人人明义务、知公益，而合乎立宪国之资格……"②；又如，三位志士欲在京城会友轩茶馆组织阅报社，1911年的《浅说画报》称他们"热心公益"③。

与此同时，一些启蒙性的学堂及书报社索性以"公益"冠名。比如，1903年"名门闺秀"杜清持在广州逢源西街开办的"公益女学"，旨在"以德育智育体育以养成女子，使出可为社会之中坚人，可为家庭之模范"④。又如，四川洪雅县的杨氏家族于1907年创立"公益书社"，开放家藏古今书籍"任人阅抄，并添购时务书报"，以"开通智识"⑤。从中可见，当时"公益"活动的实践主体其实不仅仅是前述"没有士绅身份，而思想、作为前进"的平民、商人和出家人，还有闺秀女眷。在国民的意义上，她们与男子一样，可以成为"志士"。

如果以中文"公益"的近代使用和普及时间作为理解传统慈善转

---

① 李孝悌：《清末下层社会的启蒙运动：1901—1911》，河北教育出版社2001年版，第52页。
② 《周督注重报纸》，《时事画报》1906年第30期，第3页。
③ 《热心公益》，《浅说画报》1911年第824期，第1页。
④ 杜小㩧：《公益女子师范学校概要》，公益女子师范学校编印1918年版，广东省立中山图书馆藏。
⑤ 《公益书社》，《广益丛报》1907年第133期，第23页。

向近代公益的一个面向,那么清末十年崛起的这批新型志士可谓近代意义上的第一批公益群体。他们尽管有的拥护立宪,有的力主革命,还有的面目模糊、不断变化,却始终共享着某种以西方作为参照的现代强国之梦,并且坚信只有通过政治变革才可能实现。潘达微也正是这样心怀理想的公益人士之一。那么,他都具体做了些什么"公益"呢?

三　潘达微的公益网络

辛亥革命以前,潘氏所有活动皆服务于革命事业和改造社会,主要依托于三种组织形式:善社、报纸和学校。

（一）善社

赞育善社,又名赞育接生社①和赞育医社②,顾名思义,主营赠医施药,擅长西医方法为产妇接生。当时有报道称,天源街小贩陈煊之妻难产,情况危急,送至赞育善社,女医"用钳取之"而保母子性命。《时事画报》评论感慨道:"诞育为生死关头,所关二命。何等郑重。西人知其原故,非有专门卒业文凭不能从事于斯……然广东之大,仅一赞育善社,诚鞭长莫及,甚愿善林诸君子有以推广之也。"③

从中可知,赞育善社应为粤省较早倡导西医接生的华人慈善机构。该社发起人之一麦公敏（1883—1938）,世居广州河南。麦氏早年曾经营洋庄,擅绘花鸟、山水,兼通篆刻,后入医药学校就读研究,造诣精深,并通日语、英语及拉丁文。另一位发起人梁培基（1875—1947）,名缄,字慎馀,顺德人士,1897 年毕业于博济医院南华医学堂,后任教于夏葛女医学校,同时挂牌行医,开厂制药,研发出专治疟疾的梁氏"发冷丸",非常畅销,成为广东近代著名民族工业家,长期资助潘氏的公益事业和社会活动。

博济医院（Canton Hospital）是中国最早的西医院之一,夏葛女

---

① 详见《不作无益》,《时事画报》1906 年第 6 期。
② 该社一直延续到民国时期,由麦公敏主理,不定期出版《赞育月刊》。据广东省立中山图书馆特藏部所藏 1922 年版的一本《赞育月刊》,当时该社亦更名"赞育医社"。
③ 《赞育接生》,《时事画报》1905 年第 5 期。

医学校（Hackeet Medical Collage for Women）亦是中国近代最早培养女子西医的教育机构，皆由美国传教士开办。因此，虽然善社的三位主要发起人皆为男性，但他们与基督教所办医学机构及其女医网络的资源连接使之能够专聘"女医生施赠西医法接生，不取分文"①，开办独立于教会之外的华人善社，有效解决了妇女难产问题，与教会慈善平分秋色。

在这个意义上，赞育善社尽管继承了传统善会善堂赠医施药的业务，但实际上是以救死扶伤为工具，推广西医、女学等新式技术和观念，从人种体格和精神智力两方面培育中国的现代国民，耕耘变革的土壤。围绕这一根本目的，善社同人不仅经常举办宣讲、演说等各种活动②，并且联合女界深度参与1905年的抗美拒约运动。此外，潘达微还曾以赞育善社名义为革命筹款，因此，赞育善社"虽曰慈善团体，而实则革命机关也，公敏与潘达微暗中策动革命事业"③。

（二）报纸

1905年，亦即赞育善社成立的第二年，抗美拒约运动爆发。潘达微是广东地区的运动领袖之一，并为此创办了《拒约画报》，后更名《时事画报》。拒约运动缘起于1894年3月清廷与美国签订的《限制来美华工保护寓美华人条约》，致使在美华人遭受严重的不公待遇和种族欺辱。条约期限至1904年12月，然美方却拒绝废约，而清廷对此态度屈从软弱，激起举国愤慨，掀起一场轰轰烈烈的抗美拒约运动。

首先发动抵制的是粤沪两地的商人团体。1905年5月19日，广州绅商以"八大善堂"及"七十二行"的名义联合社会各界举行集会，拟定本地拒约事宜，集会地点在广济医院。④广济医院为当时广州八大善堂之一，其余七家分别是爱育善堂、广仁善堂、述善善堂、

---

① 《赞育善社接生广告》，《时事画报》1905年第3期。
② 例如，1907年第11期《时事画报》之《赞育善社演说》报道邀请多位嘉宾宣讲西医接生如何为"保产育婴"与"保国强钟"之善法；又如，1908年第2期《时事画报》之《知所先务》再次报道7位女医生在该社宣讲西医卫生的活动。
③ 郑春霆：《岭南近代画人传略》，广雅社1987年版，第135页。
④ 参见黄贤强《1905年抵制美货运动：中国城市抗争的研究》，高俊译，上海辞书出版社2010年版，第26—97页。

崇正善堂、惠行善堂、明善善堂、润身善社，20世纪初开始彼此结盟，形成一股强大势力，广泛参与甚至主导地方社会事务。

绅商牵头的抵制活动开始以后，粤沪两地的行业协会、同乡团体、学生团体、文艺团体，甚至女性社团等各界人士也纷纷加入，将整个运动推向高潮。7月16日，上海"人境学社"社员冯夏威在美国领事馆门前服毒自杀，引起轩然大波。很快，"抵制苛待华工不用美货总工会"在广州成立，由郑观应等8位总商会人士担任主席，集体决议禁用美货。

进入8月，两份以拒约为名的报纸在广州出世，一份为黄晦闻发起的《反美禁工拒约报》（简称《拒约报》）。另一份报纸便是潘达微所办《拒约画报》（正式出版时定名《时事画报》），这类报纸在当时皆是非营利运作，有的甚至免费供应。当时《时事画报》的主要发起人除潘氏以外，还有何剑士、高剑父、陈树人、赖亦陶（应钧）、毅伯等五位。① 其中，能够明确共同盟会会员身份的即有潘达微、何剑士、高剑父与陈树人。到了1910年，该报即因革命旗帜过于鲜明而遭到停刊。

（三）学校

1901年，黄晦闻在龙溪首约与潘达微等人共同发起"群学书社"②。该地距离龙庆里、潘达微居所、赞育善社③、《拒约报》总编辑部所在的海幢寺都非常相近，一刻钟内即可步行整个区域。黄晦闻（1873—1935），又名黄节，岭南著名诗人、报人和教育家，亦即前述与潘达微同时期发起拒约报刊的另一人。

与庚子以后兴起的大部分阅报社一样，群学书社免费供应各种报刊给大众阅览，以"劝学励行，启迪民智"④。不久，书社改组学会，

---

① 程存洁：《〈时事画报〉若干问题辨析（代序）》，广东省立中山图书馆、广州博物馆编《时事画报》第一册，广东人民出版社2014年版，第3—7页。
② 亦有资料称"群学书屋"。参见麦汉永《南武学堂之创办历程》，李齐念主编：《广州文史资料存稿选编》第7辑，中国文史出版社2008年版，第26页。
③ 据《赞育月刊》扉页记载，该刊编辑处赞育医社位于广州河南歧兴中约。见《赞育月刊》第23期，1923年4月。
④ 黄节著，刘斯奋选注：《黄节诗选》，广东人民出版社1984年版，第289页。

更名"南武公学会",搬迁至海幢寺圆照堂,设编辑、辩论、体育三部,后又增设教育部门,筹备开办新式学堂。1905年正月,学堂于圆照堂正式开学,由公学会同仁担任教师。

1906年夏,何剑吴出任南武校长后,大刀阔斧地实施改革,扩大招生、师资和校舍,大力发展体育、绘画等特色科目,聘请潘达微、高剑父等担任图画教员,同时开办女校,将南武带入全盛时期。

当时就读南武、洁芳的学生多为河南绅商大户及其姻亲家族的子女,其中一部分家长亦被吸纳入南武公学会。而公学会则发挥着类似校董会的功能,其成员既有学校教员,亦有地方豪族。学会所有同仁皆有扶持南武学堂的义务,有钱出钱,有力出力。两校场地及运营经费多来自学会支持,教员全部义务任教,学堂只提供膳食,不付薪资。① 这种非营利性质的办学实践将地方的绅商豪族与主张变革的青年志士紧密连接,不仅勾连着抗美拒约运动的省际网络,而且直通同盟会的跨国网络。洁芳、南武两校事实上也成为了辛亥革命的秘密据

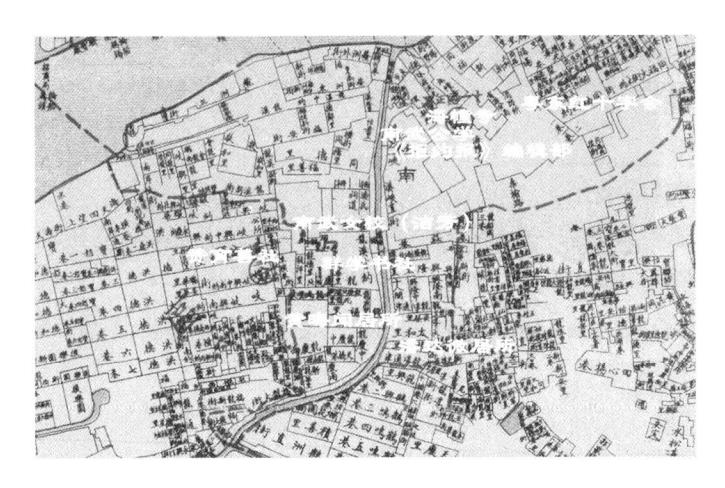

清末河南公益网络图

---

① 参见朱英和、沈琼楼《清末广州河南两间私立学校——育才书社和南武公学》,《广州文史资料》第10辑,广州市政协文史资料研究委员会1963年编印,第87页;麦汉永:《南武学堂之创办历程》,李齐念主编:《广州文史资料存稿选编》第7辑,中国文史出版社2008年版,第27页。

点之一①，部分师生亦参与了黄花岗起义前夕的弹药运送。

四 民国的颓废与幽暗

黄花岗起义失败的第二年，武昌起义成功，民国成立。然辛亥鼎革之后，革命党人以巨大的牺牲推翻清廷统治，而引入当时所谓"最先进"的民主政体建立起的"现代国家"，不仅没能使社会民生发生任何实质改变，反而因军阀政客间的连年征伐致使新生政权风雨飘摇。

民初十年，先是发生了讨袁的"二次革命"和反袁称帝的"护国运动"，紧接着是黎元洪与段祺瑞的"府院之争"以及由此引发的张勋复辟和"护法运动"，多种势力反复拉锯，各路军阀与地方势力趁乱兴起，战事迭起、民不聊生。孙中山本人即曾对当时的国事如此描述：

> ……民国十年间，徒有共和之名，并无民治之实。一般官僚军阀，日以争权夺利为务，事事倒行逆施，压抑人民，摧残教育，倒卖国产，种种不良政治，弥漫国中……②

潘达微痛心国事，拒绝了政府官职，投身公益慈善，并自编自演了话剧《声声泪》，揭露各色"慈善家"、新官吏和新权贵的欺世盗名，在广州公演引起轰动，时任警察厅长的陈景华观看以后，为之题写了"天地不仁"四字，并与潘氏成为挚友，鼎力支持其所办各项公益慈善事业。③

与此同时，潘达微开始频繁地使用骷髅符号祭奠先烈。1914年，潘氏亲手烧制两颗瓷质骷髅，一摆于书案，一放置房间，每逢重阳节

---

① 朱英和、沈琼楼：《清末广州河南两间私立学校——育才书社和南武公学》，《广州文史资料》第10辑，广州市政协文史资料研究委员会1963年编印，第87页。

② 孙中山：《在梧州群众欢迎会的训词》，载《孙中山全集》第5卷，中华书局1985年版，第618页。

③ 黄大德：《潘达微年表》，《魂系黄花：纪念潘达微诞辰一百二十周年》，第264—265页。

和黄花节①"皆对骷髅写黄花,一以寄怀先烈,一以感慨时事"②;
1915 年,与王秋湄主编《天荒》画刊,封面即为一架骷髅骸骨临窗阅读,内页中还有一幅题为"天地不仁万物刍狗万古凄凉不堪回首"的画作,其上绘一老虎坐卧山前,身旁是骷髅骸骨③;1916 年,作《美人骷髅图》并题诗四首④;1917—1919 年,他甚至将骷髅雕塑置于黄花岗七十二烈士陵园的墓道铁柱之上;1920 年,在其为南洋兄弟烟草公司策办的"劝国人用国货"广告征集活动中,遴选出一幅骷髅题材的漫画为获奖作品⑤;1926 年,创办《微笑》杂志,刊登画家何颖量插图,画面为一裸身女子独坐在骷髅头骨上方弹奏乐器,图下配文两句:"一具骷髅,干得尽。百千闻见,自无差。"⑥

1929 年,是潘达微生命的最后一年,骷髅创作的密集度达到顶峰:春季,在广州中央公园举行的菊展会上,在其手植的黄菊旁置一骷髅,题曰《碧血黄花》⑦;4 月,在《非非画报》上发表《黄花寥落》和《黄花白骨》两帧摄影;10 月,再次于《非非画报》上发表

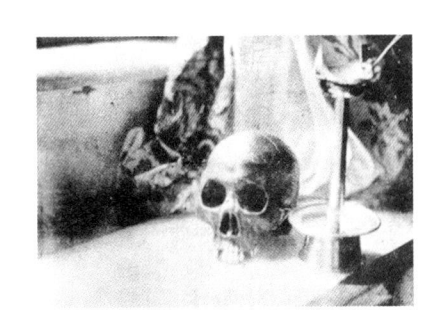

潘达微的摄影作品《心灯》　　黄花岗墓道铁柱顶的骷髅形象

---

① 民国成立以后,为纪念死难先烈,民国政府将公历 3 月 29 日定为"黄花节"。
② 黄大德:《潘达微年表》,《魂系黄花:纪念潘达微诞辰一百二十周年》,第 266 页。
③ 在《天荒》画刊封面的右下角,有"Kwok"字样签名,具体何人待考。
④ 孙璞:《革命诗画》,《广东文献》第 2 卷第 4 期,1972 年 12 月,第 95—96 页。
⑤ 漫画作者不详,画报详见《魂系黄花:纪念潘达微诞辰一百二十周年》,第 113 页。
⑥ 《微笑》1926 年第 1 期,第 53 页。
⑦ 郑春霆:《潘达微先生其人其事》,《广东文献》第 1 卷第 4 期,1971 年 12 月,第 55 页。

摄影作品《心灯》①，画面为一颗骷髅和将熄的灯盏并置桌案。

这些隐秘的纪念几乎全部淹没。仅黄花岗七十二烈士墓道的骷髅塑像受到学界个别人士的一点关注，但对其讨论多止于陵园设计者潘达微的个人偏好。事实上，死亡文化在清末民初十分盛行，象征死亡的骷髅符号因此而成为常见语码，并随着时局变化衍生出多种语义。在辛亥革命前，骷髅主要象征民众苦难和为了改变此种现状的志士义举，到了民国初年，政局混乱，民不聊生，现实苦难并没有因为举义成功而有所改变，志士的牺牲根本无法获得革命话语所预设的价值兑现，象征民众苦难的骷髅意涵由此延续，而象征志士义举的情感意蕴则发生了极大逆转——由视死如归的胆气和希望转变为生命虚无的彷徨与失落。②

秋零与鬼为邻之图

潘达微与鬼为邻图

就在潘达微开始着迷骷髅的 1914 年，春日的某一天，在上海一座棺材形状的小屋旁，他摄下一张神情落寞的照片，自题"与鬼为邻"图。③ 同年 10 月 23 日，同盟会的两位女性成员秋心（黄扶庸）、秋零（邓慕芬）相携沉于肇庆鼎湖山深潭，事件轰动一时。在潘氏纪念二女的文章中，披露了一张"秋零与鬼为邻之图"④，其中棺材屋上的瓦片与潘氏"与鬼为邻"图中的完全一致，可以想见二者之

---

① 《非非画报》1929 年第 9 期，第 2 页。
② 详见笔者拙作《辛亥祭奠的死亡表达：黄花岗七十二烈士墓骷髅符号释读》，《近代史研究》2017 年第 2 期，第 52—68 页。
③ 潘达微：《与鬼为邻图》，《魂系黄花：纪念潘达微诞辰一百二十周年》，第 109 页。
④ 《秋零与鬼为邻之图》，《天荒》画刊，1917 年，仅出一卷，未标页码，卷末盖朱文方红印，印中写道："随喜投报，版权所无，翻刻不究。"

间的密切关系。"秋零与鬼为邻之图"摄于"甲寅春尽",即1914年初,距其自尽仅隔数月。可见哀感情绪在潘氏的密友圈内,已不仅流露于探索死亡美学的艺术实践,更有甚者作出结束性命的极端选择。

对于这样的选择,潘达微写道:"尘尘孽识,有生便是烦恼,求大解脱,唯真是归。"① 可以窥见他对秋心、秋零挣脱时代"孽识"勇气的赏识以及对佛教思想的亲近。据二女的同学赵连城讲述:"潘达微在辛亥革命后是郁郁不得志的,他在女子教育院时就常对黄、邓两人大讲庄子和佛学,助长了两人对人生的消极悲观思想。"② 不仅如此,潘达微对佛教的亲近还嵌入黄花岗墓园香炉底座下"万字符"的设计之中。

有趣的是,这一符号同时也作为潘达微在辛亥以后最重要的一项慈善事业——广东省城孤儿院的标志,可知这一符号对其意义重大。这是否意味着他哀感悲凉的情绪也蔓延到了公益慈善的实践之中?如前所述,"公益"在当时意味着国家利益以及由此而生的种种促进国家变革与社会转型的努力,尤其对国民的培养,其中便包括对孤儿等弱势群体的"教养并重"。那么,究竟是什么原因,能使一个对国家社会已然悲观之至的人仍有热情投注于"公益"事业?这其中或有着深深的纠结与不甘。于是,贯通纪念黄花岗烈士之哀感与象征孤儿院事业之希望的万字符号便成为了可能走进潘氏心灵秘境的一把钥匙。

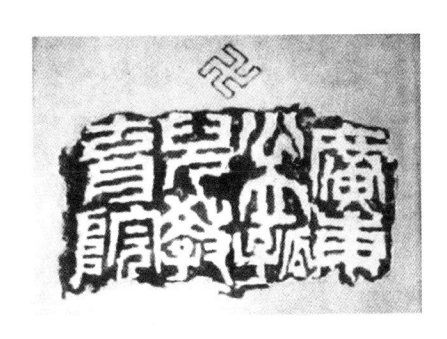

黄花岗墓园的万字符　　　　　　广东省城孤儿院报告封面局部

① 《天荒》画刊,1917年。
② 赵连城:《光复前后广东妇女参加同盟会的活动》,广州市政协学习和文史资料委员会编:《浩气长存——广州辛亥革命一百周年史料》,广州出版社2011年版,第16页。

五 秘符中闪烁的中国早期"公益"

广东省城孤儿院寄托了潘达微后半生的大部分心血。在他的葬礼上，没有任何官方头衔，甚至没有提及为七十二烈士收尸的义举，仅有一个称呼，即"孤儿院院长"。政府对潘氏功勋的抚恤全数充作孤儿院的经费，大抵也与潘达微的意愿有关。作为孤儿院标志的"卍"字符，一般表示佛教语境中的吉祥含义，而佛教在民国初年曾与无政府主义的传播结合，指向另一种有关中国命运的救赎。

随着辛亥鼎革以后对"民主共和"的失望，越来越多的有识之士开始认识到顶层的政治变革并不足以从根本上改变中国，还应从更加深入和多维的方面一一入手，逐步地转变与建设，比如基层民智的养成、教育事业的建设、实业与科技的发展、发展工农的联盟，等等。一时间各种思潮涌动，百家争鸣，其中包括三民主义、实用主义、基尔特（行会）社会主义、无政府（安那其）主义、复古主义、国家主义、教育救国、科学救国、实业救国、工团主义、社会民主主义、新村主义、泛劳动主义、空想社会主义以及马克思主义等。

在此之中，无政府主义（anarchism）一度占据主流，不仅与工团主义、新村主义、泛劳动主义、空想社会主义等流派有着千丝万缕的关系，而且在一定程度上为后来马克思共产主义的传播与普及奠定了基础，是清末民初一种重要的过渡性思潮，亦是当时公益实践背后一种极重要的思想资源。

与潘达微一样幸存于黄花岗起义的另一位志士徐茂均，民国初年回到家乡办起了"共产农团"。1921年的一本基督教刊物《兴华》中有一则题为"花县基督徒组织公益新村"的报道，其中有一小段背景介绍，写道："自社会主义之学盛行于世，东西人士之为共同生活的实验者，实繁有徒，如某国之共产主义试验场，及日本之新农村即属此类。……先生在其花县故乡聚集乡人，实验其共同生活之主张，定名曰'公益新村'。虽其成绩未能预言，而其为吾国破天荒之共同生活试验场，则世人所识也。"[①]

[①] 《花县基督徒组织公益新村》，《兴华》第18卷第12期，第22—23页。

文中所言"共同生活试验场",即是徐茂均于1921年2月创办的"共产农团"。为此,徐茂均献出自己所有的30多亩稻田作为公产,组织集体耕作,经营起大片的荔枝园,于园内开展种桑养蚕等农副业①,并且广为宣传,在周边各圩场公开张贴《注意花县共产农团》的告示②,文中不乏"兼习手工,编制农歌,使乐而忘倦"的农隙暇时到"或游戏,或歌曲,逍遥自得,不知老之将至"等充满乌托邦色彩的语言。③ 与此同时,徐茂均还征得庄人同意,将"沙圩庄"地名改为"公益新村",取"大众同劳共福"之意。那么,对当时"公益"理念产生重要影响的无政府主义,究竟提出了那些重要的主张呢?

简言之,无政府主义的基本立场是消除一切包括宗教、家族、政府在内的强权,认为强权是造成一切冲突与灾难的根源,提倡绝对平均主义与个人最充分的自由。当时西方无政府主义也由此分成三个流派:以蒲鲁东等为代表的无政府个人主义、以巴枯宁为领袖的无政府工团主义以及以克鲁泡特金的思想为中心的无政府共产主义。其中,对中国影响最大的是克鲁泡特金及其所著《互助论》中阐发的无政府共产主义。

克氏生于莫斯科贵族世家,1902年出版《互助论:进化的一种要素》,指出互助是人类进化的核心动力,而非一味地残忍竞争,同时认为一个群体的互助程度越高,则愈加繁荣兴盛。在《互助论》出版的第二年,即有关于无政府主义思想的中文译介,最早由一些留日和旅欧的知识分子及同盟会会员在20世纪初进行介绍。1907年至1909年间,开始出现专门的刊物——《新世纪》与《天义》,分别在法国巴黎和日本东京发行。

---

① 杨丽萍、杨尚龙:《探访第一个中共花县县委旧址——公益教堂》,《花都文史》第27辑(花都文物保护专辑下),第226页。
② 同上书,第226—227页。
③ 黄学增遗物,由黄天成寄花县档案馆藏。《注意花县共产农团》,《花都文史》第2辑,第55页。

克鲁泡特金像　　　　　　　刘师复先生

　　1909年以后,《新世纪》与《天义》相继停刊,但薪火不灭。香山志士刘师复因读到《新世纪》,思想发生重大转折,毕生不遗余力宣传无政府主义思想并使之在中国本土落地生根,成为民初无政府主义的灵魂人物。具体而言,当时无政府主义的思潮具有三个相互联系的实践内涵,对中国社会影响非常深远。

　　其一,是超越政治革命的全面变革,亦即社会革命。在无政府主义者看来,政治革命不过是以一种权威取代另一种权威,无法从根本上消除矛盾与冲突,只有全方位地不断改良、化合。[1] 其二,是社会革命的对象,乃是对平民的日常生活进行文化更新和持续教育。克鲁泡特金对此曾提出"教育即革命"的主张。刘师复所办"晦鸣学社"与"心社"即从自身的日常更新开始做起,其目标是"创造一种新型的中国人,即在精神劳动和手工劳动方面都同样熟练的'完人'"[2],寄望以人的更新来根本地解决中国的问题。其三,具体到中国的现实情

---

[1]　原文阐发革命应"譬诸,昔人但知取生物之汁或矿石之粉以为颜料,后来发明能以化学之方法配合数质而成即可"。岁寒:《异哉革命竟有瓜分支那之能力》,《新世纪》1909年第89期,第7—11页。

[2]　[美]阿里夫·德里克:《中国革命中的无政府主义》,孙学宜译,广西师范大学出版社2006年版,第22页。

况，指出最急需改变亦最具潜力的革命主体，是广大的乡村和农民。

事实上，辛亥年以后潘达微的言论及其所从事的活动，亦明显地表现出这些理念的影响。首先，不止一次地表达"社会革命"的思想；其次，他非常关注平民，民国元年即创办《平民报》并亲自扮作乞丐与农民，到街头体验乞丐生活以及到乡间务农；最后，他在公益慈善的实践中不断探索教育，潜移默化地改变孤儿的日常认知。

而潘达微与刘师复的交情也并不寻常。早在清末《时事画报》创刊初期，刘师复所在的石歧月报社即为该报的发行点之一。辛亥革命时期，两人曾在炸死凤山一役中短暂合作。

民国初年，两人还曾在同一时期亡命上海，并往来密切。1913年8月3日，袁世凯任命龙济光为广东都督，9月15日龙济光设宴诱杀潘达微挚友、广东光复后的首任警察厅厅长陈景华，同时下令缉捕潘达微。潘氏于是取道香港、南洋，而后隐姓埋名流亡上海，于是出现了文章开篇嘱咐子女代为祭祀黄花岗先烈以及前述拍摄"与鬼为邻"图等事。

潘达微在乡间务农　　　　　潘达微体验乞丐生活

1914年初，同样为了躲避龙济光的迫害，刘师复亦抵达上海。据郑佩刚回忆，当时与刘师复往来密切的有"陆式卿（在中国传播世界语的第一人）、乐无、白萍洲、汪千仞、沈若仙、林君复、煮尘、林直勉、黄禅侠、潘达微、史孟德（俄国虚无主义者）等"①。美术史学者李伟铭指出民初的《时事画报》很可能是当时传播无政府主义的重要媒介，并发现一位名为"大觉"（极可能为潘达微笔名）所写题为《社会主义抉真》的文章。②

在这些交集之外，研究者还发现，刘师复本人接触无政府主义似乎就与佛教有着密切关联。美国历史学家阿里夫·德里在其名作《中国革命中的无政府主义》中写道：

> 师复的转向发生在1912年赴上海和长江地区的旅途中，他（还有几个同伴）可能是准备去刺杀中国新的实权人物袁世凯的。"转向"一词似乎比较恰当，因为师复接触无政府主义是在一种宗教氛围里进行的（在杭州西湖附近的一个小佛寺内），并且有了宗教仪式的一切特征（包括将名字由刘师复改为师复，意为教帅）……③

凑巧的是，早在1910年刘师复于香港发起"支那暗杀团"之时，就曾使用骷髅作为该团宣誓仪式的重要道具——"入团宣誓的仪式，为着避人耳目，是在夜间进行的。宣誓时，厅房四围张以黑布，当中置一圆桌，围以白幔，上面放一骷髅头，层边燃着一支白蜡烛，熄了灯，但见烛影摇红，入团者一人独对骷髅三分钟，由主盟者宣读团的宗旨、方略。"④蛛网般的种种联系隐隐然指向一个事实：潘达微与民初广州无政府主义的圈子有着千丝万缕的联系。

他或许因此而看见微光，同时又纠结不已。无政府主义的理想是消灭国家，实现人类大同。也许因为这希望太过脆微遥远，也可能因

---

① 郑佩刚：《无政府主义在中国的若干史实》，葛懋春等编：《无政府主义思想资料选》下卷，北京大学出版社1984年版，第946页。
② 详见《时事画报》壬子年第3期。
③ [美]阿里夫·德里：《中国革命中的无政府主义》，孙宜学译，广西师范大学出版社2006年版，第118页。
④ 郑佩刚：《关于刘师复之暗杀活动》，政协广州市文史资料研究委员会编：《广州文史资料》第5辑，1962年，内部发行，第28—29页。

为始终无法完全放下"中国"而只能对其踮脚观望。唯一可以确知的是,辛亥以后的潘达微始终心怀悲伤,以致梦见黄花岗上青磷点点,鬼雄夜啸,故人不曾瞑目。"一夜西风起,黄花照眼明。莫愁霜露冷,好梦是凄清。"他的忧恨、不甘与纠结亦不时流露在题画诗中,似与远方的微光一道秘密地镌刻在黄花岗墓园的符号之内,同时也蜿蜒地折射出中国早期"公益"观念精深而复杂的多维意蕴。

(执笔:武洹宇)

中国第一家西医院
——博济医院

广府近代慈善之所以走在中国前列，与西方新型慈善的刺激是分不开的。1835年11月4日，美国医生伯驾（Peter Parker）得到外商和广州外贸商人伍秉鉴的资金支持，在广州十三行内设立眼科医局（Ophthalmic Hospital），1859年改名为博济医院（Canton Hospital）。这是中国土地上最早出现的正规西医院。从创办开始，博济医院就实行免医药费的政策，只接受富裕病人的自愿捐献，故而也是一家典型的慈善机构。

博济医院在一百多年里，向百姓提供无偿医疗服务，培养了无数西医人才，派生出全国乃至东南亚各地的新型医院，广泛传播新医学知识，创造出无数个第一，对近代中国社会产生了深刻的影响，也是孙中山开始学医之处。博济医院183年历史中形成了海量资料，作出了无数感人肺腑的善举，限于篇幅，只能拣选几个侧面，以窥见它对慈善医疗、医学教育的贡献。

中国西医之始

1850年，林则徐正在福建老家养病，突然接到上谕，咸丰皇帝要他紧急赶赴广西，应付太平天国起义，当他行至广东普宁时，病情恶化，经中医抢救无效去世，临终时大叫三声"星斗南"，溘然长逝。

"星斗南"，是林则徐身边随员按发音所写，实际指的是广州十三行的"新豆栏"。1839年，林则徐来广州禁烟，因患有疝气，中医久治无效，派人到位于十三行新豆栏的"眼科医局"找美国医生伯驾。

伯驾为他精心配制一套疝气带，佩带以后，病情果然好转。①

十三行总商伍秉鉴将十三行新豆栏丰泰行7号（今文化公园东门内）建筑提供给美国医生伯驾创办"眼科医局"，中国人把它称为"新豆栏医局"。1938年，英美等国商人、传教士发起医学传道会（Medical Missionary Society），负责对医局提供财政支持。实际上，热心慈善的伍秉鉴也是医学传道会终身会员中唯一的中国人，除交纳会费外，仍不时向传道会捐款。

林则徐对伯驾治好他的疝气恐怕印象颇深，知道有些疾病中医无能为力，只有西医才能奏效，也记住了"新豆栏医局"这个名字。当他在普宁病入膏肓、药石无灵时，求生的本能让他说出了要求，希望随从把他送到广州新豆栏医局，找西医治疗。这才是最合情理的解释。

在广州开设眼科医局的设想，最初由英国东印度公司医生哥利支（Thomas Richardson Colledge，又译郭雷枢）提出；他于1827年在澳门开设了一家眼科诊所。

哥利支医生为中国人看病（画家钱纳利所作油画）

---

① *The Chinese Repository*, 1839—1840, pp. 634-637.

后来，博济医院所建宿舍命名为哥利支堂以纪念这位创始人。1886年，孙中山来到医院学医时，就住在哥利支堂10号。第一个华人牧师梁发，曾在医院布道多年。

青年孙中山　　　　　　　　孙中山住宿的哥利支堂10号

医局除医治眼科疾病外，也做一些外科手术，这些都是中医比较弱的方面，故而独树一帜，声誉鹊起。医局不向病人收取任何费用，因而属于纯粹的慈善事业。从1835年11月4日到次年2月4日，短短几个月内，医局已收治了925名病人。1855年，医院移交给美国长老会嘉约翰医生管理。

博济医院医生

中国第一家西医院 59

截至 1935 年，博济医院在广州市内分设诊所 6 所，在两广各地乡镇开设诊所 20 多所。博济医院的主力医生会定期到乡镇诊所巡视、指导工作。乡镇诊所做不了的手术，会转到博济医院来做。在头 100 年里，医院诊治了超过 200 万病人和伤残者。

1930 年，博济医院归属岭南大学董事会领导，由岭大提供财政支持。1936 年，由著名建筑师黄玉瑜设计的医院新楼、新门楼落成。

博济医局礼拜堂

博济医院董事会成员

1952 年，全国大学院系调整，博济医院改为中山医学院附属第二医院，后相继改称中山医科大学附属孙逸仙纪念医院、中山大学孙逸仙纪念医院，为大型综合性三级甲等医院，每年仍为数百万病人提供优质服务。

孙逸仙纪念医院

嘉约翰医生

嘉约翰（Dr. John Glasgow Kerr，1824—1901）是美国俄亥俄州人，1847年毕业于费城杰弗逊医学院。在毕业后7年的行医过程中，曾听到一个中国人的演讲，极言中国民间饱受疾病之苦，受到感动，决定到中国来当一名传教医生。他于1854年抵达广州，至1901年在广州逝世，除了中间短期休假外，将一生的47年全部奉献给中国。

1856年，因第二次鸦片战争前的敌对情绪，位于十三行的眼科医局被迫关闭。1858年，嘉约翰在增沙街（今海珠广场东面的回龙路）找到合适的房屋，重建一家新医院，命名为博济医院。次年，他建立一个疫苗部，除了在广州提供免费的预防接种外，还作为储备分发给华南各地使用。

1865年，经嘉约翰向医学传道会申请拨款，购买位于谷埠的地皮，以建立宽敞的新院址，次年竣工投入使用。这个地址一直使用至今。1886年，分布在中国各地的传教医生组成一个传教医师协会，嘉约翰以其先驱地位和杰出贡献被选为主席，并兼任《中国教士医学会会刊》编辑。

1898年，嘉约翰已经74岁高龄，也是他从医50周年。数十年来，受惠于嘉约翰的病人数达70万之巨。为感谢嘉约翰的无私奉献，广州西关宝华坊"熊女馆"（熊姓教师所办女私塾）的一群女学生，用中英文绣出"医德流芳"精美绣匾，上款"大美国大国手约翰嘉先生大禧年喜鉴"，画面上只见杂花生树，百鸟齐飞，一派生机勃勃。2015年，移民美国的中医师方道和先生参加一次慈善拍卖会，遇到嘉约翰的孙女将珍藏117年的绣匾拿出来拍卖以资助流浪者，方医生买下之后，捐赠给成都建川博物馆。

1901年，嘉约翰先生在广州去世，下葬于二望岗基督教坟场。1958年前后，二望岗教会墓迁移到黄庄基督教公墓。2014年，在广东省博物馆馆长助理王芳博士、政协委员刘远明教授等热心人士的奔走努力下，广州市基督教两会、广州惠爱医院达成共识，在黄庄重修了嘉约翰及其夫人、两个儿子的墓碑。嘉约翰对中国医疗、慈善事业的贡献是无与伦比的。据塞尔登医生整理，关于嘉约翰一生有这么些统计数字：

门诊病人740324人次
住院病人39441人次
外科手术48098例
膀胱结石手术1234例

翻译医学著作 34 部

诊治病人来自 4000 个村庄和城镇

关约翰医生

1892 年，上海《申报》《点石斋画报》同时报道了广州发生的前所未闻的奇事。广州筑横沙（今白云路西北面）有一疍家妇，身怀六甲，到临盆时胎动而胎儿无法顺利出生，挣扎一昼夜，接生婆用尽传统办法均不奏效，产妇与胎儿皆陷于危险境地。丈夫觉得必须找西医救命，遂将其妻送到博济医院。不巧，女医生富马利外出未归，家属心急如焚。男医生关先生不忍坐视，诊断后明确不能顺产，提议用剖腹产。生死关头，产妇丈夫觉得值得一搏。关医生为其注射麻药，剖开腹部，取出胎儿，发生令人欣慰的哭声。关医生接着为产妇缝合，敷上药物，嘱咐好好休息。住院几天后，母女一同健康出院。《点石斋画报》叹服道："如关君者，真神乎其技矣！"①

点石斋画报剖腹出儿

---

① 《剖腹出儿》，《点石斋画报》上册，上海文艺出版社 1998 年版，第 342 页。

这是中国历史上第一例剖腹产手术，实施手术的是嘉约翰的继任者关约翰先生（Dr. John Meyer Swan）。关约翰因出道较晚，接受了新的医学训练，对细菌、病毒有深入认识，但个人性格上比较急躁，与"老派"的嘉约翰时有龃龉。1898年，医院收回江边土地，在拆除疍户棚屋如何补偿方面，两人发生了激烈冲突，导致嘉约翰于次年辞职离开医院。

1914年1月关约翰从博济医院辞职，随即于广州东山木棉岗购地二亩，创办眼科诊所。1919年，关医生在回美探亲期间，不幸因车祸去世。他在木棉岗的诊所所在地被称为"关园"。

多元化的善款来源

从1835年的眼科医局，到后来改名博济医院，这家医院的资金来源长期保持着多元化、国际化的格局。最初的时候，眼科医局的财政支持来自医学传道会，捐款人既有英、美商人以及传教士，也有十三行总商伍秉鉴。后来，美国长老会曾主要负责医院的经费，但也接受其他机构、个人的捐赠。在不断改组的过程中，医院先后接受了来自浸信会、伦敦布道会、美国公理会、同寅会、英国卫理公会、岭南大学、洛克菲克基金会等机构的捐赠。1916年，大总统黎元洪捐款5000元。最为特别的是，医院的善款来源中有一部分来自一个神秘的族群——巴斯人。

从1756年开始，有一群来自印度的巴斯（Parsi或Parsee）商人跟随英国人来到广州贸易。巴斯人是古代波斯人的后代，信奉琐罗亚斯德教（Zoroastrianism，中文又称祆教、拜火教等）。波斯（相当于今伊朗）被阿拉伯人征服后，部分信徒移居印度。这个族群富于进取精神，擅长经商，在西方势力侵入印度后，他们迁移到孟买、加尔各答等地，先后为葡萄牙、英国殖民者服务。据中山大学郭德焱博士的研究，鸦片战争前广州口岸的巴斯商人约占来华"夷商"的三分之一，但他们的重要地位一直遭到忽视。

1922年，美国长老会派遣哈维医生来到医院，带来了一部手提X光机。不久，在香港经商的巴斯人毕爹利（M. J. Patell）来医院看病，用 X 光机查出胆结石，医院成功地为他做了摘除手术。毕爹利十分感激，随后向医院捐赠了一台大型 X 光设备。医院为此专门成立了放射科。仅在 1923 年一年里，放射科就为病人做了 1000 次检查。哈维医生还培训了史少衡小姐成为 X 光技师，史小姐此后一直从事此项工作。毕爹利家族是最早定居孟买的巴斯商人，先为葡萄牙人服务，后来又为英国人立下汗马功劳，被授予世袭的 Patell（贵族）称号，遂以此为姓。① 医院年报显示，香港拜火教慈善基金会（Zoroastrian-Charity Funds of Hong Kong）不断向医院捐款。这个基金会至今仍在正常运作。

为近代中国培养人才

博济医院不仅在解除痛苦、拯救生命方面作出了持续的贡献，还为近代中国培养了诸多方面的领袖人才。近代革命的先行者孙中山先生、"戊戌六君子"之一康广仁，均曾在博济医院、医学堂学习。博济医院培养的杰出人物，可谓数之不尽，此处略举数例，以见端倪。

梁培基 1894 年考入博济医院学医，毕业初期在广州行医，1902 年创办制药厂，工场设在河南凤安街，生产治疗疟疾的成药"梁培基发冷丸"，后购置长乐路 44 号作为门市部。据陈新谦《中国近代药业大事年表》，梁培基制药厂是国人自办的第一家西药制药厂。1908 年，梁培基联合博济医院老同学陈衍芬、左吉帆、陈垣、池耀庭、刘禄衡等，创办了私立光华医学堂，这也是国人自办的第一家西医学院。1934 年，梁培基发起成立"从化温泉建设促进会"，将从化温泉建设成著名的疗养胜地。

张竹君是博济医院培养出来的著名女医生。她出身于十三行富商家庭，小时候住在广州番禺沙湾螺阳乡岐山村。张竹君幼年时患病，经嘉约翰医生精心医治，渐渐痊愈，对西医十分信赖，遂于 1895 年入博济医院学习。1904 年 2 月，日俄战争在中国土地上爆发。当时的中国人，多认为日本挑战俄国对中国有利。居留日本的

---

① 郭德焱：《清代广州的巴斯商人》，中华书局 2005 年版，第 31、47—48 页。

各国人士，包括中国留学生，组织了赤十字社（红十字会），准备开赴东北战场救援。张竹君上书两广总督岑春煊，要求赴日参加赤十字社，得到批准，抵达上海准备东渡，因故未能成行。在上海同志恳求下，她留沪组织卫生讲习会，传播医学知识。1905年，得到海上闻人李平书的大力资助，张竹君创办女子中西医学院，数年后又创办上海医院。

1911年10月10日，武昌起义爆发。张竹君紧急联络在沪革命党人和士绅，于10月18日发起成立中国赤十字会，会董有伍廷芳、宋耀如、虞洽卿、李平书、王一亭、沈缦云等名人，张竹君出任会长一职。此时清军反扑武汉，情况危急，急需同盟会领导前往指挥调度。张竹君毅然决定，让黄兴、宋教仁、陈果夫、朱家骅等化装混入赤十字会救援队伍之中，躲过清廷检查，及时抵达武汉。张竹君对武昌起义的成功作出了不可磨灭的贡献。

著名历史学家陈垣（1880—1971），曾长期担任辅仁大学校长、北京师范大学校长，年轻时却是个西医学生。陈垣原籍广东新会，自小即定居广州。他在1907年考入博济医院，次年转学到光华医学院，1911年毕业。就读期间，在《光华医事卫生杂志》《医学卫生报》上发表文章，并与潘达微、梁培基等人创办著名的《时事画报》，从事革命宣传活动。入民国后，当选国会议员，长驻北京，1917年受聘为北京大学国学导师，1926年出任辅仁大学校长。陈垣先生以《元西域人华化考》《摩尼教入中国考》《火祆教入中国考》3篇宗教史著述而声誉鹊起，后陆续撰成《通鉴胡注表微》《中国佛教史籍概论》《校勘学释例》等高水平史学著作，与陈寅恪先生并称为"史学二陈"。

以"五十万卷楼"著称于世的藏书家莫伯骥（1878—1958），字天一，东莞麻涌人，少读儒书，曾在县试中得案首（第一名），1897年得拔贡，后考入博济医院，常在报刊上发表医学类文章，参与其族兄莫伯伊所办《羊城新报》工作，曾与友人发起创建广东公医学校。莫伯骥在西关十七甫爱育善堂旁边开办仁寿药房经营西药，因与桂系军阀莫荣新认作同宗，得以担任军医，包办军队所需药品，日进斗金，获利无数。莫伯骥性好藏书，将仁寿药房楼上用作藏书楼，搜集珍稀古籍，积至50万卷之多，遂将藏书楼改名"五十万卷楼"，为民国时期广东最著名的藏书家。莫氏与史学家陈垣交往密切，对陈氏治学多所帮助，1958年病逝于澳门。

（执笔：田颖川）

慈善家梁云汉

进入晚清时期，随着太平天国运动的展开，广府地区发生大规模的洪兵起义，接着英法联军入侵，兵燹之余，原有慈善机构多已停摆。太平天国运动后，部分慈善机构得以恢复，但仍处于杯水车薪状态，难以适应社会重建的需要。1869年，香港东华医院、1871年广州爱育善堂与澳门镜湖医院应运而生，代表了近代广府慈善的新潮流。领衔创办东华医院、参与创办爱育善堂的慈善家梁云汉，承古开新，垂范作则，允称近代广府慈善第一人。

创立香港东华医院

广府地区从先秦时代起一直是中外贸易重镇，到明清时期形成了以广州为中心、澳门为辅助的对外贸易格局，涌现大批从事外贸的商人，他们是公益慈善事业的重要参与者，以十三行行商为代表。鸦片战争后，广府各县商人来到香港，借助这个新兴口岸迅速致富。1856年，因第二次鸦片战争爆发，十三行商馆区被焚，不少洋行把总部迁到香港，带来了更多华人买办。此外，还有一些南北行、金山庄商人，利用香港自由港地位，从事土产的埠际贸易和国际贸易。他们在经商积聚财富之余，也关注香港各方面的社会问题，开始承担起社会公益的责任。

梁云汉（？—1890），又名梁安，号鹤巢，祖籍广东顺德，世居广州西关龙津桥（今泮溪酒家附近），曾任仁记洋行买办，在省港两地经商，积资巨万，热心华人公益慈善，曾在香港华人社区中心文武庙担任值事，为广府乡亲排忧解难。1852年，他向专为华人提供免费诊治的贺旭柏医院捐款。1859年，他又为香港学童捐献一批汉语教科书。稍后，他又陆续向位于湾仔的伦敦会华童学校捐出巨资。帮助华人培养健康的体魄与健全的知识，一直是梁云汉致力的社会事业。

领衔创办香港东华医院这一壮举，奠定了梁云汉在中国近代慈善史上的崇高地位。香港东华医院是中国慈善史上一段不可逾越的传奇，至今已持续运作149年。香港史学家丁新豹称，东华医院（东华三院）"如今已经是一间现代化的大型社会服务机构，而且是目下华人世界同类型机构中历史最悠久、规模最庞大及服务最多元化的一所"。

1869年，一些垂死病人按中国习惯被移至广福义祠，遭到在港西人的猛烈抨击。这是中西文化冲突的典型案例。华人对垂死病人的处理方式，本与西方人有绝大差异。在港西人纯粹从自身立场出发，将习俗问题升高到道德审判，深深刺痛了在港华人。华人领袖梁云汉挺身而出，与各界协商，达成成立一家中医院以处理华人疾病及临终问题的共识，组织成立医院委员会并担任主席，向各行华商募捐。1870年初，香港买办、行会商人共捐献47000元，得到港督批准，创立首个华人慈善组织东华医院。医院到1872年正式落成，由于完全按照中国习惯提供中医中药服务，受到热烈欢迎，1873年接待门诊数字为43074人次，1887年猛增到138461人次，几乎"户限为穿"。东华医院还为不幸病死者安排以中国方式下葬，消除了华人对身后尸体被解剖的恐惧。

东华医院倡建总理任期两年，筹建期间推选梁云汉为主席负责筹建事宜，1872年正式落成后进行改选，由6—12名值事（后称总理）组成董事局，仍从总理中推选主席一名；总理每届任期一年，由各行会推选。有限任期制、轮换制是东华医院一项十分完善的制度，对防止腐败、提高各行业商人的参与积极性有极大帮助。东华医院后来合并了东华东院、广华医院，统称"东华三院"，业务不断壮大，与其一开始形成管理制度和"企业文化"有十分密切的关系。

广州博济医院院长、美国医生嘉约翰（J. G. Kerr）对东华医院横空出世予以特别的重视。1872年，他在广州博济医院年报中有如下评论："这个医院的建立反映了以下事实：华人……表示他们自己可以以本身的方式管理自己的慈善机构，不必外国人施以援手。"1874年，嘉约翰又指出："该计划的创始人是一群中国商人和买办，多年以来他们与外国人相联结，习得许多西方的慈善和一些宗教理念。他们目睹过（香港）国家医院、海员之家、海陆军医院的运作，同时也对广州、汕头、上海及其他地方传教士医院的工作有些了解。"东华医院的管理制度、服务理念受到西医院的启发，同时也带有与教会医院竞争的意向。香港华人慈善事业的起步阶段，即呈现出十分强烈的民族意识、自主意识，以及对中华文化的持守。自1872年建成投入使用后的20多年里，东华医院只用中医中药为华人服务，直到1896年港府干预才开始增设西医。

东华医院老照片

香港东华医院从一开始就没有将服务内容局限于本地医疗，而是为海内外华人提供各项帮助。历次广东省内水灾，东华医院均不遗余力捐钱捐物，距离较近的灾区甚至派出专人运载粮食前往赈济。1877年至1878年间，华北发生百年未遇的"丁戊奇荒"，东华医院善董不分畛域捐集巨资，贡献突出，经李鸿章上奏朝廷，由光绪皇帝御赐"神威普佑"匾额，这是香港第一次获得御赐牌匾。

光绪御赐"神威普佑"牌匾

服务广府人

　　1871年，梁云汉与广州商人钟觐平、陈次壬等联手创办爱育善堂，这是广州城第一家近代型的善堂，最初堂址设在洋行会馆（十三行路与靖远北街交界），不久即购买大盐商潘仕成旧宅（今十八甫路46至52号）作为总部。与传统的老人院、育婴堂从事收养孤寡废疾不同，爱育善堂专注于为穷人提供免费医疗、开办面向失学儿童的义学，适应了太平天国后社会转型的新形势，从改善身体与教育入手，立意更为远大。爱育善堂以其庞大的资产、完善的管理，在随后数十年里一直是广州各善堂的领袖。

　　香港东华医院、广州爱育善堂，均以广府商人为主体兴办，吸收了西方经营管理体制的优长，又融入了中国传统智慧，其中，梁云汉、陈桂士（新会）、陈朝忠（新会）、李璿（新会）、彭炳辉是省港两大机构的共同创始人，爱育善堂的诞生以及采取的管理模式受到香港东华医院的启发，几乎是毫无疑问的。这两家慈善组织的近代特征十分鲜明，一是集资来源的广泛性和可靠性，即从同城各行业商人广泛集资；二是决策、管理、服务提供的制度化与民主化；三是实现了营运的自主化，避免了内地传统慈善机构反复出现的"徭役化"现象。慈善史权威夫马进在《中国善会善堂史研究》一书中，发现内地许多慈善机构都经过从"乐捐"到被"勒捐"的过程，勒捐导致慈善机构活力下降，最终难以为继。

　　1879年，梁云汉向东华医院倡议设立贫民义学，次年实施，似乎是受到爱育善堂办理义学的启发。在初创时期，省港两大慈善机构之间不仅互相扶掖，各自的成功经验也因买办的共同参与而得到交流。

　　华人自古以来都重视落叶归根、入土为安。顺德人旅居海外者众多，一旦客死他乡，若无亲属照料，魂魄难安。1876年，梁云汉领衔创立旅港顺德绵远堂，募集资金在香港设立义冢，后来又在顺德大良设立怀远义庄，视实际情况，选择将同乡先友下葬于香港义冢或停厝于怀远义庄。

香港开埠以后，迅速成为广府人北上、出洋的主要口岸，大量人口由此出发前往各地经商、务工、求学，但也催生罪恶的贩卖人口活动。男性劳动力被诱骗登船，前往新旧金山开矿、建设铁路，俗称"卖猪仔"；年轻女性被诱骗、拐卖到外地、外国，很多被迫从事卖淫营生，叫做"卖猪花"。为刹住"卖猪花"罪恶活动，营救被拐卖女性，1880年梁云汉与东莞籍港商卢庚扬、冯普熙等向港府申请创办保良局，并于1881年至1882年担任主席。据统计，仅1887年至1895年，该局即查出被拐妇女5543人，或专人护送回广府各县，请当地善堂协助资送回家，少数无法遣回者，通过东华医院加以妥善安置。

保良局

1878年，近代著名思想家、慈善家郑观应出版劝善书《救灾福报》，对仁人善士的义举多有记述。据郑观应所说，当广东清远发生水灾、多处出现饥荒时，梁云汉"劝捐散赈，不遗余力"。1878年，广州出现罕见飓风，从白鹅潭、沙面一直向北扫过西关，"吹倒庙宇民房铺屋二千八百余间，压毙男妇一千四百余名"（1879年7月14日《申报》），龙津桥一带房屋倒塌过半，梁云汉的家宅却完好无损。郑观应认为这是"天之报施善人，洵不爽已"，也是他长期做善事的"福报"。"善有善报、恶有恶报"是国人长期以来奉持的道德观念。

敢为天下先

梁云汉有着十分强烈的社会参与意识、自主意识与民族自尊心，也典型地体现了早期粤商"敢为天下先"的创业精神。1873年2月，有感香港中文报纸受制于洋人，梁云汉联合商人冯普熙、陈桂士（陈瑞南）成立中华印务总局，创办《循环日报》，这是第一份完全由华人出资、华人经营、华人主编的日报。三个出资人担任值理（董事），由陈霭亭任总司理（总经理），著名文士王韬任主笔。过去很多近代报业史著述总是过分突出王韬的作用，事实上从中华印务总局各期告白中可以看出，梁云汉、冯明珊、陈桂士（都是东华医院善董）才是《循环日报》真正的股东，梁云汉排名第一，应该是出资最多的。1879年，梁云汉与黄筠堂、冯明珊联合上书港督，强烈要求委任伍廷芳为定例局议员，次年得以实现。华人进入立法机关，这在香港历史上是第一次。梁云汉在争取香港华人话语权、维护华人权益方面一直不遗余力。

梁云汉从事买办职业多年，痛感中国利权操之于洋人，便与福建船政大臣黎兆棠（顺德同乡）商议，试图打破洋商对中国外贸的垄断，在英国创办华资公司，用中国轮船运载茶叶、丝绸、瓷器等土产前往伦敦直接销售。1881年，肇兴公司成立，以梁云汉为总经理常驻香港，原汉口琼记洋行买办刘绍宗（香山人）常驻伦敦。历史上，从未有过中国人在伦敦创办大型企业的先例，这家公司可以说是开了中国经济史的先河。因当时环境所限，肇兴公司未能实现经营目标，但梁云汉的开拓精神仍令人钦佩。

1890年，梁云汉在广州去世。虽然生意和财产主要分布在香港，他退休之后选择广州作为终老之地，表明他始终认为自己是广州西关人。同时期东华医院其他一些善董，身后也下葬广州。梁云汉历年从事的公益慈善活动，体现了一种始终为华人谋福利、维护华人尊严、谨守中华文化传统的自觉意识，以及汲取外国先进经验为我所用的高度灵活性。

（执笔：陈晓平）

广府道教慈善

道教属于中国本土宗教。长期以来，道教发展平稳，到明清时期，因受到儒家理学正统的压制，社会参与较弱，带有较多"独善其身"的倾向。晚清时期出现的"新道教运动"，是民间有识之士应对西方冲击、社会动荡的产物，有着更多"兼济天下"的抱负，也体现了他们对中国文化本位的持守。他们广泛参与社会公益慈善，积极从事救灾赈灾、防疫治疫、施医赠药等活动，在近代广府慈善事业中占有比较重要的地位。

省躬草堂

1894年初夏，一场鼠疫毫无预兆地袭击广东，珠三角城乡哀鸿遍野。这一年，也是甲午战争爆发的年份。广州城内的番禺县署（今中山四路广州图书馆一带），却一片风平浪静，毫无慌张迹象。县署内当师爷的潘珍堂等文人，请来神仙灵方，禳灾防病，县署内的官员及其眷属，均身心康泰，未受传染。

当潘珍堂等人提出要在官署内供奉神仙时，县太爷爽快答应，大笔一挥，拨出衙门西偏"工户廨"空地，建起神坛，信众们为之起名"省躬草堂"。躬，指的是自身；省躬，大约来自孔夫子"吾日三省吾身"。这个处所，强调的是提高自身修养、修道登仙，施赠方药灵符防病治病，则是外在的社会责任。也可以说，省躬草堂对内是个道堂，对外则是善堂。职是之故，草堂没有列入清末广州"九大善堂"名单之中。省躬草堂供奉的主神，既非玉皇大帝，也不是关公吕祖，而是道教传说中"黄帝的老师"广成子。草堂最初发起人为：

潘善宝、崔清筠、潘珍堂、霍启瑞、黎沃荣、罗启畴。

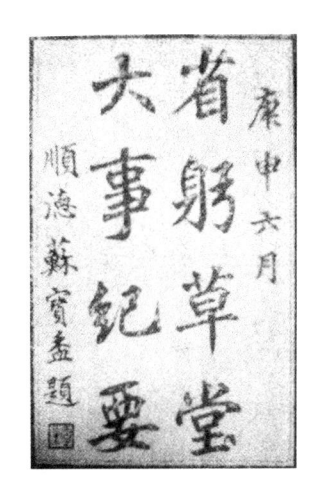

省躬草堂大事纪要　　　　　　　《省躬录》广成子画像

省躬草堂在晚清"新道教运动"的大潮下诞生。与职业道士主持的传统道教庙宇不同，新道教运动的参与者，是文人、商人、乡绅以及专业人士。他们都有自己的职业或收入来源，不以此为生，不接受外界捐献，自己还要不断奉献金钱与劳动。这些道堂，大多建在远离尘嚣、风光旖旎的山林荒野，省躬草堂则是其中的例外，建在城中心官府衙门之中。1933年，省躬草堂在香港郊外人烟稀少的大埔设立分堂，算是回归主流。1953年，广州省躬草堂停止活动，大埔省躬草堂则延续了广州道脉至今。

早期的省躬草堂，先后设置广成大仙殿、吕祖殿等，还曾建成一座九层宝塔。20世纪30年代，市政当局开辟德政北路，新开的马路将草堂与番禺县署分开。1953年，广州省躬草堂因"宣扬封建迷信"被勒令解散，堂址改变用途，不知何年改建为干休所，即今德政北路393号。

省躬草堂对倾心修道者有着非同寻常的吸引力。草堂按入坛先后、修为高低，将信徒分成不同代次，用不同道号加以标识，第一代道徒用一个"省"字，如潘善宝为"潘庄省"，潘珍堂为"潘慈省"。

后来，因潘善宝对草堂贡献巨大，祖师赐号为"诚意体子"，并赐"簪冠"（佩戴道冠）；潘珍堂蒙赐号为"达锐颖子"，赐簪冠。对道行高、贡献大的信徒加以奖励，有利于提高对草堂的认同感。更有意思的是，高层次的信徒"功圆"（仙逝）以后，祖师会给他的灵魂安排一个寄托之所，如名山终南山、普陀山等。已经"功圆"的高层次道徒，祖师会安排他的灵魂以扶乩形式在草堂"现身"，与之前朝夕相处的道侣打招呼问好。在草堂所营造的浓厚道教氛围之下，尚在修道过程中的道侣，通过"功圆"道兄的现身，看到自己行善修道必将"得救升仙"的希望，坚定了信仰，加强了从事善举的动力。这也是省躬草堂在历经曲折之后，至今仍在香港巍然屹立的重要原因。

草堂因鼠疫爆发而成立，禳病消灾是其题中应有之义。当时广州慈善界的领头羊爱育善堂，其应对方法是施医赠药；草堂打出的则是一套"组合拳"：书符、施药与"巡游清疫"并举。在今日以"科学主义"的眼光衡量，书符与巡游并非有效的治疗手段，但却适应了当时人们的心理。

草堂对时疫的发生，有一套自己的解释："外为习染所污，内为私欲所蔽；梗顽妄作，淳朴远逊乎先民；怙恶不悛，狡诈遂成为故态。以致上天震怒，叠降灾祲；愚民无知，同罹苦厄。"（《省躬录》初集卷二）这种解释，是将时疫发生归咎于人心不古，沾染恶习，以致上天震怒，降下瘟神，即从天人感应的传统理论出发，认为不道德行为是瘟疫发生之因，故必须虔诚敬神、内自修省，方能治根。短期内，则要佩戴神符、请神巡游来驱赶瘟神，医药反而是辅助性的。

草堂供奉神像，有降乩、灵签等道教信仰内容，也被附近的居民当作是道教庙宇。1901年初夏，当鼠疫再次流行的时候，番禺县知县钱溯灏代表广州城居民，两次恳求"请祖师出巡，以消疫气"。草堂答应了这个请求，于农历四月二十四日，将祖师像升入鸾台，巡游老城内各街。有意思的是，河南（今海珠区）各乡听闻广成祖师巡游省城内外，乃于五月十四日前来恳求，意思是不能厚此薄彼。[①] 出

---

① ［日］志贺市子：《近代广州的道堂——省躬草堂的医药事业及其适应战略》，黎志添主编：《香港及华南道教研究》，中华书局2005年版。

巡之日，选童子八人，穿八种不同颜色衣裳，发梳双髻，帽画八卦，赤足而行，左手柳枝，右手法水，沿途洒水烧符，施放炮仗。从医学上说，这些法术毫无消毒功能，但民众真心诚意相信，祖师巡行能赶走瘟神，迎来洁净。故而祖师出巡活动，仍然被视作"善举"。

晚清本土宗教团体所办的善堂，利用"神道设教"来安抚人心、施行教化，而在利用医学手段治疫防疫方面也费尽心机。1904年，省躬草堂招募到一位重要弟子，乃是名中医劳守慎，后来也成为道教界重要人物，广州城隍庙主殿有一楹联即是劳守慎所题。劳守慎，字朗心，南海县劳边乡人。1903年，劳氏出版《恶核良方释疑》一书，对当时广东其他医学家提出的鼠疫治疗书籍进行汇编评点。劳守慎还出版《经验杂方》《蛊胀脚气两症经验良方》等中医著作。为显示神灵的权威性，草堂的医方实际上是由名中医共同研究拟定，却以神仙"降乩"的形式书写出来。名中医劳守慎变成了草堂的无名英雄。

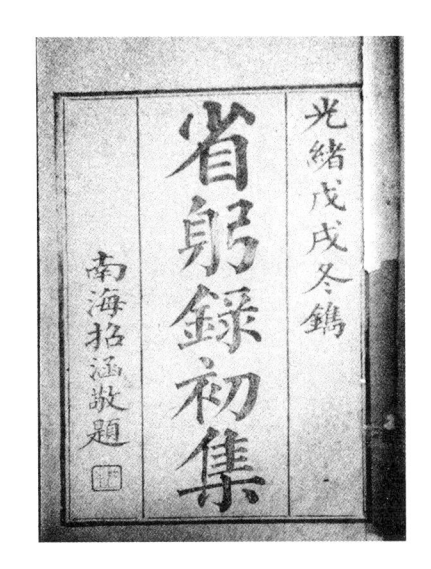

省躬录初集

草堂在早期的善举以施赠药签、药品为主，逐渐发展到开办义诊，高峰时期，每日有一百多人前来求医治病。1911年，草堂同人出资成立药店"圣和堂"，负责精炼膏丹丸散。1915年，草堂向番禺县署申请增拨土地，建成种痘厅，为居民免费接种牛痘防治天花。民国初年广州、肇庆发生洪灾，草堂曾分五路派出队伍，前往灾区直接赈济。

在解散后的半个世纪里，省躬草堂几乎被广州人遗忘，直到2003年，日本学者志贺市子发表《近代广州的道堂——省躬草堂的医药事业及其适应战略》一文，尘封已久的广州省躬草堂才进入学界视野。

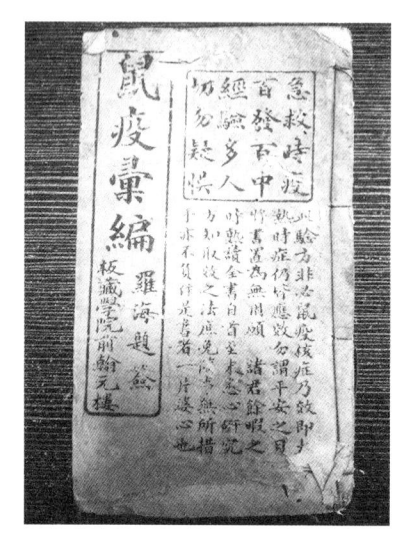

鼠疫汇编

2011年，梁其姿院士发表《道堂乎？善堂乎？清末民初广州城内省躬草堂的独特模式》，从多个方面探讨了这家独树一帜的机构。

省躬草堂只是近代广府道教慈善的一个侧面。晚清以来，广府道教人士热心从事公益慈善，显示传统民间信仰已开始转型，从个人"得道升仙"扩展到重视社会责任，适应民众之所需，竭力帮助解救民众之痛苦，兴办社会公益事业。除省躬草堂外，影响较大的还有花地普济坛（黄大仙祠）、横沙亦鹤楼（大仙庙）、至宝台慈善会等。

广州黄大仙祠

岭南道教既有葛洪一脉的本地传统，也有源自内地的道脉。两次鸦片战争之间，来自湖北汉阳的叶名琛在广东为官，迎接其父叶志诜来穗奉养，在越秀山麓创立长春仙馆，供奉吕祖；又在芳村花地建成小蓬仙馆，供奉吕祖、王子晋等神仙。

广州黄大仙信仰，则是近代道教信徒将外来神明加以本地化的产物。黄大仙（赤松子）本是传说中人物，主流说法是浙江金华的一个牧羊童，得到点化而修行成仙。香港九龙黄大仙祠自1921年建成以来，香火极盛，已成为香港最著名的道教圣地，吸引无数善男信女、各国游客。香港道教黄大仙祠（啬色园、普宜坛），源自广州番禺大岭村普济坛、广州芳村花地黄大仙祠。

1897年，番禺大岭村儒生陈启东创立"普济坛"，供奉黄大仙，为信众释疑解惑、提供对症药方。成立初期，黄大仙即赐联"普渡众生登彼岸,济施时疫设斯坛",揭示了该道坛的宗旨,一方面尽力舒缓瘟疫带来的肉体苦痛,另一方面则希望让众生能在精神上"得救"。普济坛呼吁"人人行善,以挽颓风,倘人能身体力行……则救劫消灾,自无不灵应如响"①。

越秀山麓的长春仙馆,叶名琛所建,供奉吕祖

1899年,普济坛同人在广州芳村花埭(今花地)建祠,为岭南第一个黄大仙祠。20世纪初,普济坛道侣梁仁庵,回到老家西樵山稔岗设立普化坛,后发展为第二个黄大仙祠。1915年,梁仁庵奉黄大仙画像南下香港新设普宜坛,1921年在九龙建成"啬色园",后发展为第三个黄大仙祠。正是在芳村花地,黄大仙以"有求必应"声

---

① 转引自陈晨《黄大仙信仰在岭南的初传及其本土化——以广州普济坛为例》,《世界宗教文化》2016年第6期。

誉鹊起，成为珠三角神祇中的新贵。然而，广州黄大仙祠于1913年停止活动，人事代谢，时序更替，逐渐在人们的记忆中淡化。

因要求入坛人数太多，普济坛同仁于1899年在芳村花地大凼尾建成黄仙祠。这次迁移，广东水师提督郑绍忠的两个儿子郑润辉、郑润深发挥了关键作用，随之也成为花地黄大仙祠的实际负责人。郑氏兄弟虔信神仙，明显受到其父的影响。郑绍忠在刀枪丛中讨生活，生死常在毫发之间。1894年，他在故乡三水大旗头村营建规模宏大的"尚书第"，内设"大仙楼"，祀奉不知名的"大仙"，只因他打仗多年，曾几次遇白发老人指路，得以化险为夷，遇难呈祥，常胜不败。

花地黄大仙祠实行庙宇与慈善机构一体化，居中建筑供奉黄大仙，左侧设立善庆善堂，专门用来办理赠医施药，药局内常住中医师、常设药房，药费随缘乐助，对贫穷者可分文不收。当时的运输主要依靠水路，黄大仙祠紧靠花地河，瞬间即可抵达白鹅潭，交通便利，前来寻医求药者络绎不绝，几乎到了难以应付的地步。为适应新政的需要，在郑润辉主持下，在仙祠右侧兴建一间"善庆学堂"，招收附近学童入学。① 到1907年，学堂学生被归并到东关学堂（今东川路第一小学前身），善庆学堂随之空置。

1912年3月，同盟会员陈景华担任广东警察厅厅长。有一婢女到警察厅投诉遭主人虐待，经医生验伤发现浑身深痕，陈景华由此想到广州有大量受虐待婢女，乃发愿加以保护教育，并培训其谋生技能，遂将空置的善庆学堂改为广东女子教育院。

1913年2月，同盟会员潘达微在西关所办的广东公立孤儿院，因校址无着，提出借用黄大仙祠办学。未几，黄大仙祠内部发生金钱纠纷，闹到警察厅。陈景华趁此机会将大仙祠人员全部赶走，没收祠产交给潘达微办孤儿院。

孤儿院所用的是黄大仙祠第三进建筑，第一进仍归女子教育院兴办工艺场。1913年9月，袁世凯命龙济光督粤，枪毙陈景华，女子教育院随之解散。至1916年，朱庆澜任广东省长，将其地全部拨归孤儿院使用。不幸的是，花地孤儿院在广州沦陷以后被拆成一

---

① 《黄大仙祠禀复学务处》，1904年2月22日《安雅书局世说编》。

片废墟。20 世纪末，有关单位在花地复建黄大仙祠，已不是原来位置。

（二）昔日黄仙祠改爲教育院工藝場復次爲屯兵處又爲警察署今復渝作荒祠寒暑不過三更滄桑幾經遷棱祠左原爲會食堂今已倒塌祠右爲幼稚堂現亦頽廢無復舊觀亦可衰矣

黄大仙祠于1913年改为女子教育院工艺场

横沙大仙庙

在广州金沙洲滨江公园内，有一座拱券外廊西式建筑，高两层，风格有如沙面殖民地建筑；门前开一荷花池，原有双桥飞架，如今只剩一桥。这座十分西式的建筑，乃是横沙村道教信徒所建的"卧云庐"。

从卧云庐北行约200米，有一中式建筑"大仙庙"，供奉的是财神与吕祖（纯阳子）。1898年，横沙村绅商、村民捐款，在珠江边建成财帛星君殿（财神殿）；1901年，金沙洲一带瘟疫流行，由绅士

横沙吕祖殿碑记

招彝明等领衔倡议,在财神殿北面增建吕祖殿,请来乩手招尊四,向吕祖叩求灵药,按乩示仙方配药,一个月内即治愈数百人。接着,又在吕祖殿西侧兴建"亦鹤楼",用作道侣聚会之所;1903年,招尊四等人在亦鹤楼内成立"与善堂",专门作施医赠药之用。

后来,亦鹤楼弟子另在大仙庙南面开辟一花园,建成中西合璧建筑"卧云庐"。1921年,陈材良、陈泰良、招奋良、招沛甘等道长在香港设立亦鹤楼分坛"抱道堂",以"崇奉道教,普济劝善"为宗旨。横沙村村民大多姓招,招奋良应是横沙村人,在香港上环大马路280号开设"诚德堂"药店,产销"百胜茶饼""百胜油"等成药。①早在明代,吕祖就已成为中医师、药业商人的保护神。招奋良虔诚信仰吕祖,热心慈善,应与其药商身份有密切关系。

至宝台慈善会

1941年,罗浮山冲虚观俗家道徒何启忠在广州创立一个道坛,1942年命名为"至宝台",1944年迁址恩宁路逢庆首约10号(今昌华街文化站),道侣达700多人,会员数千人,收取会员捐赠,建立赠医施药会、义冢等,高峰期每月收取捐赠20多万元。1946年,何启忠向政府正式注册,命名为"中国道教至宝台慈善会"。1949年,至宝台在香港分设青松观。1953年,广州至宝台解散,由香港青松观延续道脉。1991年,青松观创办香港道教学院,先后邀请大陆、台湾及海外著名道教学者莅临讲学论道,出版学术著述多种,为当代道教文化的学术中心之一。

除上述至今仍在香港延续的道教机构外,其他宫观堂会也曾为广州公益事业真诚奉献。1898年,道教徒刘咏儒、孙桂芳等在大石街34号创办广化善堂,供奉吕祖,每年均取出部分香油钱施医赠药、施粥施棺。1903年,两广总督岑春煊提倡兴办新式学校,三元宫住持梁宗祺将宫产623亩土地捐出,用于兴办西关时敏中学,得光绪皇

---

① 卧云庐弟子招奋良刊:《孚佑帝君觉世经》,民国十一年壬戌仲夏。

帝御赐"葆光励学"匾额。①

至宝台慈善会会徽　　　　逢庆首约 10 号原至宝台慈善会

　　港澳道教宫观及慈善机构，多源自广府地区原有道教机构。今日，粤港澳进行"大湾区"一体化建设，尤应重视其共同的文化传统，加强三地道教界之间的联系。1949 年以后，港澳道教继承广府传统而又不断有所发展，道教慈善事业开展得有声有色，在华东水灾、汶川大地震救济中曾发挥重要作用。

（执笔：胡世昌）

---

① 周宗朗、何诚端：《广东省广州市粤秀山三元宫历史大略记》碑，存三元宫内碑廊。

花开三朵：惠爱医局、夏葛医学院与明心书院

1896年，赖马西创办华南最大的盲童学校；1898年，嘉约翰创立中国第一家精神病院；1901年，富马利为中国第一个女子医学院奠定始基。这三位对华南慈善事业作出杰出贡献的医生，都是在博济医院服务多年之后，开枝散叶，另立基业。博济医院的慈善精神，通过这些派生机构，渗透到社会各个层面，不但在消除、减轻病人残疾人的痛苦方面功劳卓著，还培养出大批专门人才，为华南地区的医疗、救济、社会保障事业树立了标杆。

惠爱医局

1898年2月，博济医院老院长嘉约翰在广州芳村创办惠爱医局，这一年，他已经74岁高龄，在广州行医44年，垂垂老矣，却依然精神矍铄，斗志不减当年。惠爱医局是中国第一家精神病院，即使到1918年仍是中国唯一一家；1927年改名为广州市第二神经病院，1935年易名精神病疗养院；1958年重新编组为广州市第十人民医院；2000年命名为广州市脑科医院，近年又兼挂惠爱医院招牌。

早在1872年，嘉约翰在报告中已专门提到疯人问题："这种病在任何环境下都是可怕的，但是在中国这样的国家都十倍地可怕。……由于缺乏合适的住院病区，我一直不敢接收这样的病人，但我一直感

到迫切需要提供一个疯人院来收治这种疾病。"① 本着伟大的慈爱精神，嘉约翰时刻在为建立精神病院做准备。他曾上书两广总督张之洞，结果收到其幕僚的答复："总督大人对此并不感兴趣。"他也多次向教会提出建立精神病院的建议，但未能得到多数人认可。

1892 年，他用尽平生积蓄，在芳村买下一块约 4 英亩的土地。1895 年，一位在远东传教的医学传教士参观博济医院，对嘉约翰的奉献精神十分敬佩，两年后他寄来了 3000 美元。嘉约翰用这笔钱在芳村建起了第一栋楼房；接着，从其他渠道募集资金建起了第二栋。

"1898 年 2 月 20 日，一行人包括嘉约翰医生，一个疯癫病人由别人背在背上，医生的夫人跟在后面，一起站到了其中一座楼房的门前。一把钥匙插进了门里。门开了；于是第一次，在中国一个精神病患者得到了专科医院的医治。"②

THE ONLY ASYLUM FOR THE INSANE IN CHINA

中国唯一疯人院（1898 年）

---

① 嘉惠霖、琼斯：《博济医院百年》，沈正邦译，广东人民出版社 2009 年版，第 110—111 页。

② 同上书，第 112 页。

1899年1月，嘉约翰正式从博济医院辞职，全力办理惠爱医局事务。他所教医学班的男学生也都追随他来到芳村。嘉约翰夫妇也直接搬进疯人院里面居住，结果饱受困扰，难以安睡。为了美化楼房的走廊，他买了一些盆花，结果发现，疯人们最喜欢干的就是抢起花盆砸向楼下走过的行人。1900年9月，另一栋房子建好了，嘉约翰夫妇才得以跟病人分开居住。

嘉约翰规定治疗精神病人要遵循三个原则：第一，凡入院者皆为病人，如果他们的言行表现出非理性的特征，那并非他们的过错；第二，医院不是监狱；第三，尽管完全处于疯癫状态，但他们仍旧是男人和女人，而不是野兽。嘉约翰还进一步提出了充满人道主义精神的治疗程序：第一，尽量运用劝说的手段，在必要的情况下最低限度地使用强力管理；第二，给予病人自由，在必要的情况下才实施最低限度的监禁管束；第三，在温和的态度下使病人伴以休息、热水浴、户外活动、身体锻炼和职业劳动，在必要的情况下最低限度地实行药物治疗。①

1901年8月10日，嘉约翰医生在这栋房子里离世，将医院后事托付给陪伴其身旁的塞尔登医生。在短短几年里，嘉约翰共收治了超过150名病人。1927年，广州市政府接管了惠爱医局，改为第二神经病院。嘉约翰凭着伟大的慈爱精神，冲破重重阻力，创立了前无古人的事业，为中国的精神病治疗奠定了基础。惠爱医局地址在芳村明心路36号，至今尚存一座红砖外廊式旧建筑，让人时时铭记着这位名医的贡献。

夏葛医学院

1899年，嘉约翰带着博济医院的男学员去了芳村，女学员则跟着富马利去了西关，创办广东女医学堂。1902年，美国印第安纳州的夏葛先生（E. A. K. Hackett）捐赠4000美元，学堂改名为夏葛女医学堂以作纪念。世间盛传，1911年率领救护队前往武汉支持革命的

---

① 王芳：《对"疯癫"的认知与嘉约翰创办广州疯人医院》，《海南师范大学学报》2012年第3期。

中国赤十字会会长张竹君毕业于夏葛女医学堂，这个说法出自早年追随孙中山的国民党党史专家冯自由，但这却是一个美丽的误会。据考证，张竹君早在1899年拿到了博济医院的毕业文凭，次年即独立开业，当时还没有夏葛女医学堂的校名。

夏葛医学院

富马利（Mary Fulton，1854—1927），美国俄亥俄州人，1880年毕业于宾夕法尼亚州女医学学堂，获博士学位。这一年，她的哥哥富利惇受美国长老会派遣来到广州，在西关逢源街尾设立福音堂。1884年，富马利追随其兄长来到广州，随即结识了博济医院的赖马西——当时广东省唯一的女性西医生。赖马西邀请富马利去医院参与一些重要的外科手术，在那里见到了德高望重的嘉约翰。

富马利曾受长老会派遣，到广西桂平建立一家西医院。受极端排外思想影响，当时一些儒生鼓动无知乡民一把火把医院全部烧掉。富马利逃回广州，在省城内外开了三家小诊所。

富马利医术高明，很快在广东声誉鹊起。1889年12月，广东水师提督方耀年已80的老母亲生病，特地从广州请富马利到老家普宁为他母亲治病。方耀一直以来对基督教会抱有敌意，之前在潮汕地区

"清乡"时,曾勒令一万多基督教徒退出教会。这次为了老母亲能尽快康复,不惜突破自己的底线。接到邀请,富马利毫不犹豫,先从广州乘船到香港,再从香港转船到汕头,找到汕头教会的莱爱力夫人(Mrs. Lyall),也即潮汕抽纱的创始人娜姑娘(Sophia Norwood)。在莱爱力夫人陪伴下,富马利乘坐帆船抵达普宁的方耀旧里。富马利听说,方耀在之前的"清乡"行动中杀戮了5000人,潮州人对他都畏惧万分,故而,没有哪一个本地医生敢给他母亲看病。在中国,曾有病人不治身亡而医生被处决的先例。富马利在村里待了13天,经她精心治疗,方老太太身体日见好转。返回省城以后,方耀殷勤前来面谢。① 富马利的果敢行动,改善了西医的形象,让乡镇地方的人也逐渐认识到西医的有效性。

1897年,她被委任为博济医院女病区的负责人。在中国长期的行医经历让她认识到,中国女病人对男性医生都比较抗拒,而传统的助产婆(稳婆)接生产生的问题很多,产妇随时面临着生命危险,由此萌生了创办女子医学院培养女医生的念头。

1899年,因博济医院关约翰、嘉约翰发生冲突,富马利带着5个女学生,到西关创办广东女医学堂。这是中国第一个女子医学院。1901年,富利惇回美国筹款,建造了一座新大楼,命名为柔济医院(David Gregg Hospital),用作医学院的附属医院。次年,美国的夏葛(E. A. K. Hackett)先生捐赠4000美元,遂将广东女医学堂改名为夏葛女医学堂(Hackett Medical College for Women),于1902年12月18日正式揭幕。1905年,富马利得美国端拿夫人捐赠,建立端拿护士学校(Turner School of Nursing)。从此,富马利管理着医学院、医院、护士学校三位一体的医学机构,致力于发展妇产科、儿科服务,培养了数量庞大的女医生、女护士群体,对拯救妇孺生命、缓解生育痛苦、改善妇女儿童健康作出杰出贡献。

1912年,孙中山卸去临时大总统职务后,准备回家乡广东各处探访亲友。富马利获悉后,立即写信恳请孙中山拨冗出席夏葛女医学

---

① Mary H. Fulton, Inasmuch, The Central Committee of the United Study of Foreign Missions, 1915, pp. 42-45.

堂（医学院）的毕业典礼。5月7日，孙中山英文秘书宋霭龄回信，表示孙中山非常乐意接受邀请。5月15日，孙中山以国民党总理身份光临医学院，参加毕业典礼，视察了柔济医院，并向全院教职员工发表演讲，充分肯定了医学院、医院的建设成就，鼓励医院更好地为社会服务。演讲结束后，孙中山兴致勃勃地与负责人富马利等教职员工在外国教员宿舍前合影。1921年，医学院更名为夏葛医科大学。

1912年夏葛医学院同仁与孙中山

1915年，美国洛克菲勒基金会通过了"中国医学计划"，帮助教会发展在华医学教育。基金会对夏葛、柔济等医院进行了慷慨资助，资助中国医生、护士前往美国接受培训，并馈赠了大量先进医疗设备。1922年，柔济医院共做检验4583宗，检验项目和仪器设备接近当时美国医院的水平。1929年，夏葛医科大学达到国家认可的A级医学院的标准水平，中华医学会确认其为甲级医学院，是当时全国公认的两所甲级女子医学院之一。①

---

① 颜小华：《美北长老会在华南的活动研究》，博士学位论文，暨南大学，2006年。

柔济医院大门 　　　　　　　　柔济医院何辅民堂

柔济医院长期设立赠医门诊，20 世纪 30 年代中期，每年赠医人数达 2 万多人。1930 年，按照国民政府收回教育权政策，夏葛医科大学、柔济医院、端拿护士学校全部移交给中国人管理。1936 年，夏葛医科大学并入岭南大学孙逸仙博士纪念医院。至此，夏葛医学院（医科大学）共有 28 届毕业生，培养了 300 多名现代医学人才，其中女医生 200 多名。1954 年，柔济医院更名为广州市第二人民医院，今为广州医科大学第三附属医院，将柔济医院长期形成的产科优势继续发扬光大。

柔济医院何辅民堂 　　　　　　柔济医院林护堂

1914年，因长期劳累，加上哮喘病发作，富马利前往上海疗养，同时将英文医学书籍翻译成中文。1917年，她退休回美国，1927年去世。富马利几乎以一人之力，依靠美国基督教人士的慈善捐款，办成高水平的夏葛医学院、柔济医院、端拿护士学校，至今仍惠泽广州市民。

明心书院

从博济医院开出的第三朵花，是赖马西医生创办的明心瞽目书院，简称明心书院。明心书院在芳村的建筑，虽历经沧桑有所改动，仍是保存至今比较完整的近代广州慈善建筑群。

遗憾的是，不少资料在介绍明心书院时，把创始人的名字错写为"冯西医生"，此处不得不略加澄清，以正视听。当时外国人来华都会取一个中文名字，以便与国人交往；有外国人供职的机构，多数有懂英文的中国师爷（翻译）帮助起名。John Kerr 叫做嘉约翰，是将"Kerr"译作"嘉"字，John 按照以往习惯译作"约翰"，并遵从中文习惯，把姓氏放在前面。赖马西原来的姓名是 Mary West Niles，姓氏"Niles"用粤语译作"赖"，"Mary"取"马利"第一个字"马"，"West"意译为"西"，加起来即是"赖马西"。这是中西文化交流早期经常出现的情况。把这位对中国盲人慈善事业作出重大贡献的女医生名字写错了，甚为不妥。

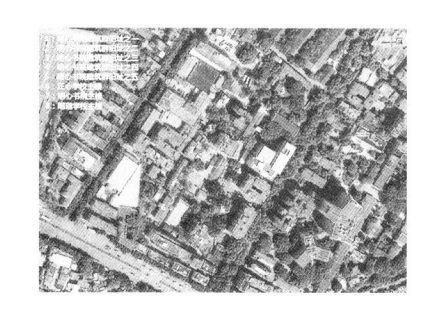

明心书院建筑群示意图　　　　前排左一赖马西、左二富马利

赖马西（1854—1933），出生于美国威斯康星州，1882年获医学硕士

学位，当年10月来到广州，次年受嘉约翰之邀，出任博济医院女病区监督，1885年被任命为博济医院第一个女医生。当时的女病人不愿意抛头露面，赖马西任务繁重，几乎跑遍了广州所有高官的住宅，为其女眷看病。仅1890年一年，她做了683个外科手术，出诊275次。

1889年，人们把一个3岁的女盲童送到赖马西那里治疗。当时的政府和其他慈善机构未能提供盲童教育，广州街头常有盲童流浪。赖马西下决心改善他们的处境，当年收容了5名盲童。她向长老会差会写信提出计划，但因个别人反对而未能得到拨款。经过数年的呼吁，在1894年差会批准了她的计划。1896年，盲童学校终于办了起来，次年，正式命名为明心书院（Ming Sam School for the Blind Girls），专门收养女盲童。赖马西将西方盲文改造为中文盲文系统，教学生识字，并培训其谋生技能。

1912年，赖马西将明心书院迁至芳村，并增设一个专门教育男盲童的学校，名为明理学堂（Ming Lei School for Blind Boys）。

明理学堂 　　　　　　　　　　明理学堂现状

1916年，政府收容了一批在街头以唱曲为生的"瞽姬"，但无力加以教育，乃在明心书院旁新建一间正心学校（Ching Sam School），将瞽姬交由赖马西教育管理。直到1928年，赖马西医生74岁高龄方才退休，回到美国养老，于1933年去世。

在今天芳村的明心路、陆居路一带，明心书院庞大的民国建筑群仍大体保存下来，计有明心路1号院第3幢、明心路5号大院北侧楼、明心路5号大院南侧楼、明心路13号、陆居路7号大院内红楼、陆居路7—1号明心书院主楼、陆居路7—4号明理学堂8栋建筑，其中明心书院主楼、明理学堂尚未列入历史建筑名单。

目前，广州市正在加紧建设白鹅潭商务区，明心书院建筑群正处在规划范围之内。如能完整保存所有 8 栋旧建筑、加以休葺恢复原貌，将为广州"慈善之城"建设增添历史厚度。

明心书院　　　　　　　　明心书院主楼现状

（执笔：田颖川）

以"善"为缘：绵远堂与顺德华人慈善网络

经历了清末民国传统慈善向"养教并重"的转型，慈善犹如一场革命，成为个人参与国家和社会重塑的新途径。但在1949年新中国成立之后，大量境内的善堂都被政府取缔从而停滞。改革开放以后，海外华人的吁求和引进外资发展的欲望使得地方社会释放出善意，沿海地区的个别善堂得以恢复。而境外的善堂则并没有受到太大的影响从而得以延续。旅港顺德绵远堂就是其中一例，迄今为止已有142年的历史，并且至今仍然活跃在顺德和香港两地的双边慈善活动之中。在过往百余年历史之中，绵远堂以"善"为缘，不断地编织和构造着顺德华人的慈善网络。

一 绵远堂概述

旅港顺德绵远堂创立于1876年（清光绪二年），1930年正式注册成为香港可豁免缴税的慈善机构，是顺德人在香港建立的历史最为悠久的地缘性社团，也是香港现存为数不多的具有百年历史的慈善机构之一。绵远堂建立之初主要服务于海外及旅港的顺德邑人的原籍归葬需求，随着海外华人逐渐在移居地定居以及香港社会环境的改善，原籍归葬和义葬逐渐成为历史，绵远堂的服务宗旨也逐渐转变。20世纪80年代绵远堂进行改组，以关爱社群、造福桑梓为核心，慈善服务领域主要集中在医疗、教育和敬老三个方面，在香港和顺德两地开展慈善活动。在改革初期，绵远堂不仅在医疗、教育和敬老方面服务于顺德家乡，同时还积极建立顺德家乡与海外的联系，借助自己的会员在香港及海外协助招商引资和地方经济建设。在持续不断地在香港和顺德两地开展慈善服务和交流的同时，绵远堂还保持其春秋二祭的传统，每年在香港和顺德两地拜祭义坟。

绵远堂从传统的善堂向现代性公益组织的转变，是从20世纪30年代的正式登记注册开始。为避免公产增值之后缴税高额的税金，绵远堂在30年代注册为慈善组织，以有限公司的方式注册为无股本有限公司。自此之后，绵远堂开始按照现代慈善组织的方式进行运作和管理。从正式登记注册为慈善组织之后，绵远堂设立了董事会制度和征信录制度。董事局人数限定在16—20人之间，经由选举产生，任期一年；设正副主席、正副司理和司库员5个志愿职位，主要负责绵远堂的会务组织和运作，其人选在董事中选举产生。在这5个志愿职位之外，还设有会长和永远会长。会长由曾担任过主席职务并达到一定的年龄、在会内具有比较高的威望和影响力的人士担任，有点类似于长老会。而对于组织发展具有重要贡献的会长则会获得永远会长的称谓，是会内最高荣誉的头衔。

从正式注册为慈善机构开始，绵远堂设有自己的专门财务人员进行账目的管理和登记，并且每年年终会委托有资质的审计人员进行审计。每年出版征信录，对组织的各项收入和支出进行详细的记录并向会员和捐赠人公开。目前尚存的绵远堂早期的征信录分别是1939年出刊、1962年出刊和1970年出刊并涵盖1966年至1969年具体情况的各一本共计三本，绵远堂暨绵远中学征信录（1962—1966年）一本。绵远堂的章程还规定每年在正月举行大叙会（类似于"会饮"的制度），主要是在聚会的时候向会员公开上一年会务的情况以及财务状况的公开报告，向会员及捐款人、受益者等信息公开，进行监督。

章程也规定了加入绵远堂的会员必须是顺德籍人士并且在香港有正当的职业。新会员的吸纳过程非常谨慎，符合入会基本条件的同时，必须有正式会员作为担保人，此外，董事会还会对申请入会者的资质和背景进行核查，然后经董事会投票决定是否入会，在全体董事中，只要有3个人反对，就不能加入。加入的会员一次性缴纳会费就可以取得终身会籍（根据1939年征信录的记载，当时的入会费是10元港币）。会员如果行为不端，通过董事会的决议会被清退。到2016年，绵远堂的会员人数保持在110人左右，并且全部为男性。

旅港顺德绵远堂章程（1911—1929年）内页（旅港顺德绵远堂存）

　　清末的慈善机构通常会将会本进行投资或者置业以此来保证组织的持续化运作，绵远堂也采用了此类方式使会本不断增值。绵远堂最初的经费来源主要是同乡的捐赠和集资的2780两银作为会本。此外，20世纪初顺德遭遇水灾，绵远堂组织募款支援家乡救灾，当时救灾的善款没有用完连同剩余的会本一起，购买了香港电灯公司的股票，后来成为绵远堂发展的一笔重要本金。此后绵远堂物业的置办也都是通过变卖了电灯公司的股票变现之后的投资。而这个投资置业形成的绵远堂的公产一直延续到现在，是组织持续运作和延续的重要支持。在1930年的会章中规定，每年用于顺德家乡的各种慈善支出不能超过当年会内实际收入的25%。在1945年香港光复之后，绵远堂将香港电灯的股份变卖购置物业，逐渐积累至今，成为绵远堂在当代持续运作和开展慈善活动的主要资金来源。

二 绵远堂与顺德华人跨境网络的建构

绵远堂一百余年来以慈善为核心建构起来的顺德华人跨境网络历经了三个阶段。

第一阶段：组织建立与运棺网络的形成（1876—1949年）。

早在绵远堂成立之前，在香港有两座义坟，归于顺德人名下，一穴在西环摩星岭，一穴在下环咖啡园。关于这两座义坟的由来以及与绵远堂的关系，1939年《征信录》中有明确记载："……诸公等，集资创立绵远堂，举办清明重九致祭本港义坟之事……"由此可知，绵远堂最初的成立，主要是为了捐设义冢、每年按时祭拜而起，实乃"心种福田，惠施幽宅"①。

在同一年的征信录中，罗耀生另外一篇文章《祭墓刍言》比较详细地说明了绵远堂义冢的由来。关于西环摩星岭义坟的由来，《祭墓刍言》记载如下：

> 西环义坟，有碑记泐石，"始由同治五年丙寅（1866），四环盂兰值理，目击溪谷草莽之间，旅榇鲜主，权厝无碑，乃将醮务余赀，拨充善举，搜拾遗骸八百余具，蒙当轴允许，合瘗于摩星岭。内有八十骨骸杂遂，莫分甲乙，瘗于中穴，排髂承骨，石盖而窆封之，又环骸塔八十，共成一大穴。其六百余具，各储新塔，每三塔一穴，层列共堂，阅数月而工竣"（照碑记录）。死者男女姓氏里居，均无可考。大率死于同治丙寅以前，或十年或数十年，其人生时，当在港埠未开，或初开。概可知矣，其人不能有据，证实为我邑同乡又可知矣（道光二十二年开港埠帆船往来，其时我邑人到港必不多）。②

---

① 罗耀生：《初刊征信录弁言》，载旅港顺德绵远堂《征信录》（1939年）。
② 旅港顺德绵远堂《征信录》（1939年）。

事实上，西环义坟是由四环盂兰值理设立的义坟。西营盘、太平山、上环及中环等四区街坊曾于1857年成立盂兰委员会，负责盂兰节的筹备工作，包括巡游、宗教仪式、演戏、街道装饰和布施，以悼念先人。据此，西环义坟早期碑文落款的"四环盂兰值理"当为四环盂兰委员会的部分值理的行为。罗耀生根据义坟设置的时间来推测，认为这处义坟也不太可能是顺德人的义坟，因为这座义坟设立的时间是在同治九年（1870年），而捡拾掩埋的骨骼则估计是死于此前十数二十年（也即在1850年前后），那么据此推测这批义葬骨殖的主人大致生活在香港未开埠及至开埠之初，而那个时候顺德人到港谋生的不多，出现一处集中掩埋近千人的大规模顺德义冢的可能性几乎没有。

由此推之，顺德商人们最初集资成立绵远堂，主要是接手了设立西环义坟的四环盂兰值理的工作。义坟一旦设立，就需要有人定期管理和祭拜。这也便成为了绵远堂的主要职责，每年春秋二祭，绵远堂都要招贴长红（用长幅纸写的通告）或者登报公告邀约同乡前来参加祭祀义冢事宜，拜祭义坟时，除了要准备香烛纸帛金猪之外，还要由当年的值理讼祷祭墓祝文，集体致礼之后，祝文要连同香烛纸帛烧掉。旅居香港的顺德商人通过集资建堂处理义冢并定期拜祭的方式参与到早期香港华人社会的社区治理之中，以集体的方式承担起里社之中绅商的社会职能。通过对归于其名下义冢的管理和祭拜，一方面使得这些旅居的顺德商人在当地社会中站稳脚跟；另一方面，通过"社群共祖"的义冢将旅居的顺德移民凝聚在一起，结成团体，参与地方事务，提升商人的地位以保护自己的利益和商业的发展。

绵远堂的发起人之一梁鹤巢（即梁云汉，又名梁安，字鹤巢），广东顺德人，是19世纪60年代香港华人社会中重要的华人领袖。他是当时香港仁记洋行的买办，同时也是由清政府首肯成立的跨国公司"肇兴公司"的合伙人之一，是"肇兴公司"在香港的主要负责人。他参与推荐伍廷芳成为香港的首位华人议员，推动了华人在香港社会治理中的参与和地位的提升。在他发起绵远堂之前，梁鹤巢在1869年创办了香港东华医院并担任主席；于1871年参与创立广州爱育善堂；1880年他又参与创办了香港保良局并在其中担任重要职务，是活跃在省港两地的绅商。成立之初的绵远堂,与东华三院一度保持非常密切的联系。绵远堂的公产曾一度交由东华三院进行托管,直到19世纪90年代中期,绵远堂因要在顺德大良修建义庄,才将这笔钱从东华三院一次性全部取出。①

迄今仍保留下来的怀远义庄的石匾(景燕春摄于2015年)

1895年,绵远堂在家乡顺德大良建立怀远义庄并设立义冢,转运从海外经香港东华三院还乡的骨骸。大良怀远义庄的兴建,发起人主要是刘荫泉和顾煜炜两位绵远堂的港商代表,同时在顺德的绅商也参与了义庄的筹建。绵远堂负责在香港和海外筹款,顺德绅商则在本地劝捐,大良龙氏家族的龙光捐出了龙福耕堂的一块土地作为兴建义庄所需的土地。义庄的发起人支付了100两银之后,这块土地的所有权就已经明确为怀远义庄的物业。绵远堂1939年的征信录更为具体地记载了怀远义庄的筹资及扩建和重修的相关内容:

> 自光绪丙子年绵远堂成立至光绪乙未年吴干卿偕同刘荫泉、顾耀堂倡议创建大良怀远义庄得捐款2300余元,由龙福耕堂送出桑基地一段,坐落佩岗乡龙窝社坐西南向东北,西北深九丈五尺六,东南深六丈,共横十四丈九尺三寸。龙福耕堂收回利是签书银100两正,批明永归怀远义庄管业,建筑怀远义庄工料用银1900余元正。②

---

① 根据叶汉明的研究,在东华三院的董事会记录中,有关于绵远堂从东华三院提取经费的会议记录。
② 旅港顺德绵远堂1939年《征信录》,"补录怀远义庄义坟地址方向所在"。

除了龙光捐出的龙福耕堂土地之外，顺德本地的顾耀堂、吴干卿出资购置了与龙福耕堂赠地相连接的二段地块，联合起来修建了义庄，并且用顾耀堂的名义向县政府备案。①

随后怀远义庄的重修，也都是由顺德、海外及香港的顺德商人们合力完成的。怀远义庄兴建后将近30年，日久失修，倒塌堪虞。1923年，由本地绅商、港商和南阳各埠的顺德邑人共同捐款重修。

> 民国癸亥年（1923年）商务局主席梁弼予、刘星昶发议，以义庄正座日久恐防倾塌，应当筹款重修，共推苏震朝、龙翰臣等办理，连注视勘需款9000余元，历八个月而竣工，是役由何华生经手向南洋各埠劝募得银1800余元。②

绵远堂得以向南洋各埠募款，一方面，由于绵远堂在顺德籍人士的原籍归葬中提供服务在移民的同乡群体中具有一定的影响力，所以筹款的范围与之前相比扩大到了南洋；另一方面，这也与绵远堂参与者的商业网络有密切的关系。负责向南洋筹款重修怀远义庄的何华生（1871—1945），是顺德伦教人，也是瑞昌药行和鹦鹉牌药品的创始人，被称为香港华人药业的先驱。他的鹦鹉牌良药在20世纪初风行省港和东南亚，其药铺分号遍布两广及东南亚。与此同时，他还非常热心慈善事业，担任东华医院及保良局的总理、华商总会常务理事、顺德商会主席等职务。他的商业网络恰好与怀远义庄的筹款网络及顺德海外华人的移民网络相叠加，使得怀远义庄的海外筹款得以实现。在1939年的征信录中，他被列为绵远堂的永远理事。

1923年重修怀远义庄，绵远堂同人捐资白银4700余两。重修的时候是用水泥，并且用红石砌了台阶。从那之后，棺椁沿大良河运抵义庄的时候，上下就方便了很多。③

---

① 《顺德文史》第7辑，"怀远义庄"。
② 旅港顺德绵远堂1939年《征信录》，"补录怀远义庄义坟地址方向所在"。
③ 《顺德文史》第7辑，"怀远义庄"。

大良画家刘发良根据乡人口述所绘制的怀远义庄场景图

资料来源:《旅港顺德绵远堂140周年画册》。

根据现有资料初步估计,在从1876年到1950年的70年间,通过绵远堂的网络运抵顺德家乡进行原籍归葬的旅外乡亲大概有数千人。绵远堂140周年纪念特刊中记录了两次运棺回乡的情况:

光绪二十九年(1903年),有一批在外埠客死他乡的邑人骨骸一百余具,运到香港东华医院代收,就是由绵远堂雇佣船只运回大良,将死者名字登载在顺德《复兴报》,并标贴广告,有地址的,则通知亲属认领掩埋,没有人认领的,就由怀远义庄埋葬,并立碑留记。

1929年建"怀远义庄北山申江众先友义坟"。到1929年,从海外运回来的骨骸稽留在义庄的有380多具无人认领。在这一年冬天义庄就将这批骨骸转载入金塔,记录其姓名、性别并编号,葬在大岭土名为鱼箔撒网的义冢,男女分别安葬,左边葬男性骨骸270余具,右边葬女性骨骸110具,还有一小部分无法辨清者合葬在一起。立碑纪念,碑文为"怀远义庄北山申江众先友义坟"。

到1937年，因为停在义庄的棺柩过多，棺满为患，由海外运回来的骨骸无法存放。绵远堂计划再筹建一间"邑中海外先友停厝所"。但正在策划这件事的时候，抗日战争全面爆发，时局动荡，于是整个计划搁置。香港沦陷之后（1942—1945年），大批在香港谋生的人被遣返至他们在大陆的家乡。在香港谋生的顺德人也经历了这段历史。当时，绵远堂和顺德商会的同人陈伯益、李间笙、黄灼臣、简粤云、潘晓初、区汇川、刘星昶、罗韫赤、梁秀彝、何智煌等协助政府解决劫后民生，联手筹募善款，租赁专门的船只，运送顺德邑人返乡生产。这个协助顺德同乡返乡的工作持续了两年之久。在这段历史时期，顺德本地也由政府出面组建了一个专门的委员会，来协助返乡的港胞，而此时绵远堂也承担起了组织和救助旅港的顺德移民返乡避难的责任。

1949年之后，华人在海外移居地逐渐转向定居，原籍归葬和运棺网络终结，绵远堂的慈善活动逐渐由运棺和义葬转向教育和面向顺德家乡的赈灾济贫。

在参与东华三院的全球运棺事业的版图之中，绵远堂与大良怀远义庄形成一个跨境合作的实体，承担顺德海外移民与家乡之间联系的中间枢纽角色，在很长一段时间之内是顺德家乡与海外之间的中介。从绵远堂成立直至1949年之间70多年的历史中可以看出，绵远堂通过处理移民社群的死亡、安置与安抚的事务，直到其后参与运送海外顺德移民的骨殖返乡，在处理移民死亡的过程之中，绵远堂逐步确立起其在香港整合顺德移民社群的地位和功能，而每年拜祭义坟的仪式性行为不断加强顺德移民对社团的认同，从而将顺德海外移民的商业网络、地缘网络及慈善网络整合在一起。

第二阶段：网络休眠/顺港两地的双向链接（1949—1976年）。

1949年之后，由于国际关系和政治格局的变化，华人大多在移居地落地生根，香港与顺德两地之间的联系中断。在此期间，绵远堂的组织活动主要局限在香港。

在运棺网络停滞之后，在香港，绵远堂一方面继续其义坟管理、春秋二祭、敬老助学、团结桑梓的活动，另一方面则是继续延续其在教育方面的投入。在教育方面，绵远堂在香港陆续创办养正义学

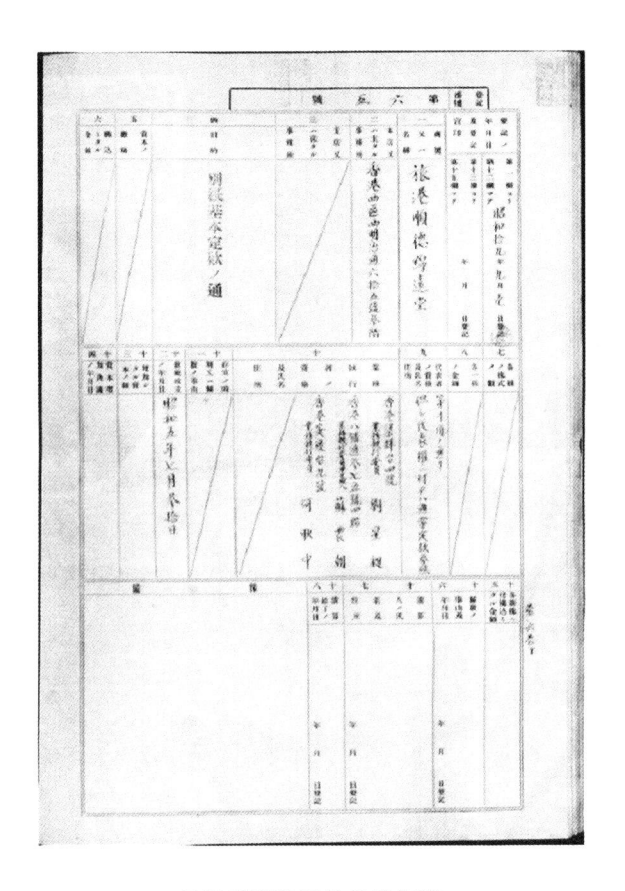

日据时期绵远堂的登记簿

（1938—1942 年）和绵远中学（1950—1970 年），提供平民教育。20世纪 70 年代之后，绵远堂逐渐退出了教育领域。

第三阶段：以顺德为中心的慈善网络（1976 年至今）。

1976 年春，绵远堂的会员何植发回乡探亲，得悉怀远义庄原址仍存。当时义庄已由大良水上子弟学校借用，原来停在义庄里面的骨殖和棺柩都被迁移到后山停放。罗鉴澄代表绵远堂向当地反映，请求拨地营葬骨灰。第二年，绵远堂当时的会员刘小吾、李锐志、李君勉等为这件事情，专门回乡拜访顺德地方政府，陈述大良义庄历史，力争领回义庄。经过与地方政府主管部门的协商和沟通，最终于 1977

年由地方政府在原址背后的猪仔岗拨出一段山地，把积存在后山的101件棺柩骨骸火化，安葬骨灰，并立"怀远海外先友公墓"石碑。从此之后，绵远堂每年清明、重阳的春秋二祭都会组织会员回乡扫墓，称为"公祭"，以表达对先友慎终追远之意。至此，在中断联系数十年之后，绵远堂重新恢复了与家乡顺德之间的联系。

1976年在大良怀远义庄旧址的后山上建成的怀远海外先友公墓

1990年绵远堂提出在大良兴建"怀远纪念堂"（骨灰楼）的设想。而当时中国内地刚刚开始推行殡葬改革，提倡火葬。绵远堂建骨灰楼的提议，符合地方政府的政策需求，于是得到了地方政府的首肯。在怀远义庄旧址附近兴建灵骨堂，是绵远堂将恢复其慈善传统及物业所有权的行动，转化为旅港乡亲响应地方政府的政策号召、推动地方政府进行殡葬改革的话语，得到了地方政府的大力支持。大良镇政府拨出邻近怀远义庄旧址和"怀远海外先友公墓"的一块大约800平方米山地，绵远堂投入大约100万元人民币的工程及配套设施费用，兴建"大良怀远纪念堂"，委托大良镇的侨联会具体协助兴建工程和工程监理。兴建工程从1990年启动,到1992年完成。

位于怀远义庄旧址后山的怀远纪念堂

　　新建的怀远纪念堂为庭院式布局,建筑面积572平方米,两座二层主楼分别位于东西两侧,中间有一条连廊贯通两座主楼。纪念堂内总共有骨灰(牌)位1438个,供海外华侨、港、澳、台胞落叶归根及当地民众有偿使用,售价在2700元至3600元之间,并一次性收取200元/位的管理费。每年的清明,是安放在此的亡灵的亲人们前来祭扫的日子,也是怀远纪念堂一年中最为热闹的一段时间。怀远纪念堂的主要收入来自于售卖这些骨灰(牌)位,所得收益除维持怀远纪念堂长久性的日常运作管理开支和庭院修缮保养之外,还适当捐献给当地社会的公益福利事业。右边主楼上下两层为公共的灵骨堂,提供给本地乡亲及绵远堂会员的亲戚朋友等安放金塔。另一栋楼的一楼作为接待室,楼上则作为绵远堂会董及会员和家属存放金塔的独立空间,绵远堂的会董和亲属如果愿意在去世后将骨灰送回家乡,可以使用这些专属的位置。从而解决了绵远堂成员自身落叶归根、原籍归葬的需求。

这座纪念堂的建成，意义非凡。用大良老侨干黄姨的话说，公墓和纪念堂的建成，彻底地把绵远堂的根留在了顺德。"只要有公墓在、有绵远堂会董们的先人骨灰停厝在此，绵远堂的人就一定会回来，不管到多少代，都是一样的。"而事实也是如此。春秋二祭作为绵远堂的古老传统和信仰，是绵远堂每年两次最重要的例行公事。虽然参加春秋二祭的会员以年长的会员为主，但也有年轻一代的会员参与其中。笔者曾在香港访问前任的会长潘生，他说："春秋二祭这样的事情，从我个人来讲是丝毫没有兴趣的，但因为有一班老人家在，有会的规矩在，就有一个基本盘，我也就得跟着去。"恰恰是这种社团的传统，形成了一种制度性的力量，每年两次组织香港及从香港移民海外的绵远堂会员从世界各地赶赴顺德，开展各种各样的慈善和祭祀活动。

在跨境慈善网络开始重新建立的 20 世纪 80 年代，绵远堂也开始了真正意义上的向现代公益组织的转型。80 年代，绵远堂进行改组，在保持组织传统的前提之下，重新确定了组织的愿景使命，定位为一个跨境的慈善组织，在顺德和香港两地开展慈善服务，服务领域集中在教育、医疗、敬老、扶贫助困几个方面。绵远堂及其会员先后在大良捐资及筹资建了凤城敬老院、大良医院、锦岩公园、吴宗伟托儿所（社区活动中心）、清凉法苑幼儿园；参与了顺德政府发起的大型公共事业的募捐活动，诸如顺德教育基金百万行、顺德体育中心、顺德职业技术学院的筹建。自 2000 年以来，绵远堂与大良医院合作建设了健康管理中心及口腔中心并进行持续的捐赠和医生的培训，促成顺德职业技术学院与香港理工大学合作培养人才，还在大良慈善会设立贫困大学生助学金。

刘鼎新是刘氏家族在绵远堂的第五代，绵远堂自 20 世纪 80 年代以来的转型和改组基本上是在他父亲和他的任内完成的。刘鼎新还担任顺德区的政协委员，并且一直致力于推进顺德的医疗体制改革，他希望借助自己的医学背景和在香港医学领域的关系网络，帮助顺德建立起更加科学合理的社区医疗体系和全科医生制度。除了这些大型和专项的公益慈善活动之外，绵远堂每年春秋二祭回乡祭拜公墓的时候，都会安排走访绵远堂在顺德的捐赠项目及其他慈善组织在本地的慈善项目，并进行捐赠活动。与此同时利用在香港进行春秋二祭的机会，绵远堂也会邀请顺德本地的各级政府官员到香港进行短期的参访，了解香港的公共设施和服务以及绵远堂在香港的捐赠项目。与此同时，绵远堂依然保留了其作为一个早期华人社团的特质和关于祭墓的传统，将祭拜义坟的传统与当代社会的需求进行重新整合，以新的方式呈现出来。至此，绵远堂进入了以跨境慈善网络建构为核心的阶段。

旅港顺德绵远堂会员及家属在侨务干部的陪同下到怀远
纪念堂祭拜海外先友公墓

三　慈善网络的延续与转变

旅港顺德绵远堂虽然缘起于义坟的管理和华人原籍归葬需求的服务，但又与那些拜神类的善堂不同，它是一个地缘性的善堂，又借助对义坟"模拟祖先"的定期祭拜将成员凝聚和团结在一起，以此在移民社会中建构起一个地缘性共同体。而注册为专业的慈善组织通过不断地运作慈善组织及其公产，从而使得绵远堂虽然经历了剧烈的时代变革，历经3个世纪，依然活跃在顺港两地的公益慈善领域。正如

2016年清明节期间旅港绵远堂组织会员前往绵远堂捐赠
项目点凤城敬老院慰问老人

华如碧对香港新界的宗族祭墓的研究中指出的①,像绵远堂这样非拜神善堂,将华人宗族礼仪和对祖先的信仰与海外移民的经历结合在一起,成为善堂持续运作的文化动力。

在华人的跨境移民和互动的过程中,慈善扮演着重要的角色。这也就是滨下武志所说的"善缘"。善缘与"地缘"和"血缘"不同的地方在于,它不需要这些实质化的特质来划定人群范围,而是基于信任和道德愿景将人们凝结在一起。绵远堂的百年发展图景让人们看到,慈善并非仅仅是华人跨国网络的产物,而是建构和重整网络的一种重要的力量。尤其随着移民世代的累加,"地缘"和"血缘"的纽带逐渐淡化之后,如何维系海外移民与家乡之间的纽带,"善缘"将发挥越来越重要的作用。

(执笔:景燕春)

① 华如碧:《纪念先人:中国东南部的坟墓与政治》,载华琛、华如碧《乡土香港:新界的政治、性别及礼仪》,张婉丽、盛思维译,中文大学出版社2011年版。

广府劝善书

劝善书，或简称善书，自宋代《太上感应篇》开其端，至明清呈喷涌之势，数量有了飞跃性的增长。晚清时期，广府地区流行的善书主要有三大类：以《太上感应篇》《阴骘文》各种功过格为代表的传统善书；以神仙佛"降笔"形式书写的经书、乩文乩诗汇编；以通俗说唱、小说形式出现的劝善书，故事性强，间或融入粤语方言，朗朗上口，具有鲜明的广府特色。

善书概观

著名慈善史专家梁其姿院士著有一本书《施善与教化》。在中国慈善传统中，慈善与教化融为一体，不可分割，而教化的重要性有时还在慈善实践之上。为政之道，首先在正人心、端风俗，施善救济只是补救措施。要使人心向善、风俗纯朴，地方官、儒家绅士的言传身教最为有效，劝善书与口头上的"圣谕宣讲"就承担着"言传"的功能。传统慈善事业中，除了具体的救助、赈济、扶养工作，刊印、流通善书也被视为功德。

东晋时期，在广州修道的道教仙师葛洪写成《抱朴子》一书，称"欲求仙者，要当以忠孝和顺仁信为本"，指出只有善人才有机会升仙。《太上感应篇》发挥了《抱朴子》中的思想，宣称"祸福无门，惟唯人自召；善恶之报，如影随形"。《太上感应篇》的核心思想是天人感应、善恶果报，提倡"日行三善"，切合一般国人心理，对后世产生了深远的影响。《太上感应篇》自南宋时期开始流行，宋理宗为该书亲笔题词"诸恶莫作，众善奉行"。《太上感应篇》"日行三善"的学说，提出了"善"如何计算的问题，到了明代随之产生了记善记过的"功过格"。

清中期人口增长到空前规模，而生产力未能相应提高，民生渐入困顿之境，爆发多次农民起义，尤以席卷大半个中国的太平天国起义影响最为深远。鸦片战争后，中国更面临"西方的冲击"，不少人群的谋生手段受到影响，产生了鸦片、赌博盛行的社会问题。人口流动的加速，也带来了瘟疫的广泛传播。面对天灾、人祸、瘟疫不断的动荡局面，社会人心不安，需要从理论上加以解释和引导。

民间儒士从仙佛的"救世"传说中找到灵感，将战乱、灾害、不良风气等解释成"劫运"，融合儒家、佛教、道教三家学说，宣称上天派遣关公、吕祖、观音（慈航道人）、文昌帝君等神明下凡"救劫"。只有做善人、行善事，才能逃过劫运。这种理论在如今看来有些荒诞，在当时却完全符合普通民众的认识水平，在大江南北一时风行。为宣传行善避劫，出现了大批以劝善为主题的经书，如《关帝桃园明圣经》《孚佑帝君觉世经》《救生船》等，假托关公、吕祖等神仙名义，宣传劫运将临，唯有正心诚意、行善积德方能得救。

晚清广府善书的出版

明清以来，广州出版业甚为发达，多集中于双门底（今北京路）、第七甫（今光复中路）。广府善书的刻印，大体可分为三种类型：善堂或善士刻印；善堂或善士委托商业性书坊代刻；由专业化的善书坊出版。专业化善书坊的出现，显示晚清广府善书的编写、出版、发行已高度发达。

广州最早出现的近代型善堂，是1871年成立的爱育善堂。爱育善堂由广府籍买办、行会商人所创办，得到香港东华医院的启发，在一定程度上也受到江南善士的影响。余治（1809—1874），字莲村，江苏无锡人，为晚清著名的江南善士，一生除孜孜矻矻主持上海普育堂、办理保婴会外，还编写了一系列劝善著作，最著名的是他汇编的《得一录》。《得一录》精心选编各类慈善机构的规章、文书，贯穿其间的是余治对慈善事业的执着追求。

余治在上海创办普育堂，聘请广府籍买办商人唐廷枢、吴炽昌为董事，协助筹款赈济并出版善书。1871年，吴炽昌回到广州，与唐廷枢的胞弟唐廷庚，联合广州本地商人创办爱育善堂。为学习先进经验、传布慈善理念，爱育善堂于创办当年，即在广州再版《得一录》。

1894年，广府地区鼠疫流行，一群道教人士在番禺县署西偏（今德政北路393号）创办省躬草堂，以"黄帝之师"广成子为主神，向受灾市民提供医方、丹药、符水等。《省躬草堂大事既要》称，治疗鼠疫的灵方，是广成子以"降坛"（扶乩）形式所传授。当时城乡百姓对神仙具有坚定信仰，这些药方、符水除了医学方面的效果外，实际还有心理暗示功能，能抚慰普通人的恐慌心理。省躬草堂的主持人，将广成子、吕祖等神仙降坛的乩示、乩诗加以汇编，刻印成《省躬录》，至1934年共出版24卷。省躬草堂的主持人具有很高的文化修养，《省躬录》所编集的诗文典雅脱俗，刻印精良，劝善效果甚佳，吸引不少读书人以及商界高层人物阅读。

2017年，广州白云区金沙洲横沙乡乡民，在政府与其他道教机构帮助下，修复了有百年历史的大仙庙。1898年，大仙庙创立时供奉的是财帛星君（赵公明），1901年因瘟疫流行，增加崇祀吕祖，其信仰团体称为"亦鹤楼"。亦鹤楼曾刊行《孚佑帝君觉世治心尊生妙经》，"孚佑帝君"是吕祖的尊号。这个团体于1921年在香港分设"抱道堂"，以刊行善书为宗旨："本坛……以善书普及，诲人以德，尤为切要。"随后，抱道堂出版了《修身宝璧》《导善金针》等善书多种，成为香港重要的善书出版机构。

除了善堂本身刊行善书，在商品经济高度发达的广州，很早就诞生了专业的善书出版机构——文在兹善书坊。文在兹善书坊由道教先天道信徒谈德元创办，地址在广州河南洪德大街（今海珠区洪德路）。"文在兹"名称，出自《论语》"文王既殁，文不在兹乎"，抱负远大。谈德元，广东南海人，是先天道清远"锦霞洞"传人。谈德元弟子在南海紫洞创立善庆堂，对省港澳道教有深远影响。

1898年，文在兹发布启事称："本号为始创统办环球善书儒释道三教佛经第一家，中外驰名，拣选上等纸张精工印刷，货真价实。近有无耻之徒，翻刻本号书籍，改矮纸张，缩为细字，工料糊涂，希图射利。诸君光顾，请认本号招牌为记。此布。广州河南洪德大街文在兹谈氏披露。"作为商业广告，这份启事有些夸张，不过文在兹在广东或可称为最早。香港学者游子安，据1924年成立于香港的福庆堂给文在兹的颂词"四十余年字号"，以及现存最早文在兹善书出版年份，推断文在兹创办于光绪初年。①

除文在兹善书坊外，晚清民国时期广州还有以文堂、心简斋、明星堂、守经堂、广州善书总局等以出版善书为主要业务。

从圣谕宣讲到劝善文学

明清时代，皇帝均注重对百姓加以道德教化。明太祖朱元璋曾颁行"六谕"，即"孝顺父母，恭敬长上，和睦乡里，教训子孙，各安生理，毋作非为"。1724年，雍正帝亲撰《圣谕广训》一书，从1670年康熙帝上谕中摘取警句，汇编为"圣谕十六条"并加以解释。"圣谕十六条"条文如下：

> 敦孝弟以重人伦；笃宗族以昭雍穆；和乡党以息争讼；重农桑以足衣食；尚节俭以惜财用；隆学校以端士习；黜异端以崇正学；讲法律以儆愚顽；明礼让以厚风俗；务本业以定民志；训子弟以禁非为；息诬告以全善良；诫匿逃以免株连；完钱粮以省催科；联保甲以弭盗贼；解仇忿以重身命。

《圣谕广训》主要是对十六条加以演绎推衍。《圣谕广训》撰成后，颁发给文武官员，要求各地学官"晓谕军民生童人等，通行讲读"。由此开始，向学生、百姓宣讲圣谕成为地方官、学官、善会善堂、乡里长老的职责，要求每月初一、十五各宣讲一次。晚清时期，广府善会善堂几乎都将宣讲圣谕作为慈善内容之一。有趣的是，1885

---

① 游子安：《"文在兹"与粤港地区先天道出版及传播》，《世界宗教研究》2014年第5期。

年，孙中山在香港中央书院读书时，有一次考试的题目，是将两条《圣谕广训》译成英文。①

然而，《圣谕广训》的文本毕竟过于正式，反复宣读之下，听者觉得枯燥，日久便成虚文。带有民间性质的善会、善堂，鉴于原有的圣谕宣讲对民众缺乏吸引力，乃专门挑选口才了得、擅长讲故事的文人作为"讲生"，将古人善行、社会逸闻加以改编，用贴近民众的方言进行演绎，以配合相应的圣谕条文。著名的广府"讲生"邵纪棠，就是在这个背景下脱颖而出。

据光绪二十二年（1896年）《四会县志》记载，广东四会人邵纪棠（邵彬儒），少读书，明大义，痛感官员宣讲《圣谕广训》效果不彰，遂放弃科举，游历南海县名乡大镇，为乡民宣讲善书，娓娓动听，听者忘倦。佛山广善社闻其大名，敦请给善社作宣讲，每天讲《圣谕广训》一条，以古今人物善恶故事与之相配合。不久，广州复初社、三水西南敦善社以及各处乡镇，均来延请。光绪年间，广州府、肇庆府一带善堂宣讲之风大盛，几乎是由邵纪棠开其端。邵纪棠舌耕之余，兼以笔耕，著有《谏果回甘》《活世生机》《俗话倾谈》《吉祥花》等劝善文学作品。

邵纪棠劝善文学的突出特色，是及时回应重大社会问题。《谏果回甘》一书的第一篇"烟景微言"，对鸦片瘾君子作诙谐的讥讽，劝谕他们及早戒除：

> 浮生梦短，补以长眠；
> 横床之上，别有神仙。
> 直笛来吹，丹田气足；
> 呵气以声，烟云满目。
> 废时失事，有损精神；
> ……
> 父母忧心，妻子怨气；
> 苦中寻乐，有何趣味？

---

① 黄宇和：《三十岁前的孙中山》，生活·读书·新知三联书店2014年版，第300页。

戒此不食，奋志何难？
痴缠两字，一笔勾删。
火坑跳出，不学烧丹；
烟收云净，朗对秋山。

鸦片之害、水旱之患、瘟疫之症，在晚清劝善书中，均属于末世之"劫"。邵纪棠在晚清最早提出了"乌烟劫"这一概念，痛陈鸦片的危害，被上海《申报》转载而流布全国。在《谏果回甘》中，邵纪棠通过一个地狱故事，提出"乌烟劫"概念，有着深刻的劝世、救世内涵。

衙门书吏沈从定有一朋友蒋熙祺，已死去多年。有一天晚上，沈从定梦见蒋熙祺对他说：乌烟局正在编制乌烟劫册，工作量极大，人手不够，我已推荐你过来帮忙。沈从定跟着蒋氏，来到一个大衙门，正殿高耸，殿上有5个神仙并坐。石阶之下，有大缸数百个，盛着黑色汁液。只见一队队鬼魂鱼贯而入，从缸里盛一杯喝完就走。沈氏问：这是什么东西？蒋熙祺答道：这就是世间所说的鸦片烟。国家太平日久，风气渐渐浇薄，天下行将大乱。上天有好生之德，不想立即用刀兵将这些人消灭，乃造出"乌烟劫"，等它流毒数十年后，社会烂到极点，生民经此恶劫，创巨痛深，才能洗心革面，重新做人，世道才能好转。如今劫运初开，需登记造册，每天找许多书手来写，需要3年才能写完。接着，他又带沈从定四处参观，但见几千间屋子都堆满了名册。蒋又吩咐，你回去料理好后事，我到时派人接你。沈从定惊醒，将后事跟妻儿吩咐完毕，不久就登仙。沈死后不久，鸦片流毒遍于天下。①

广东为鸦片战争始发地，邵纪棠对鸦片之害有着比内地人士更早的认识。在当时普遍信奉神鬼、劫运、报应的风气下，对鸦片流毒提出神话式的解释，有其合理性。虽然不少有识之士反复劝人戒鸦片，然而言者谆谆，听者藐藐，成为近代中国一大祸患。在邵纪棠笔下，中国人终将深刻领会到鸦片之害，自觉加以抵制，也将会在未来获得

---

① 邵纪棠：《谏果回甘》，羊城润经堂藏版，第3—4页。

新生。就这一点来说，邵纪棠的地狱故事其实充满了谨慎的乐观主义。

郑观应的善书写作

郑观应（1842—1922），广东香山人，为晚清著名的维新思想家、企业家，他的著作《盛世危言》启发了近代中国两代领袖人物。1894年，孙中山写作《上李鸿章书》，文章的主要思想来自郑观应。毛泽东早年曾认真阅读过《盛世危言》，在与美国著名记者斯诺的谈话中，两次提到这本书对他的影响。郑观应作为维新思想家的名头太著，但他作为慈善家与善书作者的身份尚未得到广泛认识。

郑观应出生于香山，一生有大量时间在上海办洋务企业，也多次在广州工作。1884年中法战争爆发，清廷派兵部尚书、湘军名将彭玉麟南来负责广东防务，彭玉麟调郑观应返回广东老家，出任湘军营务处总办，居住在广州应元书院（今应元路广州市第二中学校址）。1891—1892年，郑观应出任开平煤矿粤局总办，在广州东堤办公，并购置住宅名为"居易山房"。1903年，郑观应就任粤汉铁路公司购地总办，办公地点在靖海门外（今广州长堤靖海路1—9号）。1904年，郑观应被选为广州商务总会协理，随即提议设立工艺院，招收贫民子弟入学习艺，寓慈善于职业教育之中。郑观应的提议立即得到响应，华侨商人谢己源于当年10月份在长堤创办工艺善堂①，良法美意，足资矜式。

郑观应与江南善士余治交往甚密，从早年起即信仰道教，其慈善思想来源主要是传统的因果报应观。据查阅所及，郑观应在从事慈善、修道实践外，先后出版了《陶斋志果》《富贵源头》（后改名《救灾福报》）等数种劝善书。

1870年，郑观应编撰的劝善书《陶斋志果》出版，汇集短篇故事269篇。该书采集他本人耳闻目睹的岭南地区善恶报应故事。他曾

---

① 1904年10月20日《重庆日报》；"广州的民国建筑"解读之长堤老照片；1905年《岭南学生界》。

对撰写此书的心路历程有所说明:"余自幼读劝戒诸书,辄深感慨。逮壮岁遍历大江南北,朋从往来,诗酒余谈,多以古今逸事相称述,益信天理昭彰、因果不爽,于是择其有关劝惩者笔之于书,十余年积成卷帙,并采《劝戒录》中词旨明白、人所习见习闻者百数十则,略加评点,厘为四卷,以期自警,并劝后人。"《陶斋志果》故事的主角多为下层官吏、平民百姓,涉及社会生活各方面,有浓郁的地方特色,语言通俗易懂,简短精练,可读性很强。① 有些研究者把这本书当作"小说"看待,实则降低了其劝善的意义。

1876年,华北各省遭遇百年未遇的大旱灾,一直延续到1878年,史称"丁戊奇荒"。郑观应在上海、天津等地积极投身筹款、赈灾活动。为动员更多善士参与救灾,特选编汉代至清代救灾福报故事99则,出版《富贵源头》一书。1920年,北方各省发生灾荒,郑观应将该书改名《救灾福报》,广为散发,以动员各方人士积极参与赈济,产生了良好的社会效果。

近代广府劝善书出版的兴盛,体现了有识之士应对灾荒、瘟疫、鸦片、赌害的积极态度。他们期望通过善书的流布来端正人心、改良社会风气。无可讳言的是,限于当时的认识水平,部分善书带有一定的迷信色彩,今天的读者自能善加辨别。

(执笔:胡世昌)

---

① 中山市人民政府编:《郑观应志》,广东人民出版社2009年版,第334页。

粤东红十字会

孙中山1921年手书"博爱"题词，赠给红十字会番禺分会，宋庆龄时任该会名誉总裁。该会前身粤东赤十字社，于1904年3月8日前成立，1905年改名为粤东红十字会，是中国最早的两个红十字会之一。粤东红十字会会长马达臣，是1905年反美拒约运动领袖，武昌起义后受孙中山之命参加北伐，因积劳成疾病逝于南京。该会创办的广州市红十字会医院延续至今，规模不断扩大，继续造福人间。1925年，何香凝在广州创办国民党红十字会，为北伐战争胜利作出特殊贡献。

中国最早的红十字会

广州博济医院为中国第一家西医院，广东、香港西医很早就对救死扶伤的红十字会有所了解。孙中山的老师康德黎（Dr. James Cantlie）在香港行医、执教医学院时，即已与同仁发起成立香港红十字会。1897年，孙中山伦敦蒙难获释后，将英国人柯士宾的著作《红十字会救伤第一法》翻译成中文（《孙中山全集》第一册第107—170页）。这大概是中国最早的红十字会文献。1904年上海《申报》刊登《中国宜入红十字会说》一文，指出："孙文所译《红十字会救伤第一法》亦颇有用。"① 此时，清政府还在通缉"逆党孙文"，《申报》却公然为其张目，清廷不以为忤，或者根本就想不到这是同一个人。

---

① 池子华、郝如一：《孙中山与〈红十字会救伤第一法〉》，《中国红十字会百年往事》，合肥工业大学出版社2011年版，第3页。

1904年成为中国红十字事业的起步年份，是受到日俄战争的触动。日俄两国在中国土地上厮杀，对东北人民的生命造成极大危害。沈敦和在上海发起成立东三省红十字普救善会，但未能取得日俄交战双方认可，无法组织队伍开赴东北，乃改为上海万国红十字会。

　　1904年2月8日，日本偷袭俄国战舰，日俄战争爆发。据《女子世界》杂志报道，当时居留广州的美国女医士倡议成立赤十字会，会员达600人之多，准备经过训练后前往东北救护。著名维新思想家郑观应，此时也正在广州工作，随即向华侨巨商张弼士、黄诏平进行募捐，并专程前往香港与商界领袖会商扩大筹款，招募精通外科的中国医生前往。①

　　第一批加入粤东赤十字会的，有广州奇女子张竹君。张竹君出身十三行富商家庭，少时因病，入博济医院治疗，得嘉约翰精心医治，渐渐痊愈，对西医治病救人的功效深为佩服，遂考入博济医院学医。1897年起，富马利医生负责博济医院女病区，同时也指导女学生的专业学习，两人有着深厚的师生之谊。1899年，张竹君获得毕业文凭，次年即在广州河南龙溪首约创办"南福医院"，施医赠药；同时又创办育贤女学，致力于妇女教育。鉴于张竹君与富马利一直保持着特殊的亲密关系，笔者认为《女子世界》杂志所说的"美国女医士"很大可能就是富马利。

　　粤东赤十字社成立于1904年初。当年3月8日《香港华字日报》报道了该会成立并经两广总督岑春煊批准立案的消息："日俄战务已亟，有职商邓倬卿等联合同志，拟仿赤十字会章程，集资救济伤病士卒，日来已具禀督院。云帅批示，谓查赤十字会系为疗治军人伤病而设，现在局外各国均有此项善举，事属可行。改绅商拟劝捐集资汇解军前赴会，洵属见义勇为，深堪嘉许。至所集款项应交何处汇解，并由该商等自行酌商办理可也。"云帅，指的是岑春煊，字云阶；晚清时，总督被尊称为"帅"。

---

① 1904年第4期《女子世界》，第4—5页。

中国赤十字会会长张竹君

DR. CHANG CHU CHÜN
President of the Chinese Red Cross Association

中国赤十字会会长张竹君

张竹君（1904年第9期《女子世界》）

1904年4月15日，《香港华字日报》继续报道："张竹君女士曾在河南创设南福医院，昨赴督院禀请赴日本红十字军，疗治受伤将士。旋奉云帅批示，谓泰西红十字会，实为仁至义尽之举，特与其事者，救人于锋镝之中，亦实至苦至危之地，该民女当深知其难，而后决次履险若夷之志。现在上海绅商已立红十字会，外务部商明俄日驻使转致政府承认此会。该民女既具此志，应候咨送前往，由上海红十字会酌核，或给照赴日，或即在该会随军医院任看护之职，并候上海红十字会绅董示定可也。"

广东赤十字会女子救伤之图

上海万国红十字会于1904年3月10日举行发起人大会,由清廷官员沈敦和与英国传教士李提摩太联合发起,后由盛宣怀、吕海寰,具有清廷官方与来华西人共同控制之性质。广州的粤东赤十字会,在3月8日已经立案,其发起时间估计应在这一年的2月份,成立时间要早于上海万国红十字会,也是中国最早的红十字会组织。

张竹君准备经上海到日本加入日本赤十字会,赴东北战场担任救护;抵达上海之后,因俄国不接受红十字会进入战地,张竹君留在上海,后来在上海名绅士李平书的大力支持下,创办了中西医学院、上海医院,成为上海滩最著名的女医生。

1911年武昌起义爆发,黄兴从海外归来准备前往武汉指挥战事,苦于无法突破清廷的封锁。黄兴夫人徐宗汉,是张竹君的挚友,当年同在广州共同鼓吹新学,后来投身革命。张竹君正在筹组红十字救护队,闻言当机立断,把黄兴化装为救护队员,掩护他顺利抵达武汉。张竹君领导的救护队,救治大量伤兵,为辛亥革命胜利立下大功,得到中华民国临时政府的嘉奖。

马达臣与伍汉持

张竹君1904年4月离开广州,所遗下的南福医院(位于河南龙溪首约)由医生马达臣等人接办,粤东赤十字会的会址也设在此处。1906年,马达臣的同学伍汉持在旧仓巷(今仓边路)开设图强医院,不久也加入赤十字会。马、伍两人都毕业于佛山惠师礼医学院。

1860年,医学传道会在佛山开设一间诊所,博济医院嘉约翰医生不时前往访问巡诊,"一般来说必须在凌晨三点钟启程,在船上过四至六个小时。给两百个,有时候三百个病人看病开药"。1864年,诊所被迫关闭。1881年,来自惠师礼会的云安医生(Dr. Charles Wenyon)重开这个诊所,改称惠师礼医院,在几个月内就看了6000个病人。1883年,云安医生为培养人才起见,开办了首个医学班,招收7名学生,次年正式成立惠师礼医学堂。

马达臣(?—1912),广东顺德人,从惠师礼医学院毕业后,于广州行医,热心公益。1905年,美国排华愈演愈烈,上海、广州等地商民发起抵制美货活动，以促使清廷拒绝与美国续签排华条约。马达臣表现活跃，迅速成为拒约会领导人。

适逢美国总统女儿雅丽丝和陆军部长计划来广州访问。《时事画报》潘达微绘成《龟抬美人图》，画出四个乌龟抬着一个洋装女人，意思是谁抬美国人谁就是乌龟。那时陆路交通除了步行，就是坐轿。拒约会马达臣、潘信明、夏仲文（夏重民）三人将这幅漫画四处张贴，并多次发表演说，轰动全城，广州轿夫都拒绝给美国人抬轿子。两广总督岑春煊迫于外交压力，下令逮捕马、夏、潘三人。广州绅民强烈抗议，不断开展营救，至1906年，三人最终得以出狱。

马达臣

《时事画报》欢迎马达臣出狱场面

1909年，停泊在大沙头的妓艇发生火灾，延烧船只30多艘，被烧、溺水者达数百人。马达臣闻讯，率领红十字会同仁前往现场施救，捞起溺水者9人，当场救活8人，条理井然，忙而不乱，媒体评价很高。①

1911年，武昌起义爆发后，马达臣奉孙中山之命，以粤东红十字会总务长身份，偕同医务长余献之、副医务长刘量明，率领医护人员数十人，经上海取道南京参加北伐。救护队参加了徐州、宿县等地的战场救护，马达臣日夜勤劳，积劳成疾，于1912年3月27日，不幸在南京下关病逝。②

伍汉持（1872—1913），广东新宁（今台山）人，从佛山惠师礼医学院毕业后，曾赴香港行医，1906年返回广州，与马达臣一起领导红十字会，并加入同盟会。1908年，西江一带发生水灾，伍汉持率领同人，自雇专轮前往灾区施医赠药，治愈灾民300多人。清水师提督李准大肆捕杀革命党人，同盟会员刘师复谋炸李准受伤，伍汉持冒险为他疗伤，结果被捕入狱，后经营救脱险。

伍汉持

辛亥革命成功后，伍汉持当选为国会议员，赴北京工作。国民党领袖宋教仁被杀，伍汉持严词质问袁世凯。1913年6月，袁世凯未经国会同意组织五国大借款，伍汉持带头反对，8月，在天津被袁世凯派人秘密枪决。伍汉持牺牲后，灵柩运返广州下葬。20世纪30年代，华侨捐资在广州建立"伍汉持纪念医院"，以纪念这位"国会议员牺牲第一人"。

粤东红十字会的名称迭经改变，1916年改称中国红十字会广州分会河南支部，将会址从龙溪首约迁到同福西街，1918年改称中国红十字会广东河南分会，1919年易名中国红十字会番禺分会，为今

---

① 1909年2月7日《申报》。
② 1912年4月2日《时报》。

广州市红十字会的前身。1921年，孙中山开赴广州，宋庆龄动员番禺分会组织医疗队开赴粤北前线，并出任番禺、南海、顺德三个红十字会名誉总裁。大约就在这个时候，宋庆龄请孙中山给番禺红十字会题词，孙中山挥毫写下"博爱"二字。

张竹君、马达臣、伍汉持这些粤东红十字会的元老，在担负救死扶伤义务之外，认识到清廷之不可救药，加入同盟会或暗中支持同盟会革命工作。武昌起义爆发后，他们都不顾个人安危，义无反顾地投身革命阵营，领导战场救护工作。粤东红十字会可以说代表了中国红十字事业的早期革命传统。

红十字会医院

1916年，有商人陈侠卿欲开办公司，向地方绅士购得原属海幢寺的护龙岗荒地约20余亩。后陈侠卿得知红十字会急需，乃捐献一半土地，并主动向卫百揆等河南富商募捐，在同福西街之角建成二层楼房一座作为会址。不久，名医陆如磋担任河南红十字分会会长，向社会各界募捐，得到南洋华侨热烈响应，在原海幢寺普同塔一带建成平房三座，命名为广东河南红十字会分会附属医院。之后，医院陆续扩建，建成第一留医院、第二留医院、星洲堂课室、宿舍等，由陆如磋及其妻曹慧仪医生主持，设病床20余张。1923年，医院改名为福民医院。之后，医院还开办了医药专门学校、救护传习所等医学教育机构。1930年以后又恢复红十字会附属医院名称。

1938年日军飞机对广州进行狂轰滥炸，红会医院收治了大批伤病员。8月，宋庆龄亲自来到医院，视察检阅救护队并慰问伤员。广州沦陷前夕，广州各机关紧急撤退，考虑到仍有大量病人，医院委托黄德光、余国华两位医生留守管理，并聘请德国医生柯道为义务院长，利用德日之间的结盟关系保护医院。柯道就任后，带来一批X光技术人员及医疗设备。

柯道医生在中国行医多年，擅长结核病治疗，是中华医学会结核病科学会副会长。柯道以个人名义向德国红十字会募捐，并得到拜耳药厂提供的大批药品，筹款扩建了院舍，成为沦陷期间广州有较大影响力的医院。1944年柯道辞职后，由黄德光继任院长，直至新中国成立。①

宋庆龄、何香凝领导的国民党红十字会

1925年12月，何香凝领导国民党中央妇女部，为救护军人、协助国民革命，在广州发起筹备中国国民党红十字会。

国民党红十字会的筹款方式比较多样。一是向政商要人出售徽章；二是组织游艺会，利用醒狮、乐队、话剧、粤剧、拳术、魔术等表演，向广大市民募捐。1926年，红十字会第十次执委会，加聘宋庆龄为征募部长，以期筹措更多资金为北伐军服务。除自身组织募捐外，广州市市长孙科，也在市政府所征游乐捐内，定期拨款若干，作为国民党红十字会经费。

国民党红十字会北伐救护队合影

为适应北伐战争的需要，1926年，国民党红十字会两次派出女子救护队、宣传部，由共产党员高恬波任救护队队长，在各前线伤兵医院担任救护工作。1926年8月，北伐军第四军发起对汀泗桥总攻击，连续冲锋19次，死伤惨重。高恬波指挥队员冒死救护伤员，本人也被流弹击中受伤。国民党红十字会为北伐战争的胜利作出了特殊

---

① 《广州市红十字会医院院志》。

贡献。

北京路 370 号中国国民党红十字会旧址

北伐结束后，位于广州的中国国民党红十字会总部继续运作，1934 年《广州指南》"慈善机关"部分，依然记载了该会总部设在财厅前 236 号（今广州北京路 370 号前座）。这座建筑至今尚存（或有改建修葺过），归儿童书店使用，后座为关以舟建筑师事务所旧址，已列入广州市历史建筑。

（执笔：陈晓平）

陈济棠与民国广州社会救济事业

1980年7月,邓小平同志在北京接见民国时期的"南天王"、国民革命军第一集团军总司令、陆军一级上将陈济棠的哲嗣陈树柏,说了一句令人印象深刻的话:"令尊治粤八年,建树很多,至今老一辈的广东人都非常怀念他。"①

陈济棠统治广东时期(1929—1936)的建树是多方面的,经济、文化、社会救济事业均获得长足进展。仅以教育事业为例,到1936年,广东全省中学达到253所,中学发展水平为全国各省之冠。② 他在工业、交通建设方面的成就,已得到广泛传播,但在社会救济事业方面的作为,虽已有学术研究成果出现,社会上知者仍属不多。

平民宫与平民宿舍

1871—1911年这40年间,可称为近代广府慈善的"黄金时代"。1912—1920年间,整个中国处在民初动荡时期,1913年开始滇系、旧桂系军阀先后占据广东,勤于搜刮而不注重建设,政府主办的社会救济事业多属门面,善堂不得不肩负更多社会救济责任。1920—1928年间,革命运动风起云涌,涌现出各种新型社会组织如工会等,部分取代了善堂的功能,以爱育善堂、方便医院为代表的慈善组织活跃程度下降,一些善堂管理不善,曾经名声远播的广仁善堂更陷入资不抵

---

① 《人民之子邓小平》编写组编:《人民之子邓小平》中卷,中央文献出版社2004年版,第1006页。
② 广东省地方史志编纂委员会编:《广东省志·教育志》,广东人民出版社1995年版,第94页。

债的境地。1929年陈济棠执掌广东大权后，出现了一个前所未有的稳定时期。在陈济棠推动下，省市政府致力于整理完善原有善堂体系，创设新的社会救助事业。

1932年，陈济棠根据孙中山的《建国大纲》，制定出《广东省三年施政计划》，指出"国民革命事业，皆策源于广东"，要"补救从前的损失，切合人民需要，增进人民的利益，来报偿我们三千万同胞为革命而抵受的牺牲和对革命所贡献的劳绩"。计划的重点是开展政治、经济、交通、教育四大建设，其中包括建立和完善城乡救济机构和救济事业，如建立养老院、残疾贫民教养院、乡村医院、平民医院等。

孙中山在《建国方略》中指出："吾所定发展居室计划，乃为群众预备廉价居室。"然而，自明清以来，广州商业一直繁盛，人口密度极高，地价高昂，令低收入人群面临居住难题。陈济棠与历任广

陈济棠

广州贫民教养院（石牌）

州市长林云陔、程天固、刘纪文,致力于缓解居住困难,到20世纪30年代,广州共建成各类平民住宅11处,可容纳1.1万人。

1929年,陈济棠将缉获桂系军阀走私船的6万元罚款,交给广州市政府,指定建设专为低收入人群的廉租房"平民宫"。平民宫选址在大南路高第街军事厅旧址。多年以来,人们都以为陈济棠创建的平民宫已经消失在历史的尘埃之中。2013年,广州文物保护组织"省城风物"查阅民国地图,核对老照片,在大南路82号大院内深处找到一栋翻新过的建筑,其水磨石圆弧楼梯、地砖仍是民国旧物,光艳照人,建筑背面的圆弧虽已贴上新瓷片,形状仍是1934年《广州指南》照片的旧模样。平民宫的建筑设计师,是留法归来的建筑大师林克明,当时在广州市工务局工作。"省城风物"通过《广州日报》记者莫冠婷,请来林克明的学生、广州市设计院原副总建筑师蔡德道老先生亲临现场,证实了这座外立面有所改变的建筑,即是当年的平民宫。

平民宫占地约1600平方米,钢筋混凝土结构,设礼堂、会客厅与办公室,床铺可容纳350人,单身平民及贫苦劳工只要付低廉租金就可临时寄宿。宫内还开设食堂、阅览室、沐浴室、疗养室、游戏场等设施,后来又增设小贩贷款处等进一步的服务。

平民宫老照片　　　　　　　　广州市平民宫背面

据《广州工务之实施计划》记载,平民宫还在前后地段开辟花园,"林木环绕,空气常新,此城市内不可多得之平民寓所也"。1931年12月15日,平民宫举行开幕礼。广州市工务局长程天固发表演讲时提到,"宫"从前专指皇帝和皇族的住处,"现在居然把平民

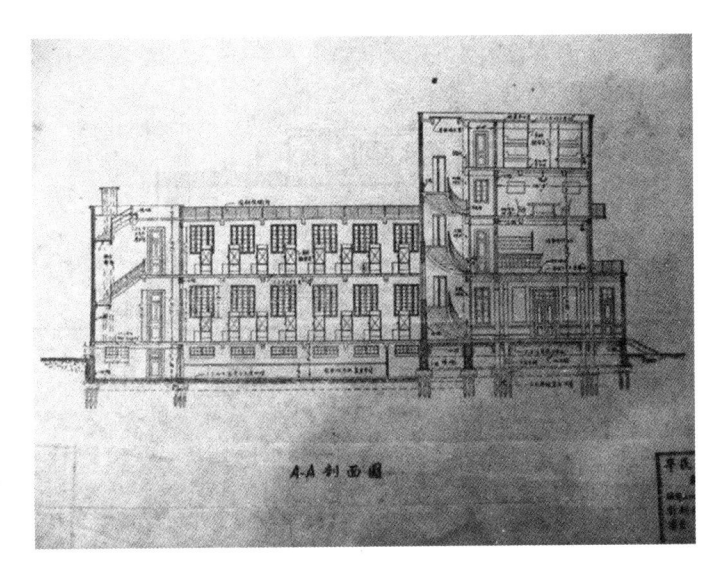

陈济棠与民国广州社会救济事业 　　129

平民宫剖面图

两个字和一个宫字连成作一个名词，这真是空前未有之奇事了"（莫冠婷：《八十年前广州平民也住"宫"》，2014年2月12日《广州日报》）。在陈济棠高度重视之下，广州市政府还建设了以下几种类型的廉租房：

　　平民宿舍。从1930年到1935年广州市政当局先后在市内建立了五所平民宿舍。据《广州年鉴》记载，第一平民宿舍位于小北三眼井上街，第二平民宿舍设在东较场。平民宿舍租金廉宜，不过设施则不如平民宫的齐全。政府接着又在石牌鲤鱼岗、独树岗增建平民宿舍31座，可容纳2000余人居住。

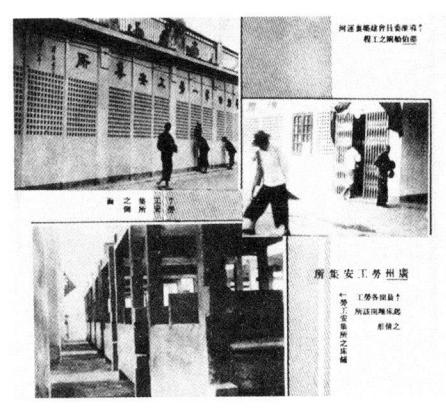

劳工安集所

劳工安集所。1934年和1935年广州市社会局在海珠桥南岸、北岸引桥下建成两处劳工安集所，可容纳500余人，用来临时安置来自外地的贫苦劳工。

劳工住宅。从1934年起至1937年，广州市政当局共建成劳工住宅四处。第一及第二处位于德政南路；第三及第四处位于河南同庆路。

仁爱善堂

1934年9月，陈济棠在应元路道教三元宫成立广东仁爱善堂，试图将仁爱善堂建成全省的慈善统领机关。10月7日，仁爱善堂正式成立。陈济棠在成立大会上，发表题为《仁爱善堂成立之宗旨与所负之使命》的演讲，称："……同人等成立这间善堂，一方面本着互助的原则，发挥慈善事业的精神，来发扬我们固有文化道德的优点；一方面积极整理内部，清除流弊，为慈善界起衰救弊。"（《仁爱旬刊》创刊号）陈济棠在另外一个地方，专门谈到统一善堂管理的理念：

> 善堂之设立，所以济困扶危，帮助政府维持地方安宁秩序，用意甚善，际此不景气漫弥，民生日见艰窘时期，善堂之需要尤切。惟查各县市原有善堂，多属各个组织，一切作为，各自为政，不相统属。虽创设之始，一本慈仁，而集团既多，流品自杂，不乏借此以利其私图者，驯致善棍之名，为世诟病，诚足为救济事业之玷。且善堂既纷歧杂出，募捐之际，四出征求，甲去乙来，此捐彼继，每令捐施者不胜其烦，无法应付，对于善堂印象，只有讨厌之心，而无扶助之念。是尤自隳救济事业之地位。而且所救济者，因能力及地域种种问题之关系，每患畸缺而不能普及，或且使受施者转感不适。尧夫助舟，终归窘竭，黔敖为食，乃有嗟来。综此种种弊端，探本穷源，胥由于缺乏统一组织，故无普遍完善之成效……皆足证救济事业须有系统之组织而后有普遍之效能。今者本堂已经成立，对于各县市善堂，似应由

本堂负领导同意组织之责，方可达三年计划救济事业之成功。①

广东原有近代善堂，历经民国初年的动荡与摧折，有些已经变得有名无实，有些虽保有资产，而办理人员已缺乏前代善长仁翁的慈善精神，亟待整顿，以求实效。此时，陈济棠在广东省内权力已经稳固，因而试图用仁爱善堂来统领全省慈善组织，以政府力量带动民间慈善的全面发展。因广东地域广阔，各地差异较大，这项工作到1936年夏陈济棠下野时，尚未能完成。

陈济棠亲自出任仁爱善堂董事长，董事有广东省主席林云陔、广州市参事会主席霍芝庭、"万金油大王"胡文虎，以及第一集团军、广东省政府各要员。其中有4个董事比较特别，即是汕头汇兑公所主席黄国琦、汕头存心善堂董事詹天眼（詹慕禅）、汕头道教金兰观负责人翁半玄、韩江治河处协理廖鹤洲。这四个人，都是潮汕地区有名的术士，经林国佩引荐，得到陈济棠重用。黄国琦、詹天眼更分别担任善堂的正副主任。

崇尚"唯科学主义"的当今慈善界，多不明了晚清以来"新道教运动"与近代慈善事业之间的血脉关系。"新道教运动"从中国传统文化出发，糅合儒释道学说，利用"神道设教"提出应对西方冲击的救世理论，是传统文化对近代化的民间回应，在基层社会有着很强的渗透力，也包含着不少"迷信"内容。除了模仿西方而设立的慈善组织外，本土性质较强的善堂善会多少都供奉一些本土神明如吕

仁爱善堂大门

---

① 《核准统一广东全省善堂组织办法》，《广东省政府公报》1935年第284期，第20页。

祖、关公、黄大仙、大峰祖师等。本土信仰给民间慈善带来强烈的内驱力，部分慈善领袖从信仰中产生出卡里斯马（charismatic）人格魅力，带动更多民众发自内心地去共襄善举。陈济棠在仁爱善堂事务中，重用黄国琦、詹天眼、翁半玄、廖鹤洲，乃是考虑到他们在新道教运动中的地位与出色表现，以及詹天眼经营汕头存心善堂、潮阳棉安善堂的经验。

翁半玄　　　　　　　　　　　詹天眼（詹慕禅）

仁爱善堂选址三元宫，有其特别含义。三元宫原是东晋南海太守鲍靓的"越冈院"，即是修道之所，传说鲍靓最终得道升仙；鲍靓之女鲍姑，用院内虬龙井的井水煲药，为广州百姓治瘟疫。三元宫可以说是广府慈善的圣地。另外，晚清"新道教运动"兴起以来，多以吕祖为"有求必应"的医药之神，遇有瘟疫发生，通过请吕祖"临坛"降下仙方治病救人。三元宫后座东北吕祖殿，规模闳敞，正适合陈济棠与一众部下到此礼拜求取乩示。

仁爱善堂进驻以后，将三元宫建筑修葺一新，并在堂前新建两椽为赠医所。陈济棠同时也将自己创办的济世药局交由仁爱善堂管理。1934年11月6日，仁爱善堂施医赠药业务正式开始，至当年12月

31日共赠诊15227人次，赠药14194剂，药费达5083.45元。业务扩大后，计划在市内东关、黄沙各地另设赠医分所。

善堂董事副主任詹天眼，于1935年5月1日在广州电台演讲《广东仁爱善堂设施之回顾》，报告善堂工作进展：施医赠药方面，已次第开办，赠医总所有医生11人，每日来堂求诊者五六百人，年初又在珠光东路设立第一赠医施药分所。兴办育婴院方面，已得到粤汉铁路赠予西华路大洋楼一座，可容纳婴儿200名，很快可以投入使用。现准备将应元宫改作养老院，明年2月可交付使用。计划中的留医院，是利用市立美术学校校址改建，已在设计之中。善堂还成立了救护队，购置救护车两辆。成立至今，参与赈济广东南路风灾、黄沙火灾、小北火灾，并修筑了雷州所属堤围等。

詹天眼并报告说，仁爱善堂开办费，主要由陈济棠、陈维周（陈济棠兄长）捐出，另有秋声慈善社、第二军捐款补充；若经费不足，则由副董事长霍芝庭（广东巨商）垫支。1935年2月善堂举行博物展览会，收入3万元；第一集团军总部副官处演剧募捐收入7千元，警察同乐会演剧收入5千元，第一次征求会员基金常费达6万多元。以上各项，共收入15万9千多元。由于陈济棠亲自出面挂帅，善堂筹集的善款数额甚巨，远远超过原有各善堂。

詹天眼强调，善堂还有一重"宣化"任务，即"阐扬仁爱八德，劝导为善，转移风化"。这方面的计划，第一是搜集先哲嘉言懿行，汇集编纂，印成丛书，同时征集各类善书，作为赠送及阅览之用；二是出版刊物，并建筑善书阅览处；三是组织宣讲团，赴各待诊室、监狱及其他公共场所，宣讲德教。善堂已开始在堂内左边空地修建可容纳400人的大宣讲厅，作为讲经之用。

另据当时媒体报道，仁爱善堂还出资收购了广州河南（今海珠区）基立村旁边赤沙岗土地，兴建仁爱新村，提供给贫民居住。

在不到两年时间里，仁爱善堂举办的善举规模甚大，成绩显著。1936年夏陈济棠下野后，仁爱善堂被广州市社会局接收，各项业务分别安插到相关部门，仁爱善堂名称也相应消亡。

广州市救济院

1928年，广州市长林云陔决定成立"广州市市立贫民教养院"，以解决广州市内普遍出现的流民、乞丐问题。不久，林云陔升任为广东省主席，成为陈济棠从事广东建设的最主要助手。

贫民教养院正式成立前，先行整理原有的"普济三院"。所谓普济三院，是指从清朝延续下来的男老人院（普济堂，设在东较场）、女老人院（普济院，设在钱路头，建筑尚存，即今黄华路43号广州南洋电器有限公司的厂区院内）、瞽目院（地址在附近的北横街）。普济三院因经费不足，弊端丛生，导致收养人员被迫出街行乞，成为广州街头乞丐的重要来源。

1929年3月，市政府将广九路所经的石牌地段3900多亩土地拨给教养院建立新院，至1930年6月，新院工程基本完工，部分服务先行迁入。1931年10月，新任社会局长简又文，将石牌新院改为第一救济院，专门收容少壮贫民；钱路头院址改为第二救济院，专收容男女老年贫民；北横街原址改为第三救济院，专门收容盲哑残废男女贫民。1933年10月，三院再次合并为广州市救济院，黄国琦为首任院长，共收容各类人员四五千人。

黄国琦

1934年3月，黄国琦因病辞任，陈济棠原秘书林国佩接任院长，9月份因林氏当选省参议会议员，由翁半玄接任。救济院经费，市政府所拨部分不敷应用，向社会各界募捐以补不足。除收养鳏寡废疾外，救济院开设工艺场及农林场，根据收养对象的不同情况，组织生产，增加收入来源，并对年轻贫民施加职业训练，以便将来可自谋生路。救济院又设立施医所，由陈济棠夫人莫秀英捐款创办中药处，并从各大药房募得各类药品。

救济院收容的贫民，有相当部分来自其他省份。当时全世界皆出现经济危机，失业者众，广东天气和暖，每到冬天，其他省份难民入粤者甚多。仅1934年4月份，院方遣返的河南、江西、湖南、四川等省难民即达200多人。①

陈济棠、莫秀英夫妇先后捐献巨资给救济院，并在石牌新院内兴建一所"莫公纪念祠"，纪念去世的莫秀英父亲莫运佳，这栋楼也用作救济院新院的总办事处。历经80余年沧桑，莫公纪念祠至今仍屹立在华南师范大学校内，用作校友会基金会办公楼。

莫公纪念祠

与"新道教运动"的关系

黄国琦、翁半玄、詹天眼都是潮阳县达濠埠（今汕头市达濠）道

---

① 1935年《广州年鉴》卷十七"救济"。

教金兰观的道友，翁半玄的父亲翁东旭更是金兰观的创始人。金兰观正式创建于1900年，以吕祖为主神，以扶乩形式进行劝善。金兰观编纂的《金兰特刊》称："一九三二年，广州陈伯南（济棠）将军慕名，亲自诚奉金兰坛至广州，并遵照师尊乩示，实行减税收、增学校、设救济院及养老院等，当时可谓物阜民安，极一时之升平。到一九三四年，师尊更指示，希望于各学校加设孝经课，创仁爱善堂，扩充救济院至广州石牌……"①

  黄国琦、翁半玄等将潮汕金兰坛迎接到广州供奉，陈济棠做决策时，通过请祖师降乩指示以加强自信心，这种可能性是存在的。"新道教运动"从其教义出发，鼓励信徒广泛行善积德。陈济棠高度重视广州市救济院、仁爱善堂的建设，捐献巨额款项，投入许多精力，与"新道教运动"有密切关系。陈济棠反蒋失败后，黄国琦、翁半玄将广州金兰坛迁移到香港。1940年，翁半玄去世，黄国琦偕同翁半玄之子翁以立继续办理金兰坛，至1970年，在香港元朗屏山唐人新村建成金兰观，至今仍是香港道教重要宫观之一。2000年，金兰观被香港政府认定为"法定认可慈善机构"。

  在近代广府慈善的谱系中，既有全面引进西方慈善经验的机构（如博济医院），也有从传统文化出发回应西方挑战的慈善机构（如仁爱善堂），更多慈善组织则呈现介于两者之间的形态。"新道教运动"是近代慈善的动力之一，有着积极与消极两个面相，不可因为包含迷信因素，而全盘否定其对慈善事业的贡献。

（执笔：广东省省城风物研究组）

---

① 香港道教金兰观：《金兰观荣成三十周年大典特刊》，2000年，第5页。

九大善堂的黄金时代

广州白云区太和镇，有一座百足桥，桥侧竖立一方近百年历史的石碑，铭刻着广州慈善界成功调解村民水权纠纷的佳话。石碑名叫《九善堂碑》，2015年被列入广州市文物保护单位。

石碑所在的两个村落石湖村、南村，一直共用一道水源。200年前，因天时亢旱，两个村庄发生争执，后因官府判案失当，诱发械斗，累计死人千数、焚烧房屋千百间。九大善堂善士知悉此事，油然兴起悲悯之心，遂急筹巨款，对两村分别赈济抚恤，平息了冲突。为永绝后患，九大善堂会同县知事，聘请工程师详细勘察地形，建筑公共蓄水塘，从水塘中分出两个出水口，一口通石湖村，一口通南村，水量平均，处置妥善。为绝后言，九善堂特在现场立碑为证，希望两乡"永敦睦谊，言归于好"。

九善堂碑记

立碑的九善堂，也就是广府地区俗称的"九大善堂"，照原碑顺序为：爱育善堂、广仁善堂、崇正善堂、方便医院、润身善社、广济医院、惠行医院、明善堂、述善堂。清末民初，九大善堂代表着广州工商界与趋新志士群，不仅单独从事各种救死扶伤、救济贫苦、收治废疾的工作，广泛参与爱国运动，还成功地为建设粤汉铁路筹集充足资金，并在发展地方自治方面进行了卓有成效的探索。在清末新政时期各城市的慈善团体中，广州九大善堂的表现最为耀眼。

清末民初时期，可以说是广州九大善堂的黄金时代。这个拥有崇高声望的广府慈善集群是如何形成的？下文将一一道来。

九大善堂概况

为清眉目，先将九大善堂概况列表，然后分别介绍其活动。

名称	创始年份	地址	简介
爱育善堂	1871	今十八甫路46—52号	行商钟觐平与买办陈次壬等发起
两粤广仁善堂	1890	一德路247号	两广士绅发起
广济医院	1892	一德路305号	七十二行行商及善董创办
润身善社（润身社善堂）	1894	中山三路荣华南街46号	1869年东关汛文人成立润身社，属于文社，1894年转型为善堂
崇正善堂	1896	今第十甫路16号	商人陈惠普等创办，专治小儿科
述善堂	1897	黄沙述善前街2号	黄沙附近绅商创办
明善堂	1898	盘福路双井街23号	公所在第七甫，当地绅商创办，医院设双井街
方便医院	1899	今盘福路1号	商人陈惠普联合七十二行行商创办
惠行医院（惠行善院）	1900	晏公街10号	行商及善董创办，主要治疗外科杂病、骨伤科疾病

1. 爱育善堂。详见本书"近代慈善先锋爱育善堂"篇。

2. 两粤广仁善堂。由广东、广西两地士绅发起，总部设在广州靖海门外迎祥街（今一德路247号），在广西桂林设立分部。旧时广东也叫"粤东"，广西称"粤西"，两者并举时称为"两粤"。1884年，省城好善士绅集合同人，编撰《圣谕广训疏义》，至1889年编写完成之后，派许述善等人，携带书籍前往广西宣讲圣谕劝善，并免费为民众种牛痘，提倡义学，1890年在桂林西华门设立广仁善堂。立定基础后，许述善等人赶回广州，在南关大巷口设立两粤广仁善堂总所，1895年迁到靖海门外迎祥街。当年因时疫流行，善堂分派男女医生在长寿寺驻诊赠药，并派医生在省城内外巡诊。次年，广西大饥，善堂购米数十万石运往广西救济。

广仁善堂的设立，得到两广总督李瀚章、广西巡抚马丕瑶等各级官员的高度重视，故有不少著名的士绅挂名，如戴鸿慈（南海人，进士，后升至法部尚书、军机大臣）、张其淦（东莞人，进士，署安徽提学使）、左宗藩（举人，后任广州总商会会长）、潘宝珩（举人，著名慈善家）等，主要负责善董徐树棠也拥有举人身份。这种情况，在九大善堂里面属于例外，其他善堂几乎都没有举人以上的士绅参与。

广仁善堂的倡建总理中，香港首富李升（李玉衡，新会人）排名第一，还有华侨巨商张弼士，著名洋务企业家、维新思想家郑观应等，可谓极一时之盛。

1897年春，康有为来到广西桂林讲学，此时，原台湾巡抚唐景崧抗日保台失败，内渡之后隐居桂林。康有为、唐景崧、岑春煊等维新派人士，在桂林广仁善堂设立"圣学会"，康有为特地写成《两粤广仁善堂省学会缘起》一文，提倡尊崇孔子，欲在善堂善举的基础上，聚徒讲学、搜购书籍、创办报纸、设立义塾、讲求实学。1898年戊戌变法失败后，康有为遭清廷通缉，广仁善堂有意与康有为切割，保留下来的善堂史料对此只

两粤广仁善堂旧址所存之石柱

字不提。

1911年春，孙中山集同盟会干部之精华，以黄兴为总指挥，在广州发动"三·二九"起义，失败之后，烈士尸体未能收殓。尚未暴露身份的同盟会会员潘达微，来到广仁善堂，找到善董徐树棠协商，希望善堂能出面殓葬。徐树棠经考虑后，答应帮忙。广仁善堂捡拾遗骸，共得尸体七十二具，下葬于善堂所购黄花岗义地。黄花岗七十二烈士得以入土为安，潘达微居功至伟，而广仁善堂徐树棠甘冒风险，捐出义地，出面营葬，其胆识与气概也不可多得。

3. 广济医院。清末广州善堂均有商人广泛参与，如爱育善堂最初由21个行会组成，但只有广济医院是正式由"七十二行"商人共同创办，地址在靖海门外吉昌街（今一德路305号）。医院发起人吴昌元，也是爱育善堂12名首事之一。

在此之前各善堂、医师只设门诊，只有个别西医院设立留医部（住院部）。吴昌元、黄天侣（从南洋经商回乡的商人）等人，考虑要填补这个空白，首创提供中医住院治疗，故善堂的名字直接叫作医院。医院分设男女两院，聘请名医驻诊，同时开设门诊部施医赠药，一律免费。病人若不幸病故，由医院备棺执殓。

九大善堂的黄金时代 　　141

广济医院拆除后开出的广济新街

　　俄国皇太子尼古拉1891年4月5—8日访问广州，当时即听闻广州"各大善堂博施为怀，好行其德"。1894年太子即位为沙皇尼古拉二世，次年特地从万里之外捐款给广济医院。①

俄国皇太子尼古拉（即末代沙皇）访问广州　　　俄皇与广济医院（1895年5月13日《香港华字日报》）

---

① 《睦邻奖善》，《香港华字日报》1859年5月13日。

至20世纪20年代，广州社会形势发生重大变化，原来十分团结的七十二行渐渐趋于消极，致使医院经费短缺，曾停止施药。经整顿后，勉力维持，沦陷时期仍保持正常服务。1954年，因医院建筑已成危房，被迫停办，改为副食品综合市场。

4. 润身善社。最初是东关汛（大东门外汛地）文人结社"润身社"，成立于1869年。1884年，省港澳一带鼠疫流行，东关汛一带死者枕藉，病者也无钱医治。出身澳门买办商人家族的曹雨亭，捐资购置大屋作为堂址（今广州荣华南街46号中山三路小学荣华南校区），向百姓施医赠药。瘟疫过后，还有不少患者上门求医。该社同人遂应民众之所求，扩大征集会员，改为善社，聘请医生驻堂坐诊。随后，还开办了润身社小学。沦陷时期，善董星散；光复以后，勉强维持，到20世纪50年代并入公益社团联合会。

1892年，曹雨亭以润身善社绅董身份，向直隶（今河北省）捐赠棉衣1000套，直隶总督李鸿章为此上奏朝廷，获得表彰。① 曹雨亭原籍广东南海（当时南海为广州府首邑），后入籍香山，热心家乡慈善事业。

5. 崇正善堂。由银号商人陈惠普等联合商人20余人创办，主要治疗儿科疾病及办理种洋痘，位于西关十一甫（今并入第十甫路）。该善堂章程规定："堂内同人凡创办善事，俱归商人料理。"除平时举办善举外，还广泛参与粤汉铁路招股、多次参与合办平粜、与其他善堂合办救灾公所。创始人陈惠普，为清末民初广东最活跃的慈善领袖。中国第一家机器缫丝厂创始人陈启沅也是崇正善堂倡建总理之一，捐金甚巨。1900年夏，八国联军进攻天津，旅津粤人二三千人被困，危在旦夕。崇正善堂捐资交香港东华医院，请东华医院向英军统帅交涉，解救被困粤人南下。②

6. 述善堂。又称述善善堂，由绅商方桂东、李戒欺等创办于西郊黄沙（即粤汉铁路黄沙车站附近），除办理慈善救济、建成述善留医院外，还创办述善学堂，聘请高剑父教授美术，培养了不少人才。善董李戒欺（李鉴诚），从化县人，清末广西发生饥荒，联合各善堂

---

① 顾廷龙、戴逸主编：《李鸿章全集》第14册，安徽教育出版社2008年版，第392页。
② 冯志阳：《广肇公所与庚子救援》，《上海档案史料研究》第十七辑，第6—8页。

赈灾，亲自押运述善堂米船，溯西江深入灾区，直接向饥民散赈，及时制止了饥民骚乱。李戒欺还曾在广州市内设立简易识字学塾30多所，对平民教育多有贡献。

7. 明善堂。又称明善善堂，原由第七甫（今荔湾区光复中路）一带绅商发起创办，后在盘福路双井街分设医局，提供赠医服务。明善堂规模较小，入民国后，第七甫公所及双井街医局相继并入方便医院，双井街医局改称方便医院第一分院。

陈惠普（华商联合报）　　　　　　明善堂

8. 方便医院。详见本书"方便医院"篇。

9. 惠行医院。原名惠行善院，创始于光绪庚子年（1900）正月，实际是一家供奉关公、吕祖的道教道堂，求取"降坛"的仙方，治疗各种疑难杂症，据说颇有奇效。据《癸亥年、甲子年、乙丑年惠行善院征信录》，善院发起人为朱文沛，主要捐资行商为东南亚最大烟叶商人朱广兰，资助善院的共有64个行业堂口。惠行善院先后在濠畔街、天平街驻扎，至1903年在一德路晏公街10号建成新址（今为越秀区中医杂病医院）。

方便医院　　　　　　　　　方便廊

由明善堂改组而来的方便医院第一分院（广州收藏家周俊荣先生供图）

　　善院的凝聚力来自定期不定期的扶乩活动。1908年，上海商务印书馆出版的《东方杂志》第一卷第八期，报道"广东晏公街惠行善院，每办一事，均取决于扶乩"。有一次，乩笔忽然大书关圣帝君降坛，要求善堂以后的圣谕宣讲活动，要仿照演说，发挥新理，以唤起国民之精神。在座的值理比较保守，不予记录；其他人再次恳求，关圣帝君又重复原来的乩语，还补充道：演说是好事，与宣讲圣谕不

1931年方便医院医生合影

相违背。看来，在与时俱进这方面，关公也不落人后。晚清以前，关公只是庙里的泥菩萨，各界人士虽然敬重，毕竟敬而远之。晚清以来，面对西方的冲击和社会的变化，关公以"降坛"形式，与善堂信众紧密互动，劝人行善，反映了中等社会（商人及无功名的读书人）寻求救世、救国的期盼，不可轻易当作"迷信"加以贬斥。至今，台湾、香港仍有许多善堂供奉关公、吕祖，应看作是近代慈善运动的流风余韵。

近代广府慈善兴起的背景

"九大善堂"和"九善堂"这个集体称谓，在1906年形成。对照清末地图可以发现，这九个善堂的所在位置，都在广州老城之外。清代，老城是各级军政机关驻地，也是官员、师爷、衙役、军人居住地，除少量为上述机构人员服务的商业服务业外，广州的工商业集中在城外西关与新城内外（今大德路、大南路、文明路一线以南至珠江边)。

明清以来,广州工商业迅猛发展,到晚清时期,西关以及新城濠畔街一带,万商云集,蔚为巨观。1835年,中国第一个西医院"眼科医局"在西关十三行内诞生,后来迁移到新城外的长堤,改名博济医院。这家医院由英美人士发起的"中国医学传道会"创办,对贫穷病人免收医药费,对广州的富商产生了一定的刺激。1869年,香港第一家华人创办的慈善机构东华医院诞生,给了广州有志从事慈善的商人很大促动。广州著名绅士易学清在给惠行善院撰写《劝捐小引》时,追溯新兴善堂源流,指出"善孚中外,东华实溯始基"。香港东华医院的创立,被清末的广府人士认作近代慈善的起点。

除两粤广仁善堂、述善堂由士绅联合商人创办外,其他七个善堂均属于商人自办。正如梁其姿院士所言:"太平天国运动后……地方商人团体及其部分海外生意伙伴迅速取代了传统乡绅成为慈善运动的领导者。尤其在广州、上海等大型商贸中心城市,海内外的慈善家网络成为一个显著特征。"[1] 近代慈善的早期阶段可以说是一种口岸城市慈善,在主要通商口岸香港、广州、上海、汉口率先涌现。1869年香港东华医院成立,1871年广州爱育善堂、澳门镜湖医院相继诞生,东华医院的创始人分别参与了广州、澳门两家机构的创办,相互之间形成一个紧密的慈善网络。这三家省港澳慈善机构,应视作中国近代慈善的起始。历史上,香港属广州府新安县管辖,澳门属广州府香山县,东华医院、镜湖医院主要由广府籍华人创办,这三家慈善机构,从广义上来说都可列入广府慈善的范畴。中山大学历史系邱捷教授认为:"商人控制的九大善堂,俨然是包括香港商人在内的所有广东商人的代表。"[2]

---

[1] 梁其姿:《广州近代善堂的现代性(1870—1937)》,《变中谋稳:明清至近代的启蒙教育与施善济贫》,上海人民出版社2017年版,第220页。
[2] 邱捷:《晚清民国初年广东的士绅与商人》,广西师范大学出版社2012年版,第174页。

粤路招股中形成"九大善堂"

1906年,《香港华字日报》、上海《申报》、广州《赏奇画报》开始出现"九善堂"的名称。九大善堂之所以从这一年开始名声大噪,乃是因为他们在1905年抵制美货、拒签华工禁约运动中,充当了急先锋。

鸦片战争后,主要来自广府地区的大批华工陆续来到美国,从事开矿、铺设铁路等最艰苦的劳动。华工工作勤奋,能接受较低工资,收入大多寄回国内养家,白人种族主义者认为损害了他们的利益,不断掀起排华浪潮。1894年,清政府被迫与美国签订限制华工条约,以十年为期。1904年,在华商呼吁下,清政府照会美方要求不再续签禁约,因正值选举年,遂提议顺延一年,到1905年另议新约。

1905年春,美国政府派公使柔克义与清廷商议改约,旅美华人担心清廷接受美方苛刻条件,急电上海总商会,希望发起抵制美货运动,以促成更合理的新约。上海总商会董事曾铸领衔发电报给清廷外务部,同时发电给广州、香港等地商会,要求一致行动抵制美货。

广仁善堂总理、广州总商会协理郑观应,都曾与曾铸在上海从事救生会慈善活动,接到电报后,即发动广州慈善界、商界人士成立拒约会并担任主席。因美国华工多属广府籍,广州的抵制美货拒约运动声势最为浩大,持续时间最长,也与慈善界的全力支持无法分开。在抵制美货过程中,有15个善堂站在最前线,成为广东拒约会的主力。善堂在爱国运动中的出色表现,大大提高了其知名度。

在抵制美货的同时,经官绅力争,中国从美国合兴公司手中收回了粤汉铁路路权。广东绅商主张完全商办,商办能否成功,取决于短期内能否募集到足够的资本。广东绅商以九大善堂为平台,联络海内外华人,迅速募集到充足的资本。"九大善堂"正是在1906年初粤路招股活动中打响了知名度。

1906年2月28日,在爱育善堂召开粤路招股会议,决议从11个行会、9个善堂中各选举一人担任"暂权董事"。从"九大善堂"中选出的董事为:"爱育陈勉畲,广济侯熙朝,广仁区罗屋,惠行罗关石,述善罗少翱,崇正李敬宽,明善梁石樵,方便所陈惠普,润身社高子云。"临时董事会主席由惠行善院罗关石担任,广仁善堂区罗屋为副主席,宣布员(发言人)由广济医院侯熙朝、述善堂罗少翱出任,粤东红十字会会长马达臣任书记(秘书)。[1] 整个粤汉铁路招股工作的各方面负责人,几乎都是慈善界人士。最终,因民间招股顺利,清廷收回了官办的决定,同意粤汉铁路完全实行商办。"九大善堂"的说法,得到媒体和民间的广泛认可而定型。

清末民初,在省城内外,善堂或善堂性质的慈善机构达到数十个之多,[2] 不能因为有"九大善堂"的称谓而认为广州仅有9家慈善机构。在清末新政时期,善堂集群与七十二行商会、粤商自治会你中有我、我中有你,相互配合,在举办公益事业、推进地方自治方面取得了突出成绩。

(执笔·广东省省城风物研究组)

---

[1] 《十四纪粤省筹议路政事》,1906年3月8日《申报》。
[2] 在抵制美货运动中非常活跃的还有崇德善堂、公益善堂、从善社善堂、崇本善堂、河南赞育医社、河南仁济医局等;除此之外,还有寿世善堂、四庙善堂、最乐善堂、遵圣善堂、普善堂、乐善医院、回春善院等,以及一系列的道教慈善机构。

孙中山与近代香山澳门慈善组织

香山县，宋绍兴二十二年（1152年）建县，下辖九都。民国十四年（1925年）生于香山翠亨的孙中山逝世，于是国民政府将香山县更名为中山县，以示纪念。该县地处珠江口西南部，东与香港隔海相望，南接澳门，西邻江门，北接广州与佛山。县城石岐距离广州86公里，至澳门65公里。

澳门原本亦属香山县。1557年葡萄牙人定居澳门半岛后，澳门遂成为香山县接触西方文化与思想的前沿。1849年，葡萄牙人强行将界址从半岛城墙推至关闸（今拱北口岸），开始建立对澳门半岛的殖民管理。近代澳门与香山尽管在行政管理上存在区隔，但并不妨碍近代澳门与香山两地慈善事业的交流及传播。

孙中山与澳门镜湖医院

1892年，孙中山应澳门镜湖医院总理曹善业与何穗田之邀，为澳绅张心湖的太夫人医病。由于医治效果甚好，孙中山的西医医术得到镜湖总理们的认可，被卢焯之、何穗田等人推荐在镜湖担任西医师。于是1892年7月孙中山先生从香港西医书院毕业后，9月便开始在澳门镜湖医院担任义务西医师，施医赠药并开展革命宣传活动。[①]

镜湖医院是澳门首间华人医院，1871年由澳门绅商沈旺、曹有、德丰与王六向澳门公物会申请设立，地点设于三巴门外的沙岗（俗称乱

---

① 澳门各界纪念孙中山先生诞辰150周年活动组织委员会：《孙中山先生诞辰150周年纪念特刊》，2016年，未出版，第20—22页。

葬岗)。该院152位倡建者中有诸多来自港澳和外埠的华人精英,如郑观应之父郑启华(文瑞)、1880年香港东华医院主席曹雨亭(应达)。

图1 孙中山先生在镜湖使用过的家具及医疗用品

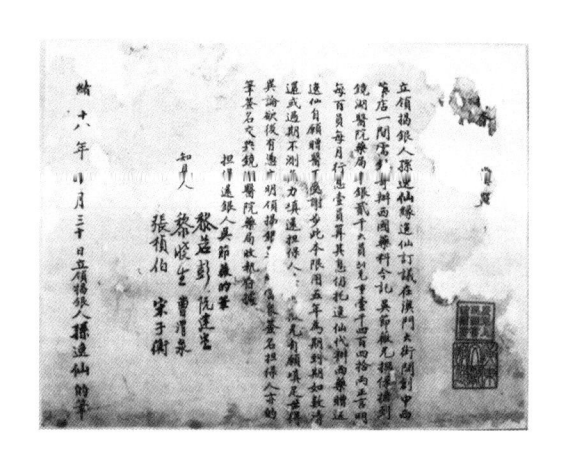

图2 孙中山向镜湖医院第一笔借款揭单

孙中山在镜湖担任西医师期间,曾先后两次向镜湖借款,而两笔借款总额相当于当时镜湖全年一半支额。[①] 1892年10月30日孙中山向镜湖医院借款2000元,用以置备西药,担保人为1893年担任镜湖总理的吴节微,五年期满后吴节微代为清还(见图2)。光绪十九年(1893年)三月初七,孙中山再次向镜湖医院借款,共计银2400元,每月利息一元,5年为期,担保人仍为吴节微。同时孙中山须每日到

---

① 澳门各界纪念孙中山先生诞辰150周年活动组织委员会:《孙中山先生诞辰150周年纪念特刊》,2016年,未出版,第20—22页。

镜湖赠医两小时，不收分文，亦无酬金。1919年，该款由孙中山原配夫人卢慕贞女士代为归还（见图3）。

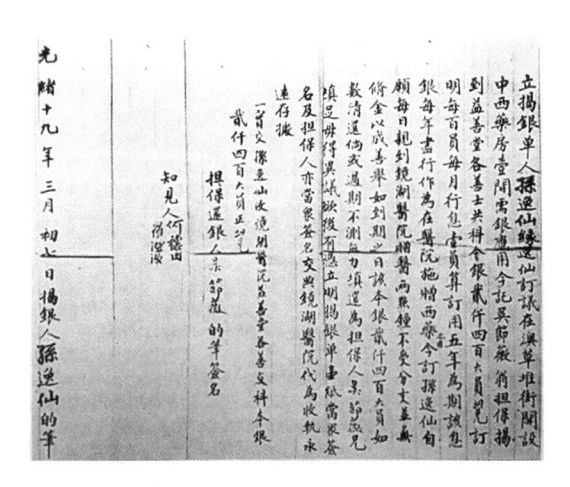

图3　孙中山向镜湖医院第二笔借款揭单

孙中山创办的中西药局因日益受到华人及葡人社区的青睐而遭到欧洲医生排挤，1893年孙中山遂将赠诊活动迁至广州。尽管孙中山在澳门短暂驻足，但其在澳门镜湖医院推行西医，被视为澳门首位华人西医及开创镜湖医院西医先河。[①] 孙中山曾在《伦敦被难记》中盛赞镜湖医院及其值理们，指"则自中国有医局以来，其主事官绅对于西医从未有正式的提倡；有之，自澳门始"[②]。可见镜湖医院作为澳门当时唯一一间华人医院，推行西医的深远意义。

官方记载中的香山慈善组织

澳门镜湖医院成立之后，其管理制度与慈善活动被传播至香山地

[①] 澳门各界纪念孙中山先生诞辰150周年活动组织委员会：《孙中山先生诞辰150周年纪念特刊》，2016年，未出版，第28页。
[②] 《孙中山：伦敦被难记》1897年版；秦孝仪主编：《国父全集》第二册（台北：中国国民党文化传播委员会党史馆1989年版），第4页。

区。比如1895年创立的香山下恭镇前山福善堂便是仿照镜湖医院规制。①

　　类似前山福善堂的创办实为近代香山县慈善组织蓬勃发展的缩影。19世纪中叶以降,香山地方社会广泛兴办慈善组织,此外因地缘优势,大批香山人出洋务工、留学或是经商。早期香山籍旅外者又通过官方、个人、商业等渠道,带动更多同乡出外。这些游走于中西之间的香山籍旅外者成为近代香山慈善组织兴办的主要力量。

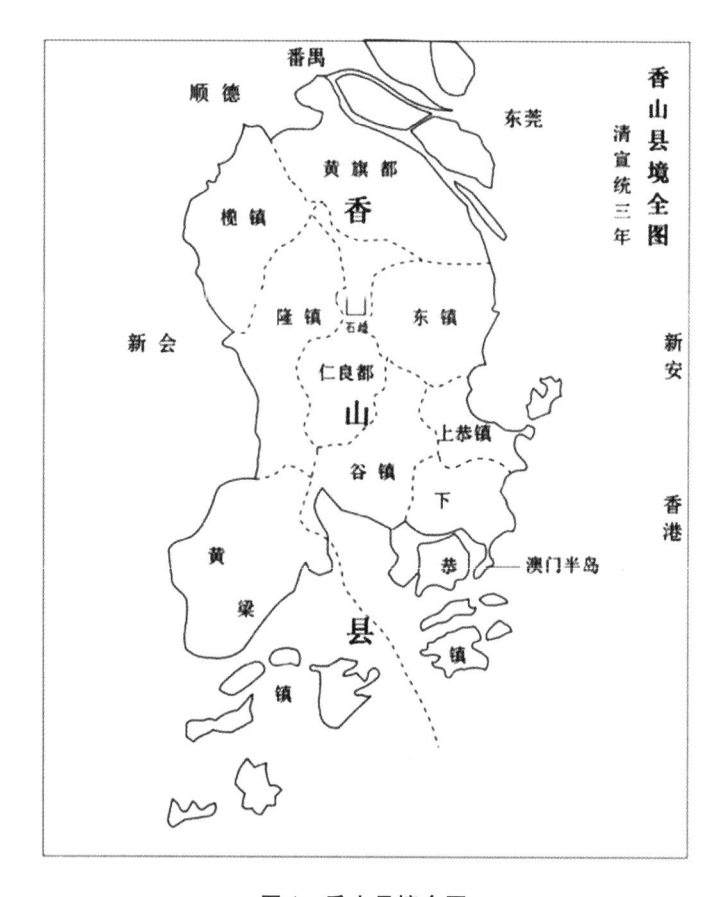

图4　香山县境全图

----
① 《长沙圩福寿分局碑记》,感谢吴国基先生提供。

近代香山慈善组织集中出现于清光绪—宣统年间（1875—1911年）。民国十二年（1923年）出版的《香山县志续编》"善堂"条目中收录了20间善堂（见表1）。除3间成立时间不详外，1间成立于嘉庆末年，1间成立于咸丰年间，11间成立于光绪年间，4间成立于宣统年间。当中既有明清时期慈善组织常常使用的"善会"、"善堂"之称谓，如石歧与善堂、石歧保育善会、下恭镇前山福善堂，亦有"医院"这类同期在港口城市普遍存在的慈善组织，如石歧爱惠医院、隆镇山溪角的方便医院。施善内容基本涵盖赠医施药、施茶殓葬、赠种洋痘、西法接生、保产育婴、恤嫠恤贫，只有隆镇象角乡的团益公会还专门提供挑收垃圾与燃点街灯的公共服务。①

就经费来源而言，一方面是田产租息的收益。清代至民国时期，珠江三角洲沙田的开发为乡镇一级地方慈善组织的发展提供了财产基础，而香山县榄镇、黄旗都皆是珠江三角洲重要的沙田区。石歧爱惠医院、石歧与善堂、东镇普惠善堂、隆镇龙头环乡的惠鲜社与保良社、下恭镇南溪乡的长生寿社等，都将围田或沙田作为主要的收入来源。另外，香山籍华侨的捐款在这些慈善组织的收入中亦占有重要比例。石歧爱惠医院的创办基于"邑中及省港各善士资助"，石歧保育善会得到"澳洲、南洋各埠华侨赞助"，隆镇象角乡团益公会亦有"乡众及华侨捐助"。②

19世纪中叶之后，香山人大量出洋，使香山县成为华南重要的侨乡。这些旅外者在各省通商口岸及海外务工、求学或是经商，将外埠慈善组织的经营模式、管理架构和知识文化带回侨乡，促使慈善事业在香山地方社会快速发展。比如前山福善堂的管理模式仿照澳门镜湖医院，倡捐者中（倡捐者共472人）有至少四分之一者游走外埠，活跃于香港东华医院、澳门镜湖医院、澳门同善堂、两粤广仁善堂、

---

① 厉式金修，汪文炳、张丕基纂：《香山县志续编》卷四《建置·善堂》，第18—20页，广东省地方志办编：《广东历代方志集成·广州府部》第34册，岭南美术出版社2007年版，第422—423页。

② 同上。

上海广肇公所、吉隆坡广东义山等各埠慈善组织中。① 县志记载的上述慈善组织主要分布在隆镇（5间）、下恭镇（4间）、仁良都（3间）与东镇（3间），恰恰是近代香山人旅外较多的镇区，如隆镇与东镇人多前往南洋与美洲谋生，上、下恭镇人多在京津沪汉及其他各省业洋务或经纪。②

县志出版后的十多年间，香山县慈善组织的数量日趋增长。1935年广东仁爱善堂呈禀广东省政府，拟由该堂统一管辖全省慈善机关，并饬广东省党部各县市政府调查呈报各县市慈善机关。中山县政府（原香山县）合计呈报51间慈善机构。他们集中分布于该县第一区（原仁良都，16间）、第二区（原隆镇，7间）、第四区（原东镇，6间）、第五区（原下恭镇，5间）、第六区（原上恭镇，6间）与第九区（原黄旗都，5间），与民国初年县志记载慈善组织的分布区域大致吻合，表明至20世纪30年代香山县慈善组织的增长仍然主要集中在旅外者较多的镇区。③ 而这些慈善组织的资金来源主要包括民间与华侨捐赠、产业收益与政府拨款。④ 与民国初年县志记载不同的是，此时增加的慈善组织主要是提供赠医施药服务的"医院"、"医所"和"医局"，反映了民国时期香山地方社会医疗慈善的蓬勃发展（见表2）。

在县志与县政府官方记载的慈善组织以外，香山县的乡村在19世纪中叶之后涌现大量未载于官方记录的由宗族创建的慈善组织，丰富完善地方慈善事业。下文以香山县翠微乡为例，展现隐匿于民间文献中的近代香山县乡村慈善组织的基本情况。

---

① 毛迪：《慈善？迷信？——1929—1936年广东中山县民间慈善团体的研究》，硕士学位论文，香港大学，2015年，第85页、附录一。
② 广东省民政厅：《广东全省地方纪要》，广东省民政厅第一科庶务股1934年版，第7页。
③ 《统一广东全省慈善机关》，《广东省政府公报》（广州）1935年第300期。
④ 中山市档案局：《中山慈善之源——古代善堂和民国慈善机构》，《广东档案》第1期。

民间文献中的乡村慈善组织

1936年3月16日,《香港华字日报》记者吴素韶因事得返原籍香山翠微,言及本乡宗族福利:

> (甲)年逾大衍,每丁分派胙肉十斤,(春秋祭祖时皆有)年底复有袍金(廿元)寿谷,(五担)分派;(乙)清明扫墓,老者派车马费五元;(丙)新春、老少皆有数天午膳;(丁)每岁拨数千金,充凤池凤懿两校经常费;(戊)族中贫者,每月拨给数角;(己)年逾三十而后娶者,给床金三十元;(庚)年老逝世者,每祠送帛金十五元,(吴氏宗祠约十余矣)。以上各条,为吴氏祖尝之荦荦大者,其余尚多未及缕述。若他姓之祖尝,则以篇幅关系,未遑胪列。然记者敢肯定言之,韦郭诸姓祖尝之丰,亦必不让吴姓之专美也。①

吴素韶的家乡翠微,属香山县下恭镇,距离澳门十余里,是石岐、广州通往澳门的陆上交通要道。其时该乡人口达5817人,是该镇人口最多的乡村之一。② 翠微有吴、韦、郭、李、黄、杨六大姓氏,并以吴、韦二姓为大。全村共有59间祠堂,包括26间吴氏祠堂、22间韦氏祠堂、7间郭氏祠堂、2间杨氏祠堂、1间李氏祠堂以及1间黄氏祠堂。③

在华南地区,类似翠微吴氏宗族提供直接的慈善福利是非常普遍的现象。19世纪中后期至20世纪30年代,香山县乡村涌现大量由宗族设立的慈善组织。翠微吴、韦两族在该时期增设的慈善组织,是华南乡村慈善组织发展的典型代表。下文简要介绍翠微各慈善组织(见表3)。

---

① 《到农村去——中山县翠微之鸟瞰(一)》,《香港华字日报》1936年3月16日。
② 《中山县第五区现住人口户况统计表》,《中山县政年刊》(中山),1937年2月,第26—32页。
③ 韦成:《翠微村史简介》,2002年,未出版,第50页。

图 5 翠微俯瞰图（笔者拍摄于 2017 年 7 月 20 日）

图 6 翠微村南门（笔者拍摄于 2017 年 7 月 20 日）

表 3　　　　　　　　翠微乡宗族与跨宗族慈善组织

慈善组织	成立时间	服务范围	慈善活动	创办者
1. 景贤谷仓	1840	吴氏	储存谷物	吴健彰
2. 修来学校	不详	吴氏	免费教育	不详
3. 秉遗社	1886	韦氏	赒恤寡妇	韦玉、韦鲁报、韦勋基等
4. 传经学校	1932	韦氏	免费教育	不详
5. 遂生社	不详	韦氏	西医治疗	不详
6. 长生社	不详	韦氏	赒恤丧葬	不详

续表

慈善组织	成立时间	服务范围	慈善活动	创办者
7. 新丰社	不详	韦氏	赒恤丧葬	不详
8. 康寿社	1883	韦氏	赒恤丧葬	韦华国、韦鲁修、韦鲁报、韦勋基等
9. 恤嫠局	1850年间	翠微乡	赒恤寡妇	吴健彰
10. 消防馆	清末	翠微乡	全乡消防	各族士绅
11. 乡寿社	1928	翠微乡	赒恤丧葬	各族士绅
12. 安怀院	1931	翠微乡	施棺殓葬、停厝外埠华侨骨殖	各族士绅

景贤谷仓。景贤谷仓是目前能够追溯到在翠微最早成立的慈善组织，道光二十年（1840年）由吴健彰创建，作为储存粟米之用。① 吴健彰（1791—1866），讳天显，号道甫，曾于广州十三行担任买办，捐买候补道台官衔后被派至浙江、江苏、上海，19世纪40年代在上海身兼旗昌洋行合伙人与广东人领袖等多重身份，1851年又被委任为上海道台。②

图7　景贤谷仓碑

秉遗社。光绪十二年春（1886年），翠微韦氏倡建秉遗社，赒恤族内嫠妇。倡建者中韦鲁报（1825—1913），讳尚文，号紫封，捐银

---

① 《景贤谷仓碑记》道光二十年（1840），收录于《吴氏族谱》，出版地不详1938年版，卷13，第38页。
② 梁元生：《晚清上海：一个城市的历史记忆》，中文大学出版社2009年版，第23—39页。

3000两。他中年时赴汉口经商,受顺丰、新泰洋行委托拓展茶业,并积极参与善堂、义学与广东医院的社会活动。① 此外,旅汉茶商韦勋基(1843—1891)捐银1200两,并送出一顷三亩潮田。倡建者中还有韦玉(1849—1921),讳廷俊,号宝珊,早年被父亲韦光送往英国留学,学成归来任香港有利银行经理。② 1896年被选为香港定例局议员,1911年获得爵士荣衔。韦玉不仅在家乡积极参与慈善事业,还于1881年任香港东华医院首总理,香港广华医院和保良局倡建值理。③

韦氏共议秉遗社潮田的地契与每年收入统交韦氏大宗祠传经堂值理照管。每年先查明族内嫠妇人数,再按两季分派。上季以端午节前四日按名每支银一两,下季以冬至在大宗祠按名每支银一两。冬至后再将现年所收租银按名尽数均派,不留余资。④ 1937年秉遗社细分了嫠妇免派条件,若寡妇有子,若孙或嗣子嗣孙年至21岁者,以及寡妇在年内冬至前身故者,均免派。⑤

吴氏修来学校与韦氏传经学校。吴韦二族还分别从祖尝中拨款创办吴氏修来学校(原凤池书院,今翠微小学)与韦氏传经学校,附设于两族大宗祠内。两校向族内孩童提供免费教育,他族学生则需每年缴费数元,后来本乡人子弟也可豁免。20世纪30年代,两所学校的班级都增设至高小二年级,学生数量逾百人,教员十余人。⑥ 这些宗族学校的缘起根植于20世纪初国家提倡创办学校的社会浪潮中。据《香山县志续编》记载,光绪二十八至三十四年(1902—1908年),仅下恭镇就新建了12所小学。其中前山寨恭都两等小学的常年

---

① 韦成:《翠微村史简介》,第9—10页;《韦氏族谱》(中山翠微:传经堂发印1937年版),卷11,第112—113页。

② *Distribution of Prizes the Central School*,Hong Kong Daily Press,(Hong Kong)22 Jan 1870, p. 2.

③ 吴醒濂:《香港华人名人史略》,出版社不详,1977年版,第3页;《韦氏族谱》,卷3,第102—104页。

④ 《秉遗社恤嫠碑记》《送帖》,《韦氏族谱》,第12卷,第44页。

⑤ 《族例》,《韦氏族谱》,第1卷,第79页。

⑥ 《到农村去——中山县翠微之鸟瞰(二)》,《香港华字日报》1936年3月17日,第3张第3页;珠海市翠微学校校友会编:《百年凤池——翠微小学校史》珠海市翠微学校校友会2007年版,第11页。

经费竟高达7000元；翠微修来两等小学由凤池书院改设，常年经费也有3500元；南屏香南两等小学、北山杨族两等小学、刘氏初等小学常年经费有1000多元；其余小学经费多在350元至600元间不等。① 而这些经费大多来自宗族祖尝与各乡旅外者的捐资。民国成立以来，以倡办学校为要务。1932年县政府派遣学务员稽查各乡各姓祖尝出息，饬令拨充教育经费。② 修来学校与传经学校大体应是在宗族办学热潮下出现的。

图8 凤池书院（笔者拍摄于2017年7月17日）

遂生社。韦氏宗族还创办名为遂生社的医疗机构，为族人提供西医治疗。虽然该社成立时间尚不可考，不过民国六年（1917年）遂生社增聘两名女西医，规定："凡族人妻妾有孕者，先到大祠挂号，至分娩时，持挂号单赴医生馆报告，彼则到家接生，所有医药费完全由大祠支出。"③ 由此大体推测该社应于1917年之前便已成立。

长生社与新丰社。韦氏宗族还建立长生社和新丰社，向族人提供助葬费，俗称帛金。据记载，"长生社帛金旧有定额，男妇身故，每名给银五两；现递加至十圆"，"新丰社帛金初支五圆，由光绪丁未年（引者注：1907年）起，加十圆，共十五圆。"④

康寿社。由于宗族人口增加、会额畛域无法统一等问题，光绪九年（1883年）韦氏族内设立康寿社，与长生社和新丰社一样向亡者

---

① 厉式金修，汪文炳、张丕基纂：《香山县志续编》，第4卷《建置学校》，第11—12页；广东省地方志办编：《广东历代方志集成·广州府部》第34册，第419页。
② 《创办传经学校缘起》，民国二十一年（1932），《韦氏族谱》，第1卷，第85页。
③ 《韦氏族谱》，第1卷，第81页。
④ 同上书，第76页。

图 9　传经小学校董暨职员留影（1933）

提供帛金。康寿社有 47 位倡捐者，共捐银 7973 两。经部分查证，至少 13 位创建者旅居上海、福建、汉口等埠。捐银 1000 两以上者共 4 位，包括渣打银行买办及上海广肇公所倡建者韦文圃（1833—1908）、旅闽茶商韦鲁修（1832—1890），以及前述韦鲁报与韦勋基。族人增置一顷七十亩潮田，将其收息用作帛金支出。① 这些收入概归大宗祠传经堂值年管理人连同管理；1917 年改由每房选出一人轮管，以 4 月为一期；1936 年以后再组织一管理委员会总管一切事宜，惟支付帛金仍交由各房管理人负责支给。1886 年至 1931 年的 50 年间，康寿社支银数额由 10 元逐渐增加至 80 元。康寿社发放帛金数额持续增长，可能与田产出息日渐丰厚、租金数额日渐增加有关。在这 50 年间，康寿社施惠群体的年龄范围有所扩大，性别也从男性扩展至女性族人。②

　　韦氏各慈善组织（秉遗社、遂生社、长生社、新丰社、康寿社）

---

① 《康寿社广设帛金碑记》，《韦氏族谱》，第 12 卷，第 39—41 页。
② 《韦氏族谱》，第 1 卷，第 76—77 页。

从 1909 年起分房输管，以一年为期，周而复始。轮至该房值年，由该房绅耆保举一人为总管，以殷实公慎者当之，如未得其人，再行变通妥议。另择族中二人为帮管，二人为书差，以明敏习事者当之。1936 年韦氏族人又集祠议决，日后管理传经堂及各慈善组织收支银两数目，除总管外，另由绅耆当祠选举副理一人，催收帮办三人。凡遇祭祀，所有采办品物概归副理帮办负责购买，各注明草册，开列清单，交总管照数支给，以备交数时与总管对数。每年定期于秋祭日当祠公推正副管、催收、帮办等。现年一切收支数目定期于十二月二十七日当祠清算，以便新旧交代。其来年上期田租皆归新管收存，清算之后，须将数目钞列标贴祠内，俾众目时常察核。倘若有私吞亏空，必须按期偿还银数。①

除服务宗族的慈善组织外，翠微各宗族间联合成立了数间服务于翠微全乡的慈善组织。现介绍如下：

恤嫠局。19 世纪 50 年代，吴健彰以吴诚德堂名义，倡办赒恤全乡嫠妇的恤嫠局。

乡寿社。民国十七年（1928 年），翠微各族士绅集议倡设乡寿社，向居于本乡的乡人提供帛金，并强调各族旅外乡人不能入会。韦氏宗族规定，凡本族子孙入乡寿社，基本金一概由太祖（韦氏大宗祠）拨出，无须自做名份。每人基本金 1 元，身故后每名给帛金 10 元，后增加至 20 元。旅外乡者回乡居住后，由太祖将其补回入会费，以示一视同仁。②

安怀院。民国二十年（1931 年），在时任乡长郭德辉的倡议下，翠微创办一间安怀院，作为临终、孤寡老人安老及外埠华侨棺柩骨殖回乡暂厝之处。筹建安怀院耗银 7900 元，建筑材质为水泥、钢骨，建筑风格属中西合璧，院内设有议事间、养病医室、殓房、庭院与调药室。③

翠微慈善组织的种类、经费来源与管理方式，反映了 19 世纪中叶香山县乡村慈善组织由宗族主持创办、或以宗族为单位组建，服务本族或本乡的基本特点。这些乡村内部慈善组织在官方记载中鲜有提

---

① 《韦氏族谱》，第 1 卷，第 73—74 页。
② 同上书，第 78 页。
③ 《倡建翠微乡安怀院碑记》，民国二十年（1931），中山市档案馆藏，档案号：1—A1.7—251。

图 10　安怀院旧址（笔者拍摄于 2017 年 7 月 20 日）

及，但族谱、碑刻等民间文献却揭示了这些慈善组织在近代地方社会的活跃程度与重要意义。地方社会中具有施善边界的行为或许在当今看来并非真正意义上的慈善，但在当时的社会语境下，民众普遍视其为公益善举。

综观之，香山近代乡镇慈善组织从清末至民国时期在数量和种类上都取得长足快速的发展。其在地方社会的活跃得益于近代香山土地开发、宗族发展与旅外华侨增长等诸多因素。香山近代慈善组织的发展演变一定程度上代表了近代华南慈善组织的特点，亦提示了在对乡镇慈善组织的研究过程中，须注重官方与民间文献的对照，史料与田野的结合，才能更全面细致地分析地方慈善组织的历史脉络。

附表 1　　　　　　　　**香山县慈善组织列表**（1920）

名称	创建年份	地点	创建人	施善活动	经费来源
1. 爱惠医院	1900	石歧	萧闻潮、梁碧珊、陈凤修、杨琇珍等	施医赠药	围田、街铺的岁租收息；邑中及省港各善士资助
2. 与善堂	1875	石歧城外	萧雨臣、苏辉如、杜颖典、萧泽敷、李茂材等	施药赠医、赠种洋痘、收殓路毙尸骸	围田、街铺的岁租收息

续表

名称	创建年份	地点	创建人	施善活动	经费来源
3. 保育善会	1907	石歧	不详	西法接生、保产育婴	铺租、崇义祠拨款、公所拨款、会员入会费、澳洲、南洋各埠华侨赞助
4. 崇德善院	1904	榄镇大涌边	港商麦佐臣等	赠医、施药、恤产	乡众捐助
5. 普惠善堂	1904	东镇榄边墟	不详	助葬、恤贫、恤嫠	田产收息
6. 惠鲜社	1879	隆镇龙头环乡	周定中等	恤贫、恤嫠	围田收息
7. 保良社	1901	隆镇龙头环乡	周定中等	恤贫、恤嫠	围田收息
8. 方便医院	1911	隆镇山溪角	刘卓生等	施医赠药	乡人捐助
9. 团益公会	1911	隆镇象角乡	不详	挑收垃圾、燃点街灯、赠医施药、赠种洋痘等	乡众及华侨捐助
10. 卫育接生善会	1909	隆镇港头胡斗庵祖祠	不详	恤产	阖镇人组织常年捐及义捐
11. 同善堂	不详	黄旗都大黄圃	何文耀等	赠医施药、施棺、赠种洋痘等	各地签助
12. 慎终会	不详	上恭镇那洲乡	谭光宇等	助葬	义田收息
13. 福善堂	1895	下恭镇前山、厦村之间	鲍启明等	赠医施药、惠济困穷、施茶、赠种洋痘	上恭镇、下恭镇及谷镇士绅、各埠商捐、银坑水泣出息、围田收息、田产契据

续表

名称	创建年份	地点	创建人	施善活动	经费来源
14. 福善堂分局	1903	下恭镇长沙墟	陈辅臣、韦文甫等	惠济困穷	田产收息、福寿药局股本
15. 长生寿社	光绪年间	下恭镇南溪乡	不详	助葬	沙田、善士捐助
16. 乐善堂	光绪初年	四大都	陈德周、简桂芬、严鸾明、程鹏万等	赠种洋痘、施茶	田产收息
17. 恤嫠局	1850年代	下恭镇翠微乡	吴健彰等	恤嫠	不详
18. 东道茶亭	1910	凤栖岭	郑桐芬、郑任庭、朱茂基、陈紫朝	施茶	海外华侨捐助
19. 寿全茶亭	嘉庆末年	大鳌溪	麦金	施茶	不详
20. 养生亭	不详	黄旗都大黄圃	不详	为乞人住宿、殡殓之所	不详

附表2　**香山县慈善组织列表（1935）**

慈善机关名称	地址	慈善机关名称	地址
1. 中山县救济院筹办处	中山第一区石歧镇孙文西路	27. 育婴堂	中山第三区小榄大涌边崇德善院侧
2. 回春院	中山第一区石歧安润街	28. 古镇方便医院	中山第三区古镇乡海旁待
3. 中山县平民医院筹办处	中山第一区石歧镇孙文东路	29. 同寅医院	中山第三区小榄诗社街
4. 筹善社	中山第一区港口乡	30. 大都保育善会	中山第四区南蓢乡
5. 中山爱惠医院	中山第一区石歧悦来大街	31. 保育善会	中山第四区崖口乡
6. 长洲乡赠医所	中山第一区长洲乡黄族大祠内	32. 赠医局	中山第六区下栅镇金山学堂

续表

慈善机关名称	地址	慈善机关名称	地址
7. 同善医局	中山第一区渡溪乡	33. 普济会	中山第四区泮沙乡
8. 东区医局	中山第一区石歧镇孙文东路	34. 四大都乐普堂	中山第四区榄边墟
9. 歧江医局	中山第一区石歧镇安澜街	35. 四都保育善堂	中山第四区榄边墟
10. 侨痒痒公医院	中山第一区石歧孙文东路	36. 前山公立保产医局	中山第五区前山乡东门内
11. 中山县立保残院	中山第一区石歧镇龙母庙杨家祠	37. 前山福善堂	中山第五区前山星桥上街
12. 同善医院	中山第二区南文乡	38. 平岚仁爱医局	中山第五区平岚乡公约
13. 张溪保育善社	中山第一区张溪乡公约便侧	39. 平岚赠医分局	中山第五区平岚雍陌永寿寺
14. 安仁医院	中山第一区石歧镇北区官仁里	40. 翠微安怀院	中山第五区翠微乡
15. 安澜慈善赠医社	中山第一区石歧镇安澜街	41. 赞育善会	中山第六区下栅镇金山学堂
16. 博爱善社	不详	42. 团溪善社	中山第九区小黄圃乡
17. 中山保育善社	中山第一区石歧镇孙文西路	43. 方便所	中山第六区唐家乡
18. 与善室	中山第一区石歧镇孙文西路	44. 中山港公医院	中山第六区唐家乡
19. 全生赠医局	中山峰经二区谿角乡	45. 慈善社	中山峰经六区官塘乡
20. 青岗赠医局	中山第二区青岗乡	46. 敦化善堂	中山第六区上栅
21. 团益公会	中山第二区象角乡	47. 赠医社	中山第八区大托乡
22. 张家边公医院	中山第四区张家边乡乡公所	48. 余庆善堂	中山第九区新地乡
23. 李伟民纪念医院	中山第二区涌头乡	49. 玉恩善堂	中山第九区谭洲乡
24. 普安医局	中山第二区大岚乡	50. 潭洲市立方便所	中山第九区潭州市
25. 广仁赠医局	中山第二区龙头环乡	51. 同善堂	中山第九区大黄圃
26. 崇德善院	中山第三区榄镇涌边		

（执笔：毛迪）

东莞明伦堂的故事

一 人民公园里的"财产信条碑"

东莞市莞城区是个老城区，历史上东莞县治的所在地，保留着不少文化古迹。其核心地带有一个"人民公园"，这个公园名字听去虽然普通，却是我国近代最早向普罗大众开放的公园之一（时名"盂山公园"），始建于1913年，比北京第一个向公众开放的公园——中央公园（现名为中山公园）还要早一年，比广州的第一个公园（中山公园）要早5年。公园里有一幢民国建筑风格的二层小楼，是东莞第一个博物馆，时名为"东莞县博物图书馆"，为时任东莞明伦堂委员长徐景唐所倡议建筑，"建馆之费，皆出于明伦堂"，共花费白银28000余元，于1929年完工。馆舍虽已建好，购书及一切经费却无着落，两年后，东莞人陈彦儒任县长，组织成立了筹备委员会，每月支经费120元，仍由县政府与明伦堂共同分担。① 那么，这个明伦堂是何方神圣，竟然担负了东莞县文教领域如此重要的大工程？

人们可以在近旁找到它的印迹。就在博物图书馆小楼几十米开外，有一座碑亭，亭内竖立着一块"东莞明伦堂财产信条碑"，为1937年所立，碑文如下：

> 我邑明伦堂财产每年租息所入，达四十余万，为邑中最大之公产。前人创造艰难，载在县志，兹不具述。所惜者，历任举债累积过钜。自民国十五年订定逐年摊还办法，茹苦含辛，迄于今

---

① 参见东莞博物图书馆特刊，广东省立中山图书馆复印本。

图1　东莞人民公园内的"东莞县博物图书馆"
（贾静波摄，2018年10月28日）

日，始克清偿。然一则以喜，一则以惧。何也？所喜者重负既释，所惧者覆辙相寻，苟无治法以保障之，恐将来管理无方，终沦于万劫不复之境。扬敬等看见及此，从长规划，佥谓必须重申永不借债信条。使邑人共知共见，有所遵循，乃能垂之永久。因检成案，所规定信条六项，附以说明，共同讨论，觉其思深虑远，先得我心。但恐邑人视察未周，日久相忘，仍难收尽美尽善之效。现经议决，将规定永不借债缘由并信条六项，镌诸碑石，树立于邑中繁盛之区，以资信守。俾我父老兄弟姊妹，人人得而见之。庶几触目惊心，不啻当头之喝棒。而一邑公共之财产，乃可互相维持于不敝云尔。是为记。

信条列后：
——卖田押田无效。
——借租押租无效。

——一切借款无效。
——于满批一年前,预先投田无效。
——投田不预先两个月通告无效。
——支出不按照预算无效。
委员长李扬敬。
委员朱念慈、罗植椿、邓庆史、李振良、翟宗心、王若周、李枚叔、陈仲英、钟之杰等撰并泐石。

图 2　东莞明伦堂财产信条碑亭(贾静波摄,2018 年 10 月 28 日)

这些文字,向东莞人宣告了明伦堂田产的来之不易和对东莞地方发展的重要性,确立了这一地方公产不可随意处置的神圣性,并以"永不借债"作为地方的永久信条,号召阖邑人士务必遵守、尽心维护。如今,碑文犹在,而被当时莞人奉为至宝的地方公产早已收归国有。东莞明伦堂产业的主要来源,是清代东莞版图西南端的万顷沙沙田,今为广州市南沙区万顷沙镇。万顷沙这块地方,在 1953 年被划出东莞之后几经易属,始终与东莞之间有一道行政区划的鸿沟相隔。历史与现实的对照令人感慨,更促人深思。

今天,了解东莞明伦堂历史的人已经很少了,有些东莞人甚至不知道它的存在。也难怪，毕竟它已消失半个多世纪了。然而，在文史专家和文化工作者眼里，在民间传闻中，它无疑曾经缔造过一个传奇。笔者访谈的多位东莞文史专家和了解明伦堂历史的镇村文化人士，均对东莞明伦堂为东莞近现代社会发展所起的推动作用大为推崇。东莞文史专家杨宝霖先生称，东莞在民国期间出了很多人才，与明伦堂对地方教育的投入有莫大关联。莞籍人士、广东省人大常委会委员方苞也曾说过，没有明伦堂对自己的资助，自己就不会有后来的发展。① 东莞民俗专家张铁文先生亦肯定了明伦堂对东莞在教育和公益事业、地方建设方面的作用。② 在访谈过程中笔者还发现，曾主持过明伦堂事务的人物，在其故里均有着极高的地位和声望，是其故里文化的重要内容。

图3 东莞明伦堂财产信条碑记
（贾静波摄，2018年10月28日）

而在昔日明伦堂垦殖的沙田区，今属广州市南沙区的万顷沙镇，明伦堂的知名度却要大大超过东莞本土。笔者先是在广州日报大洋网的大洋社区论坛上，发现有万顷沙当地网友称自祖辈处得知，万顷沙曾经因为东莞明伦堂的管理而成为"东莞殖民地"③。经向万顷沙镇政府科教文体事务的负责人了解，笔者得知，现在万顷沙的居民，几

---

① 受访人：杨宝霖，男，80岁，东莞文史专家；访谈人：贾静波，访谈时间：2016年7月20日，访谈地点：东莞市莞城图书馆。
② 受访人：张铁文，男，70岁，东莞民俗专家；访谈人：贾静波，访谈时间：2016年11月1日，访谈地点：莞城铁文轩工作室。
③ 见广州日报大洋网，大洋社区论坛网帖（http://club.dayoo.com/view-3627985-1-1.html）。

乎都是由祖辈从东莞迁来发展至今的。① 新中国成立后万顷沙的社会建设，东莞籍人士在其中发挥的作用也不可小觑。② 万顷沙镇政府大门的安保人员也知道明伦堂的大名，说到从前万顷沙的人发达了会迁往番禺的市桥。③ 可见，东莞明伦堂曾经的管理对万顷沙当地社会的影响亦不容小觑。

明伦堂，究竟从何而来？

二 东莞明伦堂的由来

（一）学宫里的明伦堂

明伦堂本是学宫里的建筑。学宫是中国王朝历史上地方官学的主要形式，发挥着传播儒家正统文化、培养国家人才的重要作用。其前身为孔庙，最早为春秋时期鲁哀公因孔子儒家学说的社会影响和自身的政治需要所立。唐代政府开始在全国各地建立孔庙，专祀孔子；宋代范仲淹首先将州学和孔庙结合在一起，"庙学合一"的体制得以开创。此后，全国各地的州县都设有学宫，学宫里都供奉孔子像。读书人只有顺利通过考试成为秀才、取得生员资格后才能进入学宫学习。学宫分为府、州、县三级。

岭南地区在明清时期文化发展日渐繁盛，政府非常重视学宫的修建和维护。各地地方志中常有关于学宫的记载，并附有学宫图。岭南地区的学宫大都位于府、州、县的中心城区，其位置大多数在城东南或西南，建筑等级在当地也很高。可见，学宫在岭南的历史文化和教育发展中都占有非常重要的地位。学宫中最核心和最高规格的建筑是大成殿，是奉祀孔子的主殿，大成殿后面就是明伦堂了，为读书、讲学、弘道、研究之所。既是具有一定地位的社会精英讲学论道的地方，也承担着传播文化与学术研究的功能。"明伦"二字出自《孟子·滕文公上》："夏曰校，殷曰序，周曰庠；学则三代共之，皆所

---

① 受访人：李先生，万顷沙镇教育文化体育中心，访谈人：贾静波，访谈时间：2018年2月5日，访谈地点：广州市南沙区万顷沙镇教育文化体育中心。

② 受访人：张铁文，男，70岁，东莞民俗专家；访谈人：贾静波，访谈时间：2016年11月1日，访谈地点：莞城铁文轩工作室。

③ 受访人：吴先生，万顷沙镇政府安保人员，访谈人：贾静波，访谈时间：2017年8月5日，访谈地点：广州市南沙区万顷沙镇镇政府大门。

以明人伦也，人伦明于上，小民亲于下。""明伦"这两个字，突出体现了儒家思想所强调的礼仪和秩序。在明清时期，明伦堂普遍成为生员们集议公事的场所，经常对一地重要事务的决策构成影响。

东莞明伦堂起初与其他地方的明伦堂并无差异。据清末东莞的著名人物——探花郎陈伯陶编纂的《东莞县志》（民国九年即公元1920年编成付梓）记载，东莞学宫在宋代已建立，东莞的地方官员在宋元明清历朝，均对学宫建筑有迁址、重建、重修及增设、改建等作为，有记载的达34次之多，其中明确提出对明伦堂进行的修缮至少有5次；同时，亦有多篇重修儒学的记述文字传世，其中以重修明伦堂为题的记文有2篇。足见历史上的东莞政府对于学宫及明伦堂建筑的重视。东莞学宫建筑宏伟壮观，"为两座庞大的古代建筑，西面以大成殿为主体，东面以明伦堂为主体"[①]，比今天的番禺学宫（今广州农民运动讲习所）还要大[②]，抗战前夕尚保存完好，自抗战中莞城沦陷后逐渐荒芜，至20世纪50年代全部拆毁。学宫旧址所在地为今天东莞东城区花城广场一带。

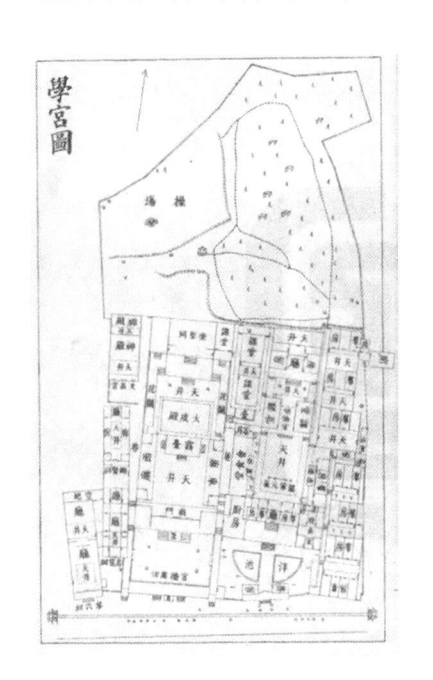

图4 学宫图（民国《东莞县志》）

然而，当学宫里的明伦堂在名义上拥有了六七万亩的沙田产业之后，巨大的收入款项就令其大有可为。这种情形，在其他地方的明伦堂是没有的。那么，如此广袤的万顷沙田究竟是如何到了当时东莞县

[①]《东莞市莞城志》编纂委员会编：《东莞市莞城志》，岭南美术出版社2011年版，第554页。

[②] 李炜主编：《东莞人：讲出自己的故事》，南方日报出版社2013年版，第4页。

的碗里?

（二）东莞明伦堂承有万顷沙之始末

关于这件事，陈伯陶在民国《东莞县志》中专门以4卷的篇幅呈现其本末缘由，汇集了历年相关之公牍及税亩、围名、照契、田图，作为"沙田志"附在整部县志之后。并且，这部在东莞存世县志中最为严谨完备、最受称道的县志，也是由东莞明伦堂的经费资助其编修及出版事宜的，从民国四年（1915年）在香港九龙设局编修，到民国九年（1920年）编成，历时6年，用款20000多元，全由明伦堂支付。① 而陈伯陶本人，也曾是东莞明伦堂的绅董。可以说，陈伯陶对明伦堂的所知所感以及他想让后世记住的关于明伦堂的种种事迹情状，都汇集在由他亲自编撰的这4卷"沙田志"中。

在清道光十八年（1838年）的某天，东莞县南沙村民朱国英、厚街珊美人方仪辉发现南沙村前的海中浮有沙坦。这是沙田形成的前兆。二人根据经验判断，随着泥沙淤积，以后这一方的沙坦成田后面积将相当广阔，"该围东堤外新淤积坦三段，约一百余顷，种植咸草。而草坦之外，又有低淤之沙，约成百顷"②。由此产生的利益也是显而易见的。这绝非小事，必须找县里的人物来出面解决。方仪辉了解同族的方文炳平日秉性严毅、好行善事，又是副贡，基于对其品行和身份的信任，他首先找到方文炳告知此事。方文炳即同相熟的邑中绅士何鲲、陈龙安、陈荣光商量，一致认为如能设法经营这片沙田，实为全邑的大利所在。于是几人与东莞的文武绅士聚集在学宫的明伦堂里商议此事。此事成败的要害之处在于，沙田业权确立有其特殊性，而海中浮现沙坦的地方又是县界不明区域，所以费些周章是在所难免的了。

"沧海桑田"这个人们耳熟能详的词，用在珠江三角洲沙田的形成上是再合适不过。清代沙田史专家谭棣华先生指出，所谓"沙田"指的是沿海滨江淤泥积成的田地。③ 奔腾的珠江将大量泥沙冲入大海，

---

① 马汉民：《东莞明伦堂概况》（下），《东莞文史资料选辑·第三期》，1984年，第12页。

② 陈伯陶编纂：民国《东莞县志》卷九十九，沙田志，台北成文出版社1967年版，第7页。

③ 谭棣华：《清代珠江三角洲的沙田》，广东人民出版社1993年版，第1页。

在江水和海潮的相互作用下，在南海、番禺、顺德、新会、东莞、香山（今中山、珠海一带）诸县的江面和出海口附近海面，便不时会有大片沙地露出水面。很早以前，珠江三角洲的人民便对其进行人工围筑，加以开垦，使其成为肥沃良田。一般来讲，在自然和人力作用下的沙田形成过程要经历五个阶段，即：鱼游、橹迫、鹤立、草坯和围田阶段。① 而开垦沙田是需要向官府承报并取得执照才能有权继续进行人工围筑活动的。官府是否颁给执照，一般要看在该处进行围垦是否会影响到河流走向及排水通畅问题，而且要看该处是否已有人开垦或承领，以免造成业权纠纷、诉讼不断的麻烦。

那么，想要开垦万顷沙田的东莞绅士们面临的问题就是，这一处沙田已有人开工围筑，此人是顺德人温承钧。温承钧先行一步，已向香山县政府承领了万顷沙（香山称为"大澳沙"），并采用批佃的方式经营。他为何向香山而非东莞报承万顷沙呢？据说温承钧是顺德温氏大家族中人，同香山县政府熟稔，再加上万顷沙处于东莞与香山交界的海中，并不能十分明确归属问题，所以，他凭借关系与便利，向香山县承领了这处沙田。当时万顷沙自东向南分为五段，温承钧将第一段和第二段基围批给了番禺沙湾的"沙棍"（即沙田上的豪强人物）郭进祥，第三段批给香山黄角的王居荣，第四段和第五段为沙坦，批给了南海佛山的邓嘉言、张炳华。由于涉及多人多地的利益，形势显然严峻，一场争夺战就此开始。

经过一番权衡与谋划，东莞的绅士们开始采取行动。从当时沙田争夺的历史来看，除了向上官诉讼辩理，武力械斗是少不了的，所以当事人会有相当的危险性。这时就需要甘冒风险、肯于牺牲的人士来出头。武进士出身的陈龙安为人有豪侠之气，平素善排难解纷，以一句"不济，艰险吾自当之！"② 坚定了东莞绅士们的决心。于是，首先由科举功名较高的梁达时、何鲲、钟林等人以全邑名义申请上官，将万顷沙给予学宫作为尝产。绅士们的行动得到了地方官员的支持。东莞知县侯之翰传集绅士、保老地邻等前往万顷沙乘舟丈量沙田的面

---

① 谭棣华：《清代珠江三角洲的沙田》，广东人民出版社1993年版，第7页。
② 陈伯陶编纂：民国《东莞县志》卷七十，台北成文出版社1967年版，第2716页。

积，确认属东莞境内，并将其编入图甲户中。接下来，同郭进祥等人争夺万顷沙控制权的过程就比较棘手了。第二批出场人物，是东莞的普通农民何广超、陈仕进和叶建德，他们控告郭进祥等人在万顷沙违禁圈筑而导致水灾，此事引起县以上衙门的关注，时任两广总督邓廷桢也明令必须拆除圈筑的围基。

冲突的升级发生在道光二十年（1840年）二月中旬。据陈荣光等人的供词显示，陈龙安、何鲲、方文炳和陈荣光前往南沙村催取明伦堂签题工金，在南沙村外等候潮水。说来也巧，那天恰逢东莞知县柏贵带人前往督拆郭进祥等人违禁圈筑的工程，且连同沙田中看管人的田寮一并烧毁，官船泊于沙边。静更时分，有看沙快艇奔陈龙安等人的船而来，将陈龙安、何鲲、方文炳及十几个船夫随从掳去解往香山县，并以炮击伤陈荣光。于是，东莞方面的绅士、平民代表不断上书，控告温承钧、郭进祥等人的恶行，要求缉拿温承钧和郭进祥等人。香山方面则反控陈龙安等人梦据围筑，要求将所有涉案人员送到省里来审讯断案。时任两广总督林则徐批示提解所有人证来省审讯决断，香山方面又迟迟不予遵照。双方缠讼数年，终在道光二十五年（1845年），广东巡抚将万顷沙东北一带的40顷沙田拨给东莞县佃户承佃，其余各坦仍归原来的香山县佃户承佃。另外又由东莞县乡绅承佃万顷沙东北段官筑屯田9顷90亩。① 东莞方面取得了初步胜利。此后双方仍互争界址，缠讼不休。道光二十九年（1849年），东莞县知县崔敬修会同香山县知县郭超凡勘讯明确，开涌定界，再割拨香屯草水白坦95.5顷归东莞承佃。东莞明伦堂正式管辖万顷沙沙田就从这时开始了。

以上是陈伯陶《沙田志》官方版本的记述。1964年，曾两度出任明伦堂总董的叶少华写了关于明伦堂的回忆录，爆出了更多细节。据他所说，万顷沙处于东莞县和香山（中山）县的交界处，由于沙坦天天在"生长"，并无明确界限，彼此间往往因为争割水草引起械斗，即使因为停泊小艇，有一方认为过了"界"也会互斗。两县间

---

① 陈伯陶编纂：民国《东莞县志》卷九十九，台北成文出版社1967年版，第3765页。

的这种殴斗缠讼,长期不能解决。按照清律,凡地方发生重大案件或人命案时,地方绅士和地方官都要受处分。因此两县因殴斗而发生人命案时,彼此间往往互相推诿,不承认人命案发生的地点是自己管辖界内。东莞的绅士便在万顷沙沙田的争夺战中,利用这种情况,设置了"苦肉计"。他们聚议,决定在这些地段制造纠纷,并约定了几个秀才,愿意为纠纷而坐牢,知县柏贵也表示甘愿受处分,甚至不惜丢掉乌纱。于是他们自刻"界石",用米粉加盐煮成糊,涂于界石上,待干后投入海(河)中。这种涂有米糊的"界石",下了水后,石螺很快便附着在上面,并且会很快长起青苔,看起来就如同投放了多年的"界石"一样。部署妥当后,东莞和香山两县果然在这个地段内争执起来,东莞县有一些人被打死、打伤。案发后,东莞的秀才向省城告发,省宪令两县会同查勘,两县互相推诿,都不认出事地点是自己的界内。东莞官绅还特意一口咬定地属香山,香山不知是计,也反指属东莞。案子悬而不决,日后在退潮时发现了东莞绅士所投放的石碑,报官请验,确定为东莞界。东莞知县柏贵因此革职留任,几个绅士也因此被革去了功名,由于案情重大,按例必须由粤中大吏详报北京批准方能定案。过了些时日,东莞士绅重讼沙田界置问题。因前案既经确定有档案可查,铁案如山,于是那一大片沙坦从此确定下来属东莞明伦堂所有了。①

将《沙田志》的记载与叶少华的回忆联系起来,可大致判断,陈龙安等4位士绅高调"出征"南沙村惹怒温承钧一方,正在此前东莞绅士们的设计和策略之中。虽然知县柏贵受到革职留任的处分,牵头"闹事"的陈云亭等四位士绅被革去了功名,且在争斗中有农民死伤。但东莞人自此就在万顷沙这一大片"无中生有"的沙洲上,拥有了名正言顺的管理权。为此事赴汤蹈火的人士在当时也受到了很高的礼遇。首先发起联名请领沙坦的陈龙安、何鲲、方文炳、陈荣光四人,被尊为"四君子",莞人选址于东门正街建"报功祠"以为纪念,祠联曰:"遗迹永留沙万顷,前徽崇祀庙千秋。"而明伦堂设在

---

① 叶少华:《我所知道的东莞明伦堂》,《广东文史资料专辑·第16辑》,1964年,第4页。

万顷沙的公局侧边也建了"四先生祠"（亦称"四君子祠"）；祠里立有知县柏贵的长生禄位（柏知县当时没有死，所以叫长生禄位）；另外还为在争斗中被打死的农民立了一间"忠义祠"。在明伦堂历年的开支项目中，有一项祭祀费，大概每年100多两银子，是拨给"四君子"的后人用于祭祀的。另有一笔抚恤费，约有16家人长期受恤，最多的一年三五十两银子，少的一年八两，分两季发给当年死、伤者的家属后人。这些后人算是吃上了明伦堂的长粮。这些抚恤费和祭祀费，后来随物价因素略有增加，但为数不多，更大程度上是成为一种"英雄后代"的荣誉象征。

可以说，东莞明伦堂能够承有万顷沙田产，乃是当时东莞县上至县官绅耆、下至平民百姓合力谋划争取的结果。整个过程透露出谋略的机智、行动的坚韧和个体的敢于牺牲，同时也夹杂着手段的暧昧，这实在是"大利"使然。为谋一县之"大利"，在文本表述中倾向于"大义"的凸显，如果从一个能够从中获益的东莞人的角度来看，也是很正常的。

（三）伴随着利益的风险

那么，万顷沙这六七万亩沙田，究竟能为明伦堂带来多少实际收益呢？明伦堂名下的沙田按期投标，由中标者承耕，投承期限长则约20年，短的也有十年八年。每宗投承量也无定限，有多至数十顷，也有十顷八顷的。田租则按投标时市场谷价折合现金缴交，各个时期起起落落，亦无定值。按民国时期一般估计，每亩年租金约八至十银元。若照此推算，正常年份万顷沙沙田每年为明伦堂带来的收入，可达50—70万元现银之多。因为承耕期长，每年又按起初估值定额收租，不随市场谷价起伏，而谷价长时期里只涨不跌，故承耕人有利可图，遇到荒年或通货膨胀，有谷在手者更是赚得盆满钵满。

然而，"大利"在手的风险就是不断会有人欲分一杯羹，或是将主子的地位取而代之。同治年间，有方遂初因批田起衅，倡议清算沙田数目，在明伦堂纠众集聚，导致数十人伤毙，十多家巨款被劫掳，经年缠讼花去大宗款项，才得以了结。明伦堂从此开始有负欠。后来愈欠愈多，至光绪二十八年（1902年）计欠揭借数43万余两，遂订出逐年摊还本息的方法，直至宣统三年（1911年）方始还清。

光绪十四年（1888年）发生了屯变案。那时的两广总督是张之洞，他在处理乡绅的沙田争执方面颇有能力，但是对于追缴东莞明伦堂沙田欠税一事，他也感到阻力重重。光绪十二年（1886年），在清丈广东沙田的行动中查出东莞明伦堂拥有的300多顷沙田中，有120顷是溢田（即从原来沙田旁新生的沙坦），由于万顷沙是东莞明伦堂以官屯变价的方式承佃，而官方屯田不可以买卖，只可用缴交金钱的方式变为民田，按惯例这些溢田仍属于官方屯田，所以明伦堂应缴屯变、花息计银14万余两。张之洞下令追缴，限6个月内缴清，否则将田充公，拨充广雅书院经费。结果以明伦堂逾期尚未如数遵缴，实行将田充公。在张之洞与东莞明伦堂绅董多次博弈之后，按照已缴银4万两之数，给回田53顷，余下的80多顷拨归广雅书院，当时主理明伦堂的绅士邓佐槐、何庆修、黎家崧3人被革去功名。但是，由于东莞绅士在京师官员处的活动能力，张之洞也作出了很大的让步：补偿明伦堂筑围工本银4万两，拨归广雅书院的田仍归东莞承佃，在张之洞离任之后，明伦堂又承耕了万顷沙沙尾的草水白坦300多顷。

光绪三十年（1904年），两广总督岑春煊召变广雅官田。那时明伦堂因款项无着，只买回官筑屯田九顷80亩。光绪三十二年（1906年）六月，岑春煊觊觎东莞明伦堂的富饶，拟奏请割东莞缺口，中堂二属膏腴之境，凑割香山少许地方设置虎门，别为一厅。这就是著名的"割县置厅"事件。消息一出，全县哗然。东莞绅士陈伯陶、尹庆举、张其淦、陈景梁等多方奔走，从中筹策，遂使分县之议终未达成。宣统三年（1911年）两

图5　清代东莞文探花——陈伯陶像

广总督张鸣岐再行召变。由绅士陈伯陶等缴银10万两,买回30顷,余待续行承买。随着辛亥革命爆发,清帝逊位,事遂中止。民国三年(1914年)再由绅士尹庆举、叶觉迈继续原案,缴价承回50顷。拨归广雅书院的田又为东莞所有。并且浮沙日积日多,新围不断增筑,于是经过一个甲子的扩张,明伦堂承有的沙田面积已在700顷以上了。

尽管波折不断、历经艰险,东莞明伦堂还是在陈伯陶"前劳谁复念?后患吁可叹!"[1]的诗句中,具备了做更多大事的实力。

三 大利与善举

万顷沙既然是以学宫明伦堂的名义承有,其沙田田租除缴纳官府的沙捐地税、支出护沙武装组织的开支外,主要用于东莞的教育事业。在清代包括:东莞县各书院膏火,文武岁科考,生童卷资、册金、乡会试卷资,京官旅费,文武会试公车等费。其临时支出以赈灾为多。清代明伦堂事务为安良局所管,安良局由地方绅士组成,主持安良局的人是县内功名最高的人,称"首席值理",下设局绅,其功能主要是维护治安和社会秩序、进行县内事务的调解等。至于灾荒赈济事务,东莞自明代起有官办常平仓及绅民所办察院义仓、预备仓4所,清代有官办广有仓、宝安仓,以及预备仓、社仓等,自拥有万顷沙田产后,均由沙田局出资赈济。[2] 至于助贫恤孤事务,东莞明代设养济院2所,一所在清代重建改为普济堂;另一所专门收治麻风病人,清代时增置两所以处病患。此外,明代还办有惠民药局一所,清代有育婴堂4所。东莞的善堂善会数量也较多。尤其在清同治、光绪年间相继设立,可弥补官方做慈善力量的不足。据民国《东莞县志》记载,名录如下:广行善社、溥生社、登善社、勉行善社、善庆堂、同善社、评善堂、明善堂、普善堂、惠育医院、溥善堂、仁寿社、博爱善堂、东官善堂、积厚善堂、善仁善堂、仁济赠医院。[3] 这些善堂

---

[1] 陈伯陶:《题陈景梁同年南旋阁》。
[2] 陈伯陶编纂:民国《东莞县志》卷十九,台北成文出版社1967年版,第565—575页。
[3] 同上书,第576—584页。

善社主要的业务各有侧重，总体来说涉及育婴赈饥、赠医赠药种痘、施棺掩骼、宣讲拾字、扶助蚕桑、设桥、放生等善举，均为东莞绅士所办，其创办和倡议者中也不乏明伦堂的值理、绅董，如容鹤龄、何仁山、邓蓉镜、王清华、张其淦、蒋理祥、黄瀚华等。可见，东莞地方的慈善事业颇有历史渊源和绅士传统，而东莞明伦堂在近代东莞的公益慈善事业中，占据了绝对的主体地位，尤其在民国时期，东莞明伦堂的公益、慈善、地方建设事业在社会各领域全面开展起来。

辛亥革命后，陈伯陶、张其淦等绅董已成遗老，赴港、沪做了寓公。推翻清政府的革命者开始接管明伦堂事务，如策反香山新军起义的同盟会员黄侠毅，在广州光复后率军稳定了东莞的政局，并被委任为东莞县县长，也是民国第一任东莞县县长，开创了莞人任莞事之首例，他也接管了明伦堂事务。明伦堂此时称为"东莞明伦堂沙田经理局"，内有总董事一人，副总董事一人，董事若干人，仍由县中大绅或名流充任。这一时期在万顷沙设立了自卫局，专责保护沙田一切事宜。

图6　东莞虎门籍抗日名将蒋光鼐

民国十四年（1925年）又改组为"东莞明伦堂沙田经理局整理委员会"，迁往广州维新横路二号办公。其编制设委员长一人，委员10人，均由省政府委任，而总董事和董事们也多在广州活动，承领沙田交租或是学校及公益事业经费的领取，也是到广州的办事处。抗战期间，东莞明伦堂一分为二，港穗各有一个，同时向退居粤北曲江的战时广东省府和占据广州的日伪政权交租纳税。此间，明伦堂因受到侵华日军的掠夺，实力大大下降。1942年，明伦堂在曲江酝酿改组，在旅韶东莞同乡会成立东莞明伦堂董事会，推举抗日名将蒋光鼐为董事长。

民国以后，明伦堂的支出以教育经费为大宗，全县各中小学校的经费由明伦堂支付的每月数千元，民国期间开办的东莞、石龙、虎门、道滘及明生5所新式中学，均由明伦堂负担经费或提供资助，开办在广州的莞旅中学，经费亦由明伦堂提供。全县接受其补助的小学有200多所。凡由明伦堂负担经费的中小学校长人选，由明伦堂与东莞县政府共同决定。所以明伦堂基本上掌控了东莞地方的教育事业。明伦堂的教育经费支出主要有三项：第一项为学校教育经费，以1946年为例，主要资助东莞、石龙、明生、虎门、常平、济川等6所中学、简易师范学校，以及10所国民学校和5所小学、一所幼儿园，并供给民教班和其他学校经费。第二项支出为留学津贴及奖励金，用于到国内各地读书的莞籍大、中学生留学津贴和国外留学津贴，及优秀学生奖励金。往欧美留学的每人每年津贴160两银子（后来改两为元），往日本及北京留学的每人每年津贴80两，在广州读书的每人每年8两。后来读书的人多了，就只拨出一笔专款限用。第三项支出是教育预备费，用于修建校舍、校具、图书馆设备、新办学校的开办费等。明伦堂在1946年的教育经费支出，占了明伦堂经费总支出的60%。①

除去教育经费，明伦堂经费在清代主要用于发生自然灾害时的赈济，但从20世纪20年代末期以后，则越来越多地用于投资和维持东莞经济的基础设施和地方公益事业。明伦堂对地方公益事业的一大支出是社会事业费，包括慈善经常费和慈善预备费两项。慈善经常费主要用于开展卫生事业，如1946年对卫生福利机构的资助达到40万斤谷。资助机构包括：东莞医院、虎门医院、万顷沙医院、东莞救济院、稍潭麻风院、普济医院、赠医留产所和普济医院附设护士助产学校。② 而明伦堂在东莞地方上的社会救济，主要通过各地的善堂善社办理，包括莞城的勉行善社、善宝善社、同善堂、广行善社，石龙的明善社、善庆堂，太平的溥善社、厚街的普仁善堂，大汾乡的兴善堂和济川乡的济川善堂，1942年还成立了万顷沙善社。

20世纪20年代后期，东莞地方上有种意见，就是认为明伦堂的经费不应仅用于教育和其他慈善事业的救济方面，而应着眼于生产和

---

① 东莞明伦堂董事会民国三十五年度征信录，教育预备费支出明细表。
② 东莞明伦堂董事会民国三十五年度征信录，社会事业费。

建设方面。① 明伦堂后来也将相当一部分资金投入到公共基础设施的建设上。主要用于交通和水利工程。如修筑了东莞最早的县道——莞龙、莞太公路。水利建设工程主要有怀德水库、南畲朗排水工程和潼湖局部排水工程，还有河涝整治工程。其中怀德水库是东莞最早兴建的，也是当时全省最大的水库，设计灌溉面积12000亩，主要受益农田在东莞虎门镇的怀德乡，兴建于1946年，由明伦堂董事、虎门人王应榆负责（东莞解放后，人民政府继续修建，于1949年完工）。另外，东莞工艺厂内设织染、藤器、木器等科，全部经费也由明伦堂支付。

东莞县地方政府的行政经费，也从明伦堂的社团补助费与其他捐助费项下拨给，包括供给国民党东莞党部、三青团和童子军的活动经费，以及在民国后期支给东莞县参议会的经费。明伦堂的董事职位都属兼职，而其正职一般都是民国时期的地方军政界显要人物。民国历届县长中，就有不少人曾经是明伦堂的董事，或是在卸任后做过明伦堂董事，如黄侠毅、王体端、陈达材、邓庆史、王铎声、张我东、罗瑶等人。"衙门有人好办事"，与东莞地方行政机关人事上的这种交互性，使得明伦堂对东莞地方的行政事务决策有了进一步的影响力。

1949年初，时任明伦堂董事长蒋光鼐应中国共产党之邀北上参与新政协筹备。同年10月，广州、东莞相继解放，明伦堂的董事也作出了不同的政治选择：或与新政府合作，或赴港、出国，或至台湾。部分董事将田契、款项、卷宗等携往香港。不久，中共东莞军管会行文在港的明伦堂董事会，要求移交财产，而蒋光鼐早已指示职员"要把明伦堂的一切交给人民政府"。最终，迁港资料、财物全数送回广州，由军管会接收。万顷沙被划为了东莞的一个特别区，1953年划属珠海，东莞对其的管辖宣告彻底结束。而万顷沙这个地方，则于1957年划属中山县，1959年划属番禺，2005年万顷沙镇划入广州南沙区管辖，继续在沧海桑田的变化中发挥它的历史作用。

对于东莞明伦堂的态度，清代的东莞绅士提醒后人记住地方公产来之不易，民国的军政要人寄望于公产能够代代相传为莞人

---

① 东莞公会复兴农村意见书，1937年。

经营利用，新中国成立后的回忆录里则是阶级批判的观点为多，20世纪80年代以后的研究论著更能够从客观的角度对明伦堂的性质和影响进行分析。历史的烟云已散，东莞明伦堂作为一个绅士主导、政府联结、平民倚重的地方组织，因"大利所在"而上演过设计争夺、内部倾轧、豪强染指的戏码，却也因其强大的政治经济实力而凝聚了东莞地方社会的种种力量，以公益善举和建设投入为东莞的地方发展作出了贡献。

参考文献

1. 陈伯陶编纂：民国《东莞县志》，台北成文出版社1967年版。
2. 叶少华：《我所知道的东莞明伦堂》，《广东文史资料专辑》第16辑，1964年。
3. 李炳球：《东莞明伦堂史略》，《东莞历史文化论集》，广东人民出版社2008年版。
4. 马汉民：《东莞明伦堂概况》（下），《东莞文史资料选辑》第3期，1984年。
5. 谭棣华：《清代珠江三角洲的沙田》，广东人民出版社1993年版。
6. 《东莞市莞城志》编纂委员会编：《东莞市莞城志》，岭南美术出版社2011年版。
7. 李炜主编：《东莞人：讲出自己的故事》，南方日报出版社2013年版。
8. 黄永豪：《土地开发与地方社会：晚清珠江三角洲沙田研究》，文化创造出版社2005年版。
9. 韦锦新：《地方公产与地方控制：东莞明伦堂研究（1845—1953）》，硕士学位论文，中山大学，2012年。

（执笔：贾静波）

"惜字有社、放生有会"
——略论新会慈善小史

新会，位于中国著名的侨乡——广东四邑（或称"五邑"）地区。在明清时期，新会作为广州府辖县，曾是广府六大县之一，素以物阜民丰、人杰地灵著称。近代以来，又因为毗邻省港澳，交通便利，对外交流频繁，常得风气之先。在广府文化和欧风美雨的共同影响下，在本地精英和归国华侨的共同推动下，新会城乡面貌发生重大改变，其中的结果，就是民间施善传统的组织化与近代化。根据时人的评论，清末民初的新会"地大物博，好善者众；惜字有社，放生有会，接踵而起"［梁国士《同善堂劝捐惜字放生会缘起》，光绪三十三年（1907年）］。仅在清代光绪年间（1874—1908年），新会县内就诞生了一批具有近代民间组织雏形的善堂、善会。

查历代新会县志、新中国成立以来出版的《新会文史资料选辑》等，对于本地廉吏、乡绅、华侨、慈善家、实业家等，多有立传；华侨慈善家及其热心公益之事迹，也见于前已出版的《新会侨乡凝聚力》《新会华侨华人史话》等书中。但前人对于地方上的慈善、公益历史，缺乏系统的论述，相关记载则散见于各种人物传录或专题史料中。对地方建设贡献巨大的海外华侨、港澳同胞，学界也普遍着重于从华侨史的角度进行研究与论述，而未将华侨对于地方公益事业的贡献纳入到地区慈善史的研究视野中。

有见及此，本文根据地方文献与前人著述，简要梳理出1949年之前新会地区（即现今的江门市新会区、蓬江区、江海区）的公益慈善脉络，写成梗概，供后来者作参考。因笔者水平所限，文中并未收录所有公益、慈善项目，间有沧海遗珠，尚祈方家指正。

一　历史发展

查历代县志，尚未有专门篇章介绍本地公益慈善历史。考诸近代以前，风气未开，公益之举，多出于地方官绅倡导，或举合邑士绅力量成之，或由一二富户独力承办。较为常见、典型的，如倡修城墙、疏浚城濠、兴修水利等，因关系地方公益，常由县令或乡绅倡议，召集地方人士共举之。每当发生战争、瘟疫、饥荒、旱涝等天灾人祸，邑人也有施行赈济，如施粥、分衣、施棺殓葬等。下文将分门别类作简介。

近代以来，邑人出洋渐众，受欧风美雨洗礼，眼界既开，民智益进。海外华侨组织同乡会或宗族社团，维护侨胞利益，其中有代表性的，当数原籍安葬服务。邑人梁启超等参与戊戌变法后，清廷"废科举、兴学堂"，海外华侨受到触动，纷纷捐资回乡，兴办新式学堂。清末民初，富裕华侨携资返乡，兴办实业，又以增进地方公共福祉、促进社会现代化为目标，捐建了一批学校、阅书报社、图书馆、公园等，留下了数量可观、弥足珍贵的华侨文化遗产，影响至今。

二　组织形式

（一）买入田、铺，以租息作经费

如清乾隆十八年（1753年），邑人张孔硕等23人，向县署提议修筑银沙坑新义冢（在今会城圭阳北路附近），"将所题银两，经营生殖，买铺三间，递年租息为检收白骨及清祭、衣祭之需"（道光《新会县志·卷三·公署》）。因建设义冢而由当时地方乡绅共同谋划、买铺生息，可见当时已出现具有规模和组织化倾向的民间慈善团体雏形。又如紫水义学（旧址在今新会城区花园巷），清嘉庆十九年（1814年）由十三行富商、新会潮连人卢观恒之子文举等，"承父遗嘱买地创建，复捐田二顷二十亩，交邑中绅士公推首事管理收租，以为掌教修、补生童膏火各项之需，三年一代"（道光《新会县志·卷三·公署》）。此一义举，也是新会民间兴学办学的先声。

（二）沿门劝捐，发出缘簿

清光绪二十四年（1898年），新会爆发鼠疫，地方有识之士效仿广州方便医院的做法，在城西创设方便所，之后易名为"仁安医院"，由医院董事（多为华侨或地方实力派）向海外发出缘簿，在华侨当中进行劝捐。另，新会城中有道士梁荣，人称"字纸荣"，自晚清至抗战前夕，常在街头捡拾字纸、沿门劝捐，将所得善款用于其参与组织的同善堂、韬泽义会、仁济义会、群济义会等善堂组织，进行惜字、放生、施茶、掩埋路尸等善行。时人称之"惟同善堂志士，曩因梁荣贫而笃于善，尤宝视字纸，毕生无倦，特倡设惜字放生社，使之另雇长工，实行其志"（梁国士《同善堂劝捐惜字放生会缘起》，光绪三十三年，即1907年）。

（三）个人捐资

历史上，新会不乏善长仁翁，急公好义，以个人财力作捐输。如明代大理寺正卿伦肇修曾开其家中财库，设立义仓，救济饥民。清代十三行富商卢观恒曾捐银13.3万余两，修筑因西江涝灾被冲毁的新会周郡、天河、横江等处石围堤。自晚清至民国年间，涌现出一批新会籍华侨富商，如冯平山、谭肇康、林护、余斌臣、陈瑞祺等，以独力支持地方公益事业，人物之众，不胜枚举。因前人已在方志编修、华侨史研究等领域已有较多篇幅着墨，此处不作赘述。

（四）团体倡议

晚清至民国年间，新会全县按照地域划分为邑城、东北、西南三方，各自办有公局，维持地方治安及各方利益，间有集合三方力量，襄办公益事业。清光绪三十一年（1905年），新会西南公局倡议创办西南学堂，即民国后改名的冈州中学的前身。当时由局绅连同新会学务公所（相当于今天的教育局）向社会发出倡办学堂的号召，并在北美、南洋及港澳地区的海内外新会籍华侨华人中进行募捐，开创了新会华侨捐资办学的先河。西南学堂也因之成为五邑地区最早的侨办中学。

（五）宗教活动

晚清至民国年间，公益行动又常以宗教活动的形式出现，或以宗教信仰、民间信仰为号召。如紫云洞道士梁荣发动善信及群众不定期进行放生鲤鱼、捡拾死鼠、施茶、施衣等；天主教玛利诺教会在新会传教时于1937年开办天门山麻风病院（即今崖西麻风病康复村），在收治病人及康复者期间以基督宗教为感召，边行医边传教。1936年，新会爱群善院联合仁安医院，在城西新盛街发起"万善缘"醮会，邀请僧尼到场设坛，利用打醮的形式为两院院务筹集经费。

（六）附祀神位

1915年，新会县衙被公开拍卖，新会邑城、东北、西南三方人士集资投承县衙旧址，拆建为新会书院。当时，地方人士效仿广府地区祠庙的集资模式，向全县不同姓氏发出捐献倡议，并以所得款项按数额高低，在书院内附祀神位。1924年，书院建成后用以开办学校（新会县立师范学校、平民夜校）、展览馆（新会县民众教育馆）、公共广场等，所余款项用以购买农田，批租生息，部分收入曾用作纂修《新会县志》。

三　施善内容

新会在历史上有着悠久的施善传统。随着时代变迁，社会大众受教育程度的普遍提高、社会财富的增长、人口结构的变化等，施善内容也不断扩充，甚至从精英化的、单向的捐助，逐渐转变为市民化的、多维度的集体参与。总括来说，内容大致如下：

（一）社会救济

如较为传统的义仓（开仓赈济粮荒），义庄（收容无家可归者），施粥（赈济饥民），施棺殓葬（设立义冢、收葬无主骸骨，如晚清至民国年间，新会仁育堂、仁安医院、爱群善院等，联合海内外新会同乡会社团、香港东华三院，向华侨华人提供的原籍安葬服务）等。其中尤以施棺殓葬服务为突出，且留存的华侨义冢为国内目前发现数量最多、规模最大，成为新会慈善事业一大特色，为国内外华侨史研究者所瞩目。位于新会城西的黄竹坑海槐华侨义冢和金牛山华侨义冢，均已得到保护，但附近另有两处华侨义冢却因为年久失祭，已湮没不得其址（见附表4），亟须保护。

（二）地方建设

如修桥，筑路，修码头，建避雨亭，兴修水利（如1917年兴修的耙冲水闸），兴办义塾（如新会籍外交家伍廷芳创办的廷芳义塾，以及港商冯平山创办的平山义塾，陈瑞祺创办的澄波义塾）等。

（三）医疗卫生

如施医赠药、接生助产、收养弃婴、赠种洋痘（牛痘）等。此方面较有代表性的慈善机构，如创办于1898年的仁安医院和1917年的爱群善院，不仅两院董事均为本地绅商、互有交集，而且同为当时最具规模和影响力的慈善团体，两者即以医疗卫生事业为主要服务领域，并联合在城西大云山龙兴古寺内创设有爱仁育婴院，与当时的新会县立第一平民医院（今新会人民医院前身）相毗邻。陈冲乡旅港商人陈瑞祺先生则在陈冲圩创办了慈贤孝医院（在今罗坑镇卫生院，为该院前身）。

（四）现代化市政建设

如兴建公园（新会最早的公园，系建于1919年的象山公园），图书馆（如1925年华侨冯平山创建的景堂图书馆），新式学堂（如冯平山创办的平山小学，新会华侨捐建的冈州中学），公共体育场（如1930年冯平山捐建的新会县立第一体育场）。

（五）实业建设

如1909年开始施工的新宁铁路（继潮汕铁路后，中国第二条商办铁路）公益至北街段，当中由新会籍华侨、地方商人等参与合股及建设。1911年，以新会人林护为首的四邑籍华侨商人投资创办冈州商埠，计划增开一自开商埠，挽回利权，建设新城，进而与邻近的港澳进行商战。民国初年，新会籍旅美华侨林梦刚还计划在新会城中重开新河，疏浚旧河，利用河泥修建马路，继而开设电车线路等。旅美华侨赵冠山从1912年起，先后在江门、会城两地，开办电灯公司。上述种种，在时人看来不但是商业救国、实业救国，也是有利地方建设之事。

（六）教化风俗

明清时期，地方士绅热衷修葺学宫、兴建乡贤祠，乃至为廉吏兴建生祠（如新会城东的四贤祠）等，既是崇敬先贤，更是旨在教化民众。清代，新会民间流行"敬惜字纸"，不仅有惜字会、惜字社，还在县内圭峰山、象山等处建有字冢、惜字塔等。近代以来，受到华侨的影响，则兴起创办阅书报社（如1927年华侨赵尚平创建的觉觉书室）。

（七）其他

如施茶，分衣，放生，印行劝善书等。

四 代表团体

明清时期，新会的慈善活动一般依托于官办或个别官绅的提倡，目前尚未考究出具备规模的慈善机构的存在。日本学者夫马进在其研究中国善堂及慈善事业的著名代表作《中国善会善堂史研究》（商务印书馆 2005 年版）一书末尾，专门附有《清代沿海六省的善堂普及情况》。其根据台湾成文出版社影印的清代道光《新会县志》卷三"公署"的记载，收录了"养济院"及"贫子院"两条，但夫马进也坦言，其所依据仅是台湾成文出版社翻印的中国各地方志；而稍后的两种方志——同治《新会县续志》、光绪《新会乡土志》，均未收录当时方兴未艾的慈善事业和代表团体，加之民国年间又未能修志，故而在本地慈善史研究中留下空白。

近代以来，新会境内开始出现民办慈善机构，目前可考最早的是江门明善堂（创于光绪十四年，即 1888 年），其次是古井达善堂（创于光绪十六年，即 1890 年），同时期的还有会城仁育堂（创于光绪中期，年份不可考）。1898 年（光绪二十四年），新会爆发鼠疫，城内乡绅创办方便医所，翌年改名为仁安医院。以下选介新会创办较早、较有规模及代表性的慈善组织。

（一）明崇善堂

据 1997 年版《江门市志》记载，清光绪十四年（1888 年），江门油糖、谷米行业商贾在江门旧椰街设立明善堂，继而在新盛街增设崇善堂，组成"明崇善堂"董事会。该会每年向商户征集救济经费，开展常年性的救济活动。救济项目有赠医施药、施衣施粥、施棺代殓、资助还乡生产等；又设立收容所，收容无依靠的老、病、残人员及孤儿。民国十四年（1925 年），由香港同胞阮荔村发起募捐，在江门河边的竹排街创建四邑明善医院，并作难民、游民收容遣送站。该医院为新中国成立前新会境内较有规模的医院。

1950 年 2 月 4 日，明善堂、崇善堂合并，成立江门明崇善堂管理委员会。明崇善堂管理委员会一直存在至 20 世纪 60 年代。

（二）达善堂

清光绪十五六年间（1889—1890 年），时任清廷驻美国旧金山总领事参赞的霞路村人赵仰裘，倡建慈善社（后改称达善堂），以济贫、赠医、施药为宗旨。旧金山赵权弼、纽约赵翘畅等华侨及旅港殷商等发动捐款，共筹得白银3万余两，在古井圩兴建达善堂。尔后，又分别在古井圩、沙堆乡开设达善医所。古井达善堂在民国年间成为新会县第九区区公所驻地，该所与香港东华三院为乡人提供原籍安葬服务。达善堂创办至今已有近130年历史，目前作为华侨社团仍在运作。

（三）仁育堂

又称仁育善堂，是新会县城开办最早的善堂。据伦海滨《解放前新会城的慈善机构》（载于《新会文史资料选辑》第23辑）一文介绍，仁育堂创办于清光绪中期，地址在会城河南帝临堂冲边，前身为仁育药局，原有坐堂医生一人，由河南地方人士李德畅、何玉珊、何锦堂等委托对贫苦病人施医赠药。清光绪二十四年（1898年），新会流行鼠疫，仁育堂对疫症死者施棺殓葬，同时在堂前的会城河边盖搭葵棚，供当时新设的方便医所临时收容病人。仁育堂经费主要靠社会人士捐赠，有时由新会商会给予支持。民国二十八年（1939年），日军入侵江会，仁育堂在会城沦陷后停办。

1992年底，由于建设厂房，在新会城西黄竹坑海槐发现了一处由仁育堂建造的华侨义冢，碑志上显示建于光绪十九年（1893），可见仁育堂至迟创办在1893年之前。该义冢现已成为文物保护单位。

（四）仁安医院

前身为开设在城西的方便医所，因此又称新会城西仁安方便医院。清光绪二十四年（1898年），新会各地鼠疫流行，城厢内外病死者众多，以致无法入殓。城中绅商有见及此，仿效香港东华医院及广州方便所的做法，分别在县城河南小谷埠河边滩地、城西山川坛侧，建葵棚几座，命名为方便医所，病则施医赠药，殁则施棺殓埋。鼠疫平息后，又在城西新盛街建造房舍几座，增设病床，照常施医赠药。清光绪二十五年（1899年），方便医所易名为仁安医院，设有董事、总理、理财人员。董事每年选举1次。资金来源靠发出缘簿，向国内外人士劝捐，在加拿大、美国、澳大利亚、越南、古巴等国的一些商埠都设有劝捐员。1950年与爱群善院合并，后停办。

新会现存规模最大的华侨义冢——金牛山华侨义冢，即是由仁安医院进行建设。近年来，香港东华三院每年均组织其辖下的中小学师生，前往金牛山华侨义冢进行祭扫，并由历史学者为师生讲解华侨历史及东华三院的原籍安葬服务。

（五）爱群善院

民国六年（1917年），由会城绅商创办，是1949年前新会境内规模最大、服务内容最广的慈善机构。根据新会景堂图书馆藏《新会阖邑爱群善院民国六七八年首次征信录》记载，该院创办前，"（新会）城内地广人稠，向无善院，以致有病求医者诸多不便，故公拟在城内择适宜之地，建造善院一所"。该院创办宗旨为"力行善事"，服务内容为"先施医、赠药、施棺木、埋死鼠，次及修桥、整路、分送棉衣、印送善书、收拾白骨以及设留医所等善举。量力施行，随时扩充"。另据1995年版《新会县志》记载，该院聘请内科中医1人常年驻院，有工作人员6人，另有义务医生16人，院址建在南门直街（即今知政中路），以后收到各地捐款较多，才开始施药及办其他善事。资金有结余，就购置产业。开始两年半，收到捐款1万元，诊治2.19万宗，施助药剂款1591元，支出施药1.36万剂，折款1329元。诊病施药最多的是民国二十年（1931年），共诊症2.47万宗，施药1647剂，折银2833元。

新中国成立后，因经费无着，1950年与仁安医院合并后不久即告结束。

（六）海外社团

此部分社团，以分布在世界各地的新会同乡会、冈州会馆为主，如美国三藩市（旧金山）冈州会馆、秘鲁古冈州会馆等，在华人侨居国维护华侨权益，资助还乡及提供原籍安葬服务。根据华侨史学者刘伯骥成书于1918年的《美国华侨史》（台北黎明文化事业公司1976年版）记载，三藩市的冈州会馆前身是创办于1849年的冈州古庙，是旅美华侨最早的同乡会组织，1854年改为冈州会馆，创办之初即为旅美华侨提供捡运骸骨及原籍安葬的服务。关于海外社团的详情，欧济霖、陈汉忠所著《新会华侨华人史话》中已有论述，此处从略。

附表1　　　　　　　　新会传统施善内容及形式简表*

内容	举例	组织形式	创/捐办者	属性
修城郭	新会县城墙	捐廉/募捐	官绅合办	地方建设
浚河道	县城护城河	同上	同上	同上
修志乘	道光《新会县志》	同上	同上	保存文献
修水利	天河石基	同上	同上	地方建设
凿井泉	大井头	捐置	邑人谢景玄	同上
筑路	惠民门外路	募捐	官绅合办	同上
修桥	翰禄桥	祖尝	邑城谭氏家族	同上
建亭	海月奇观亭	捐廉	新会县令方信孺	点缀名胜
办学	冈州书院	尝田租息	官办	地方建设
助学	紫水义学	买地创建 捐田收租 典商生息	卢观恒	同上
惜字	惜字会	雇工执拾字纸	同善堂惜字社	教化风俗
义仓	邑城义仓	同上	同上	社会救济
义冢	银沙坑新义冢	士绅募捐 买铺置业 收取租息	邑人捐置	同上
义祠	龙眼巷义祠	捐建	地方士绅倡办	同上
义庄	惠民门义庄	买地捐办	监生黎元长	同上
养济院	惠民门养济院		新会县令张甄陶	同上
贫子院	惠民门贫子院		官办	同上
施粥	城西土库窑	捐置	进士伦肇修	同上
施茶	城西卖茶寮	买铺置业 收取租息	邑人捐置	社会服务

* 以上内容系作者根据清道光二十年（1840）《新会县志》中的记录及《新会同善堂惜字放生丁未、戊申、己酉、庚戌年征信录》（1911年）整理而成，"举例"部分仅列举其中有代表性者，并不涵盖历史上所有案例。

附表2　　　　　　　　新会华侨兴办地方公益情况简表*

内容	举例	施善形式	创/捐办者	属性
高小	西南学堂（冈州中学前身）	发出缘簿	西南公局 海外华侨	教育建设
义学	廷芳义塾	个人捐办	伍廷芳 何妙龄伉俪	同上
中学	冈州中学	同上	华侨岑日初	同上
医院	仁安医院	发出缘簿	地方绅商 海外华侨	社会救济
善堂	古井达善堂	同上	同上	社会救济
商埠	冈州商埠	同上	同上	实业救国
电力	新光电灯公司	同上	旅美华侨 赵冠山等	公共事业
浚河筑路	商办冈州浚河电车有限公司	同上	华侨林梦刚	同上
阅书报社	觉觉书室	家族捐办	华侨赵鼎荣 赵尚平兄弟	同上
图书馆	景堂图书馆	个人捐办	港商冯平山	同上
避雨亭	罗坑石咀避雨亭	同上	华侨林凤翔	同上
公园	象山公园	华侨捐建	港侨杨西岩 冯平山等	同上
侨社	沙堆侨安会	同上	沙堆旅外华侨	同上
桥梁	述志桥	个人捐办	华侨岑日初	同上
道路	古井石苑水泥路	同上	旅美华侨 黄达琼	同上
碉楼	梅阁村碉楼	华侨集资	梅阁村民及旅外华侨	同上
义冢	黄坑海槐华侨义冢	发出缘簿	仁育堂	社会救济
侨团	美国三藩市冈州会馆		五邑籍旅美华侨	地缘组织
赈济	抚恤陈林械斗灾民	华侨捐资	陈澄波等华侨、绅商	社会救济

* 以上内容系作者根据欧济霖、陈汉忠著《新会华侨华人史话》（中国县镇年鉴社2004年版）中的有关记录整理而成，仅列举其中个案，并非完全记录。

附表3　　　　新会民间慈善机构施善内容概览表*

（统计截至1949年）

内容＼机构	积德社	明崇善堂	达善堂	仁育善堂	仁安医院	同善堂	圭峰修路会	爱群善院	爱仁育婴院	爱仁义塾	惠民门麻风院
施茶					√			√			
施米分粥		√				√		√			
施衣		√				√		√			
施医赠药	√	√	√		√			√			√
赠种洋痘											
接生助产					√						
养孤育婴					√			√	√		
施棺殓葬	√	√	√	√		√		√			
执拾死尸						√					
修桥整路							√	√			
疏浚内河						√					
修葺城墙						√					
修建公厕						√					
设立义庄						√		√			
敬惜字纸						√					
印送善书								√			
资助还乡		√				√					
放生						√					
超幽						√					
兴办义学								√		√	

*以上内容系作者根据1995年《新会县志》、1998年《江门市志》，以及新会景堂图书馆藏《新会阆邑爱群善院民国六七八年首次征信录》（1919年）、《新会同善堂惜字放生丁未、戊申、己酉、庚戌年征信录》（1911年）、《新会城同善堂、韬泽义会、仁济义会、群济义会惜字、施茶、执埋白骨廿五期征信录》（1936年）等文献的有关记录整理而成，仅列举当前文献可考者，并非完全记录。

附表4　　　　　　　　　　新会历代义冢简表*

朝代	建筑时间	地址	捐修者	备注
明	嘉靖二十二年（1543）	崖山义冢	知县何廷仁	载于万历《新会县志》
	嘉靖二十四年（1545）	不详	知县何廷仁	同上
	嘉靖三十六年（1557）	飞鹅山义冢	县丞黄元肃	同上
	万历三十八年（1610）	校场左义阡地	邑令熊维镗大理伦肇修	载于康熙《新会县志》
清	不详	城西后冈义阡地	中秘刘坊	同上
	顺治十三年（1656）	不详	知县黄之正	同上
	康熙二十一年（1682）	西山义冢	生员黎士登、许奇杰	同上
	康熙二十一年（1682）	都会庄山城东义冢、万人坟	知县何汉英生员黎士登、许奇杰捐建	存光绪四年（1878）都会乡慰泉堂重修义冢碑记
	乾隆三十八年（1773）	县北银沙坑新义冢	邑人孔硕、谢廷龙等	载于道光《新会县志》
	光绪六年（1880）	黄坑木山安南埠华侨义冢	积德社	湮没不可考
	光绪十九年（1893）	黄竹坑海怀（槐）华侨义冢	仁育堂	1992年发现。文物保护单位
民国	民国六年（1917）	会城石涧猪山阳江邑厚福堂义坟	新宁铁路公司厚福堂	不可移动文物
	民国十四年（1925）	罗坑陈冲圩虾山陈林械斗死难者义冢	山咀爱仁善会	2013年发现
	民国廿五年（1936）	黄竹坑大怀（槐）华侨义冢	仁安医院	湮没不可考
	民国乙酉年（1945）	三江圩马坑白骨坟	乡人	近年重修
	民国三十五年（1946）	会城北门大窝底万骨坟场	陆启燊	已废
	民国己丑年（1949）	三江圩马坑众位有福之墓	赵康宁堂	现存
	清—民国	黄冲坑鹤咀金牛山华侨义冢	仁安医院	文物保护单位

* 以上内容系作者根据历代县志、欧济霖《新会华侨义冢》（内部刊物，新会史志办编印，2007年）及目前留存实物等，开列简表，并非完全记录。

（执笔：林震宇）

广州方便医院

广州方便医院,是现在位于盘福路广州市第一人民医院的前身,也是清末民初广州九大善堂之一。由于方便医院每年救济贫苦百姓和患者年以万计,在社会上获得良好的口碑,因此时人称之为"九大善堂之冠"。①

灾害与方便医院

19世纪末,中国发生了多次极其罕见的自然灾害,比如说1877—1878年惨绝人寰的"丁戊奇荒"、1879年甘肃里氏8级大地震、1889年的全国性大水灾、1898年以潦为主的全国灾荒、1900年以旱为主的全国灾荒,等等。全国如此,"况吾粤地滨海隅蛮烟,瘴雨蒸雹而成,疾疫者时时间作,而金穰木饥及旱干水潦不能所备"②。清末以来,广东的灾害所造成的影响更大,水灾、风灾、疫症、饥荒时有发生,甚至有时一并发生。例如《申报》记载1878年广东的受灾情况:"粤东灾异频仍,如东北江均受水灾,东莞、惠州又有雷火烧禾之事,至不受水火二灾之区,田亩中又遇虫灾,横截穗茎几与蝗蝻无异。"③ 当时,广东受到自然灾害后的社会环境如下:"无穷檐之无所栖止者,比比皆是,其救患捍灾之,爱育善堂有日不暇给之势,

---

① 参见罗晃潮《清末民初广州的九善堂七十二行》,《岭南文史》1992年第2期;邱捷:《清末广州的"七十二行"》,《中山大学学报》2004年第6期。九善堂指的是爱育善堂、方便医院、广济医院、广仁善堂、崇正善堂、惠行善院、述善堂、明善堂、润身社。
② 《广济医院辛亥癸丑征信录》,1912年,第3页。
③ 《粤东近事》,《申报》1878年2月20日,第1784号,第2版。

使无以继而起之者或顾彼而失此，或竭力干济，而被灾者众不能无觖望于其间，亦非所以挽天心而副人望也。"① 因此，广东大量善堂接踵而起、赈济救灾，拯救黎民。广州方便医院也在此背景下应运而生。

广州方便医院建于1894年，当时取名为城西方便所。1894年年初广州开始爆发鼠疫，疫情传播的速度极快，加上当时落后的医疗条件，造成老百姓病死无数，尸横遍野，据统计，数月间广州鼠疫死亡人数约有7万人。② 在此次灾害过程中，民间自发组织救济团体，将城内的一部分死者及垂危病人送往由地方绅董创设的城北方便所善后。但是，还有许多死者因为晚上城门关闭无法送入城北方便所收殓，因此大量尸体被弃置在广州西门外高岗（现广州市盘福路与医国街北侧——引者注）的空地间，情形惨不忍睹。当时有善士吴玉阶、邓熙琴等20余人，见此惨状，商议在城西高岗设方便所一间，收殓尸体并收容疫症病人留医。③ 城西方便所建立之初，每日收容殓葬达百人之多。因此"一时四方咸称之，谓所所作善事驾乎爱育、广济之上"④。可以说因为这场自然灾害激发了当时粤人的同情心，造就了广州方便医院的诞生。

商人力量的兴起对于民间慈善机构的发展起到了关键的作用。清朝末年，由于政府的控制力下降，通商口岸开通，外国资本流入，广东的社会出现了很大的变动，最显著的变化就是商人力量的兴起。商人力量的崛起使得民间的资本越聚越多，这为善堂的兴起提供了经济基础。从古到今，粤人行侠仗义的慈善之举成为其传统文化中重要

城西方便医院

---

① 《广济医院辛亥癸丑征信录》，1912年，第3页。
② 赖文、李永宸：《岭南瘟疫史》，广东人民出版社2004年版，第408页。
③ 邓雨生：《方便医院》，《全粤社会实录初编》，全粤社会调查处印1910年版。
④ 同上。

组成部分。"粤人之性质，则更多行侠仗义之风，以故慈善事业之创设最多，为他省所不及。"① 因此，每当出现天灾人祸之时，行侠仗义的粤商便会挑起社会救济的重担。

1894年，广州出现鼠疫后，天灾人祸依旧频繁发生，城西方便所收治及殓葬病人日众，因此该所所需经费浩繁，力不能支。至1899年，城西方便所一度陷于停办。此时广州一些商行，如中药业的南北行、丝绸业的金丝行、土杂货业的三江行的商董邓希琴、吴玉阶、陈显章、陈惠普等24人不忍城西方便所就此废止，发起募捐，"特集广济善堂、崇正善堂、爱育善堂各善堂出资助以年捐"②，共同维持。同时，为城西方便所发起募捐的24名商人倡议改订章程，设法筹捐以改良城西方便所，维持经营。此后，城西方便所的募捐得到广州地方绅商周东生、梅雨田的积极响应，此外港澳商人陈鹤云、丘静轩等也为城西方便所集资募捐款项及药物。在省港澳商人的共同努力下，城西方便所扩展成病房16间，殓房数间。③ 可见由于行会、善堂以及省港澳商人的积极帮助，广州方便所得以重生和发展。

1900年，经城西方便所众善董商议，决定将城西方便所正式交与广州七十二行行商承担办理，并制定章程规定该所为七十二行所有，总协理均为七十二行行商，并在1901年改名为城西方便医院（后文简称方便医院）。这表明方便医院已经成为由广州商人主导的慈善机构。

方便医院不仅与广州商人关系密切，还与港澳商人团体关系良好。方便医院在港澳各商人团体设有捐款簿，呼吁港澳同胞捐款。与此同时，港澳商人团体有监督方便医院运行的权利，方便医院需将收支情况及救灾工作活动通报给港澳商人团体。此外，方便医院在世界多个国家的华侨团体，特别是东南亚国家的华人团体、同乡会等设有捐款簿，也长期保持联系获得捐款。由于获得了多方面的支持，方便医院的经费开支得到解决。

---

① 《宣统南海县志》卷六《建置略》，第671页。
② 邓雨生：《方便医院》，《全粤社会实录初编》，全粤社会调查处印，1910年。
③ 谢宏新：《广州市第一人民医院院志》，广州市第一人民医院编印，1999年，第2页。

随着得到更多商人的经济支持,方便医院的规模不断扩大,每年方便医院接收和治疗的病人也在不断地增加,"从开办之初的百余人到1901年的千余人,1915年则可以收治病人五千多,再发展到1920年的一万多人,一直到1929年以后,基本上维持在一万五千人左右"[①]。

除了收治病人外,方便医院还有殓葬、施粥、施衣等慈善活动。如遇到风灾、水灾、火灾等重大灾害,以致军阀混战所造成的死伤,方便医院都派出自己的救护队、掩埋队,赶至现场,进行施赈救济等工作。甚至越南、老挝、柬埔寨等地发生疫情,方便医院也派出医生,协助救治工作。此外,方便医院还开展接待病侨、代运华侨遗骸等工作,获得省内人民和海外侨胞的赞誉。

在清末民初,由于得到省港澳商人乃至海外商人的支持,方便医院成为广州著名慈善团体九大善堂之一,且为九大善堂之首,成为当时华南最大的慈善组织。

城西方便医院救护队

---

① 陆羽:《广州的方便医院》,《广东文史资料》第8辑,第141页。

方便医院的发展也离不开政府的支持和帮助。方便医院在1920年出现了经济危机，政府自当年1月起开始对方便医院进行扶持，每年补助费1200元。① 然而政府的补助依然阻止不了方便医院的颓势。在1925年11月，方便医院宣告破产，"省港工商，奔走相告"②。由于方便医院"所办慈善事业，成效卓著"③，而且在1925年政府对善堂的经济清查中，对于方便医院的审查结果为："所有该院进支各账，尚属清晰，间有疑点，系由该院司账人登记未详，一经调集细账及其他证据，详加审核，便即明了，并无弊端可言。"④ 因此，政府不希望方便医院破产停办，"市教育局长伍大光以该院停办，市民无论贫富，均感不便，力促黄氏（方便医院董事黄载堂——引者注）回院，召集市内各团体共同讨论维持之法"⑤。

方便医院在社会上有良好的口碑。时人对于方便医院的评价如下："考其成立以来，对于留养病人、殓葬路毙、救济灾异、安集流离诸端，均能不分畛域，诚广州市中不可或缺之慈善机构。"⑥《广州民国日报》也提及了方便医院的贡献和停办的后果，并呼吁市民捐款维持方便医院："诚以该院对于善举，如施赠医药棉衣茶粥棺柜山地，及殓葬路毙留养病人等项，固能实心实力，惠及贫民，即市内外临时发生灾异，亦罔不竭力救济，中外交称，一旦停办，诚有如该善院广告所云，尸骸谁拾贫病谁依者，言念及此，不禁恻然，合亟布告，仰市民人等一体知照，务各本解衣推食之怀，为集腋成裘之举，使此首屈一指之慈善机关，得维持于不弊，有厚望焉。"⑦

由于方便医院在社会有较大的影响力，民间的一些组织和志士为方便医院捐赠贡献出自己的力量。长堤青年会"为方便医院筹款，特

---

① 《训令财政局据方便医院请发给补助费仰会核具复由》，《广州市政公报》1922年3月18日第57期，第26页。
② 《维持方便医院之近讯》，《广州民国日报》1925年11月25日，第7版。
③ 《召开维持方便医院会议》，《香港华字日报》1925年11月28日，第7版。
④ 《维持方便医院之布告》，《广州民国日报》1926年2月2日，第6版。
⑤ 《维持方便医院近闻续志》，《香港华字日报》1925年12月4日，第2张第2页。
⑥ 《函复李奉藻关于整顿方便医院各节已令教育局转饬拟具详细计划积极改善由》，《广州市政公报》1925年第211期，第44页。
⑦ 《维持方便医院之布告》，《广州民国日报》1925年2月2日，第6版。

请岭南大学西人教职员排演莎士比亚名剧"，进行义捐筹款。① 热心慈善家简琴石听到这个消息之后，马上赴香港筹资两万元交给教育局代收，转交给方便医院。② 其他热心人士帮助方便医院还有"正草庐同人捐签1737元，送该院为维持之费云，又闻有热心女界陈慕贞、詹宝文、邓丽娟、陈金玉担任劝捐云"③。还有"女市民邓叔裕等，于十一甫筹办城西方便医院临时筹款游艺场，将所得入场券，全数拨为该院善款"④。

为了维持经营，当时的广州市市政厅委员长伍朝枢批准借太平戏院给予方便医院，且免收租金。⑤ 但是"太平戏院月饷一千三百余元，并由戏班报效演戏筹款月约得四五千元，共约五六千元。查方便医院经费平均月约一万元，比较不足约五千元"。剩余的五千元，伍朝枢则认为："若由四商会切实担任，达到维持完满目的，当非难事也。"⑥ 商会也同意政府的提议，最后官商达成一致。可以看出，政府与商人同时出力，共同帮扶方便医院。

在官民的帮助下，方便医院在1925年12月19日得以续办。⑦ 此后，政府发现方便医院的总协值理制已经不能顺应时代的发展，管理方便医院事务的总理、协理就职前只需在神前布告、宣誓，并没有实质性的监督。在这样的制度下，方便医院的总理、协理总览全院事务且不受监督。此次方便医院因资金缺乏而破产很大程度上是因为方便医院的总理、协理贪污了不少善款。于是政府要求方便医院进行制度改革，把原先总协值理制改为董事会制度。方便医院在政府的指导下"定期改选董事"，并且"将院章修正，呈候察核备案"⑧，此后，方便医院听从政府的指令改选董事，"选出陈卿云、梁载堂、甘熙廷、

---

① 《广告：长堤青年会》，《广州民国日报》1925年12月13日，第3版。
② 《函复简琴石请将筹捐方便医院款二万元缴交教育局》，1925年12月11日，全宗号资、目录号政、案卷号577号、第211期、第53页，广州市国家档案馆藏。
③ 《维持方便医院之近讯》，《广州民国日报》1925年11月25日，第7版。
④ 《方便医院游艺场已开幕》，《广州民国日报》1925年12月9日，第10版。
⑤ 《市厅维持方便医院办法》，《广州民国日报》1925年11月17日，第7版。
⑥ 《市厅维持方便医院办法》，《广州民国日报》1925年11月17日，第7版。
⑦ 《方便医院照当续办宣言》，《香港华字日报》1925年12月19日，第2张第2页。
⑧ 《方便医院修改院章》，《广州民国日报》1926年2月3日，第7版。

梁耀垣、蔡卓琴、温侣渔、陈惠普等七人为董事"①。同时，方便医院董事"根据前定院章，依照普通法例，制成组织大纲二大章……所拟章则，大致尚妥，应准予备案"②。方便医院在政府的监督下完成的制度改革，规范了慈善事务，逐渐地走上正轨。

续办后的方便医院自愿接受各方监督，它在《广州民国日报》中通告："幸得各界善士维持，以众人之财，办众人之事。故地方各界，人人有维持之责，亦人人有监察之权，敝同人奔走呼号，心疲力竭，恐一旦办理偶疏，不特自问疚心，然亦有辜众望。故欲成可大可久之业，必藉群策群力之才，兹拟请本市各街坊众，及各行商，公众代表，到院监察，每街每行至少一位，多更欢迎。"③

可以看出，方便医院与政府、商人、市民维持着一个良好的关系，他们相互扶持、相互帮助。在出现天灾人祸之时，方便医院能承担施赈救济的责任，分担政府社会援助的职责，同时也与商人维持了一个安稳的商业环境。当然，无论是方便医院，还是政府、商人，他们的初衷都是一致的，就是为了救济更多的老百姓。

方便医院虽然是一个独立的慈善组织，但它与广州的其他善堂联系紧密，经常与其他善堂联合举行慈善活动。

每当遇到比较大的水灾、火灾、风灾、时疫、饥荒时，单个的善堂力量不足，无法救济。因此，善堂之间往往联合起来共同救灾。如1907年春，广东闹饥荒，米价狂涨，导致省内出现抢米风潮，

方便医院牌

---

① 《方便医院修改院章》，《广州民国日报》1926年2月3日，第7版。
② 同上。
③ 《方便医院请各街派代表监察》，《广州民国日报》1926年2月2日，第10版。

严重危及社会治安。为此,包括方便医院在内的广州九大善堂联合香港东华医院开办平粜公所,从各地购买大量的大米,对无粮可食的老百姓进行施赠,缓解了当时的紧张状态。又如1908年6—7月间,广东三江发生空前水灾,百姓流离失所,于是广州善堂联合香港东华医院、澳门镜湖医院成立救灾公所,方便医院也积极参与,从善款的筹集到具体施赈活动,无不紧密配合,救济灾民,极大地减轻了灾民的痛苦。[1] 1908年三江水灾,在港粤人举办赈灾义卖活动。陈子丹撰《救命词》30首反映当时的救灾情形,其12首描写灾民自行救灾与社会各界参与赈灾的场面,着重提到九善堂的功劳"若论冒雨迎流赈,第一功推九善堂"[2]。通过与其他慈善机构合作,可以最大地集中社会力量,提高慈善救济的效率和成果,这是广州方便医院一直坚守的一个做法。

有时方便医院还参加一些为民申冤或反对苛捐杂税而实行罢市,甚或参与某些政治反抗运动等,最著名的如清末争取粤汉铁路民营的斗争。同时,七十二行商还与海外的华侨社团有着很好的相互合作联系,如1907年,广东人民反对清政府拟给予英国在西江的警察缉捕权,七十二行商便发电报给日本神阪中华会馆呼吁予以支援。

此外,方便医院还处理民间纠纷,稳定社会秩序。1920年,广州北郊上番禺的慕德里司大元洞发生了石湖、南村分水之争。此两乡争夺地面流水,可溯至百年之前,时晚清"官判失当,遗为历阶,祸复未已者"[3]。民国初广州驻军日益混杂,两村遂不断勾结地方军阀,撑腰壮胆。据当地碑刻载:"逮民国光复,其斗尤烈,甚而互诱军队,滥加焚杀,波及乡邻,其祸更惨,死者千数,焚亦千百家,死横于野,生者失所。"[4] 鉴于这种局部社会性灾难的危害性,广州方便医院联合各善堂主动筹集巨款,分别对两方进行赈恤。经过包括方便医院在内的九大善堂的温和、有序调处,最终取得了明显的效果。不

---

[1] 《申报》,1908年6月26日、7月2日、7月8日、7月11日。
[2] 郑明标编著:《近现代潮汕文学(国内篇)》,中国戏剧出版社2010年版,第144页。
[3] 冼剑民、陈鸿钧编:《广州碑刻集》,广东高等教育出版社2006年版,第1162页。
[4] 同上。

久，两村各派代表莅场，达成了分水协定。分水规定有："延中外工程师，详加测堪"；"应将上游两圳，合为一圳"；"筑分水塘于新桥之上。塘广四十尺，水注塘中，即于塘下分两决口，各阔五尺"。①最后九善堂处理的结果令两村村民相当满意，两村村民悉心修建一座碑来感谢九善堂的此次调解。

方便医院虽然是社会慈善机构，既有赠医施药赈灾职能，又聘请省城内外著名中医任职义诊，因此，方便医院又是中医临床教学的重要场所。如古绍尧医师，1924年9月至1936年7月受聘为广州市方便医院医席。②又如梁龙章医师，历创善堂如崇正堂、述善堂、方便医院，作为方便医院首聘，虽未出资，但在方便医院义诊，施医赠药，付出很多心血与精力。此后，方便医院聘请梁龙章统办院务，"公义不容辞，自备舆金，前往督诊，救治无数"③。

包括方便医院在内的九善堂碑

因此，方便医院与中医的关系十分密切。不仅广东省的著名中医师愿意到方便医院担任医席，一些著名的中医院也与方便医院有联系。广州医学求益社创办于1906年6月，社内还附设赠医席四席，由社友每日轮派4人，义务担任，每席医师日限诊40症，疑症互相

---

① 泽泓：《九善堂分水息乡衅》，苏泽群主编、杨光治副主编：《广州的故事》（第四辑），花城出版社2012年版，第112—113页。
② 广州市地方志编纂委员会编：《广州市志（卷十九）》，广州出版社1996年版，第216页。
③ 严世芸主编：《中国中医药年鉴（2002）》，中国中医药出版社2002年版，第475页。

研究，实地练习，病人持该社药单，可在方便医院免费给药。①

另外，南洋的医疗机构与方便医院多有密切的合作，如越南广肇医院与方便医院就有固定的合作关系。1907年方便医院派中医邓畅怀、熊干廷往越南治疗疫症，疗效显著，"自有方便特派医生之后，西贡始准唐医生医时症"。近代广州名医梁具天、李藻云等都曾由方便医院代为考选，聘往越南广肇医院执业。这些反映出东南亚与广东两地间中医界的紧密联系。②

1929年，国民政府在南京召开全国卫生会议，通过了废止中医药案。全国中医药界纷纷函电国民党政府，表示强烈抗议。接着全国医药团体聚集到上海总商会大厅，召开全国医药团体代表大会。会议决议案通过了将3月17日定为中医药大团结纪念日（后称"国医节"），并决定组织请愿团进京请愿。

广东方面，方便医院充当捍卫中医的先行者。1929年3月25日，在方便医院召集下，广州中医药界也举行联席会议，决定组织广东中医药联合会筹备会，进一步团结抗争。③ 最后在全国中医界的共同努力下，卫生部取消了废止中医议案。

1929年9月10日，广州市设立社会局，专门管理各种社会事业，从法国留学归来的西医伍伯良担任局长。他上任不久，就拟在各善堂、医院撤销中医药，添赠西医西药，以求美善。④

面对政府的命令，包括方便医院在内的广州各善堂与广东中医公会、中药业公会、丸散公会等中医药各团体紧急开会磋商。与会者一致认为此举属于摧残国医及国产药品的行径，议决各善堂院暂缓聘用西医。⑤ 其后，方便医院等13个团体，联名向省市政府具呈，指出中医的作用有目共睹，而社会局召集开会，并未充分讨论，即"强建各善堂院改用西医议案，迫令克日执行"⑥，违反中央提倡国货的精神，

---

① 沈英森主编：《岭南中医》，广东人民出版社2000年版，第48页。
② 郑洪主编：《岭南医学与文化》，广东科技出版社2009年版，第139页。
③ 廖文：《陈安良传》，华南理工大学出版社2014年版，第83页。
④ 《社会局整顿崇本善堂》，《广州民国日报》1929年12月28日，第5版。
⑤ 《各善堂院开会讨论情形》，《医药学报》1930年第3期。
⑥ 《医药团体请严办社会局长之呈文》，《医药学报》1930年第3期。

要求将社会局局长伍伯良彻查严办,并允许各善堂仍旧使用中医中药。

面对社会的压力,伍伯良开始妥协,"对废止中医中药已有转意,而市内方便医院、爱育善院、崇正善堂,亦决定联合呈请社会局撤销废止中医原案,闻各善堂呈文到社会局后,即可下令撤销废止中医案云"①。

可见,方便医院不仅是慈善救济的组织,也是捍卫中医的先行者,为维护中国传统医学贡献了巨大的力量。

(执笔:蔡泽瀛)

---

① 《善堂改用西药案可撤销》,《香港华字日报》1930年3月14日,第1张第3页。

※ 当代篇 ※

陈开枝的扶贫故事

"大鼻,大嘴,面黑,心热,一副广东老农民的模样",这是不少媒体对陈开枝的描述。

这位 1940 年 5 月出生的广东云浮人,百度百科对他的描述是"政治官员",并将其与谢非、梁广大等活跃在 20 世纪 90 年代的广东改革派官员联系在一起。

他在广东省委机关工作了 29 年,在广州市领导岗位 13 年,先后经历过 10 任省委书记、9 任军区司令,接待过改革开放之后的历任中央领导,对广东政坛了然于胸。

而如今,他的慈善故事更为人熟知。退休后,他先后担负中国扶贫基金会副理事长、广东省老区建设促进会会长等相关工作,得到过如"扶贫状元"、"全国东西部扶贫协作先进个人"、"全国脱贫攻坚贡献奖"等诸多荣誉。得到过多任中央领导的表扬。

"心底无私天地宽"常挂嘴边。如今 80 岁的他,正是古人说的耄耋之年,2017 年 8 月 19 日第 100 次踏入扶贫地区百色的他却说,扶贫并没有终点。

"平民市长"

陈市长为官一方,做出了很多实实在在的政绩,而且因为站在南方一线,也奠定了他的社会地位。在媒体人眼中,他是开明官员,有为、敢言,在改革的关键时刻出了力。

因此,也有媒体在接触他后形容道:陈开枝不太像市长,倒是像一个心宽体胖的基层老干部——实干、为民、有能力,骨子里有着经世济民的精气神。这种精气神在他投身扶贫慈善事业前，先映照在广东改革开放的40年亲身经历中。

1964年8月，陈开枝毕业于华南师范学院（现华南师范大学），同年进入广东省委机关工作。那时，他住的宿舍离单位虽然只有300米，却可以20天不回宿舍，就在机关值班室度过。一到星期日，别的人都去休息了，他仍然坚持值班。多年基层工作的锤炼，也使他具备了处理各种突发事件和各种错综复杂问题的能力，从一般干部，到调研组副组长、秘书处副处长、处长，到原东莞县委副书记、广东省委副秘书长。

1992年初，邓小平南方之行留下了一篇意味深长的谈话。邓小平南方之行的方案和视察地点，都是陈开枝首先提出的，他有幸从头到尾聆听了邓小平的教导，这段故事被人奉为美谈。然而，很少人知道，陈开枝在广东省委工作时，兼任广东省绿化委员会副主任，为10年绿化广东大地苦战在第一线，亲自办点，亲自指挥，创造了得到省委领导肯定的"陈开枝工作法"，广东成为全国绿化荒山第一省，得到中共中央和国务院的表彰。因抓绿化工作突出，1990年3月，陈开枝被评为全国绿化先进工作者，成为全国绿化奖章的第一批获得者。

1992年12月，陈开枝调任广州市委常委、常务副市长，协助市长负责政府的全面工作，具体分管经济体制改革，农村、农业、菜篮子、外经、外贸、外事、社会保障、法制、武装和街区、经济协作等工作。

为了保护广州的"市肺"白云山和广州的"母亲河"珠江，他奋不顾身，他高呼誓死保卫白云山，誓死保卫珠江。与侵犯群众利益的行为作坚决的斗争。在整治白云山周围的违章建筑和采石场的过程中，他亲自主持多次现场办公会，动员有违章建筑的单位自动拆除，采石场停止采伐，很快就把那些该拆的拆了、该停的就停了。还了广州老百姓一个漂亮的白云山和美丽的珠江。

他给自己制定的工作制是"365714"：一年干满365天、一周干足7天、一天工作14小时以上，从来没休息过节假日。在他的办公室悬挂的横幅是"永不言倦"四个大字。

广州的机关干部中流传着一句顺口溜，"跟着陈开枝，累死没人知，吃饭不准时，加班无贴士（加班费）"。很多广州人和一些常来广州的外地人评论陈开枝："在广州，电视上耀眼的明星不在文艺界娱乐圈，也不在体育界和商界，而在市政府。凡是解困济贫、救死扶伤、治理环境重大事故的现场，大都可以看见陈开枝的身影。"而陈开枝却认为自己的"出头露面"其实都是政府和人民的需要，就是为了做点事，这也正是人生的意义与价值所在，自称是广州600多万人民的打工仔，被广州市民誉为"平民市长"。

结对百色扶贫

陈开枝与百色的缘分，开始于成为"平民市长"的4年后。

1996年秋天，中共中央作出决定，广东、广西结对子开展帮扶工作，帮扶百色地区的任务落到广州市，具体任务落到了时任常务副市长的陈开枝肩上。

对陈开枝来说，这既是一项工作任务，也是一项人生使命。从一般干部到省级干部，他经历了10任省委书记，陪同过多任中央领导。在别人看来充满光环的一面，背后却是陈开枝一生难忘的拼搏。

陈开枝出生在广东西部云浮的一个小山村，是个地地道道的穷人家孩子，13岁念完小学那年，因为家里穷，考不考初中成了家里讨论的大问题，在他的坚持下母亲才同意让他去试一试。

可是家里没有钱给他作路费，更没有钱让他到县城吃饭，于是给了几斤米，6个鸡蛋，没有食油就抹一把盐，自己做饭吃。彼时，陈开枝还患了疟疾，隔天打摆子，一打两个小时。就这样他带病用两天时间走完了从家里到县城的45公里山路参加考试。

最后成绩出来时，整个乡只有他一人考上初中。初中毕业没钱读高中，为了能有助学金解决吃饭问题，坚持继续求学的陈开枝读了师范学校，中等师范学校毕业后以优异的成绩被保送上师范大学。

因为家里反对他继续读书，陈开枝去广州上大学报到时坐车经过家门，都没敢停下来回家，他怕停下来家里就再也不让他走了。

就这样，20岁前几乎都是赤脚度过的陈开枝上了大学。为了进大学门，他不得不买了一双布鞋穿上。再后几年来则和其他贫困同学捡学校对面暨南大学的华侨生扔的旧拖鞋穿。陈开枝还记得，第一次穿上布鞋，觉得脚上突然被裹了一层东西，走路不习惯，以至于同学以为他腿有毛病，也被同学的妹妹误以为是收破烂的。

但是从小学、初中再到师范学校、师范大学，陈开枝一直以勤奋的态度、优秀的成绩和优良的品格，得到老师和同学的肯定。在他看来，1964年大学毕业后，是一个机遇使他分配进广东省委机关工作。在他的人生之路上，他吃过苦，他能吃苦，他不怕吃苦，他用勤奋改变了自己贫苦的状态，他就要用自己的所能去帮助那些需要他帮助的人们。

陈开枝的"百色情结"还跟他的传奇接待经历直接相关。

1992年，邓小平第二次到广东时，陈开枝作为广东省委副秘书长全程陪同接待。陈开枝亲耳聆听到伟人阐述的理论："一部分地区有条件先发展起来，一部分地区发展慢点，先发展起来的地区带动后发展的地区，最终达到共同富裕。"

邓小平当年领导和发动百色起义。对邓小平的崇敬，让陈开枝对百色产生特别的感情。他说，"到百色来扶贫有踏着邓小平足迹而来的感觉。"2004年，邓小平同志诞辰百年之时，陈开枝专门撰写出版了《1992·邓小平南方之行》一书，他在书中袒露了自己最真诚的想法：

"我常常想，我投身帮扶百色，只是在完成党和老人家交给我应该完成的任务。作为一名来自百姓穷人家的领导干部，不应该害怕老百姓来找麻烦，而应该时刻把老百姓的冷暖记挂在心上，真心实意地为民谋利，真心实意地为民行使自己手中的权力。'当官不为民做主，不如回家卖红薯'。古人尚且如此，我们这些以全心全意为人民服务为宗旨的共产党的领导干部就更应该如此。我常常称自己为广州人民的'打工仔'，就是这个意思。"

百色乡亲的"广州亲人"

这种毕生的使命感，催生了许多1996年后的动人故事。

1996年7月，党中央、国务院决定开展东西部扶贫协作，安排广东对口帮扶广西。当年的 11 月 20 日，正在日本考察的陈开枝接到电话，立即回国和省委领导赴广西商谈帮扶问题。8 天后，他第一次踏上了百色这块红土地。

刚到过世界上最现代化的东京，一下置身贫穷落后的百色，巨大的社会经济环境反差和贫富悬殊强烈地震撼了时任广州市常务副市长陈开枝的心。

他走进一家农户，揭开锅盖，一锅稀拉的玉米糊上布满了黑点，用手轻轻拂过，黑点扬起，"那是铺了一层苍蝇啊"，陈开枝回想当时的情景，他舀起了一勺玉米糊，尝一口，酸的。但那已经是农户的所有口粮。

百色是全国 18 个连片贫困地区之一，1996 年的百色，12 个县中有 10 个是国家级贫困县，2 个是自治区级贫困县，3.6 万多平方公里的贫瘠大地上生活着 357 万各族儿女，当中有 100 万人没路走，80 万人没水喝，60 万人是绝对贫困，20 万人生活在缺乏生存条件的地方，3 万多名儿童失学。几十年过去后，当年百色令人心酸的贫困数据依然清晰地烙印在陈开枝的脑海里。

当时百色地委书记刘咸岳对陈开枝说，不用记那么多数据，了解百色的贫困状况记得两句话就好：一是住房八面来风（茅草房四处进风漏雨）；二是生活"三不上"：不上学（没钱读书），不上桌（没东西吃），不上床（没被子盖）。

此后，陈开枝既当指挥员，又当战斗员，走遍百色的穷山沟，摸清百色贫穷的根子。为了白色扶贫，他拼了老命。

1997 年 11 月 13 日从早上 5 点起床忙到下午，他还坚持要到广西第一穷村——百色田东县陇穷村去调研，因为山高坡陡，体力不支，晕倒在崎岖的山路上。有人说"这样下去很不安全"，陈开枝半开玩笑说，"扶贫没完成，马克思不收我"。

后来，陈开枝带着扶贫干部们解决老百姓的温饱和住房问题，搞村村通路、通电、通水、通邮、通广播电视、移民搬迁、劳务输出等多项扶贫工作，都开展得轰轰烈烈。

来得多了，百色的乡亲称陈开枝为"广州亲人"。陈开枝说，通过帮扶，百色所有失学儿童都回去念书了，教师教他们要懂得感恩，告诉学生们百色这地方别的人不来的,就是陈爷爷那个扶贫队伍来,看到有吉普车来了就给他们行少先队礼。所以,当地的孩子们就是打着架,看到扶贫队伍来到就马上停下来敬少先队礼,敬完礼后再接着打。

1998年,百色提前两年完成了国家"八七"扶贫攻坚计划目标。1998年10月,经广西壮族自治区和国务院扶贫办推荐,陈开枝被评为"全国十大扶贫状元"。

要给贫困户技能

针对百色的脱贫,陈开枝先后探索过几条路子:将石山区特困群众异地搬迁,安置百色农民工安排到珠三角打工,将百色的基层干部拉到广州培训,动员企业到百色投资兴业,开展社会帮扶。"但说到底,要给他们技能。"

有一次,陈开枝去村里听到两个小朋友在吵架,其中一个说:"我姐大上过二年级",另外一个就说:"你姐大才上过三年级有什么了不起的!我爸还去过一次县城,你爸就没去过"。陈开枝说,连这些都可以拿来炫耀,其实很令人心酸,有很多老人一辈子都没有下过山。

陈开枝还记得,"在百色走访时看到,当地学校会出现小学五年级毕业的人去教六年级的学生"。

这位扶贫战线上的老兵,对"扶贫"有着最精准的理解。他曾经说:"扶贫不是一种恩赐,更不是一种救济,一定要找对路子,扶真贫、真扶贫,从名利出发是做不来扶贫工作的。"

他把自己的扶贫经验总结为五句话:

——认识要高。去扶贫的干部要认识到扶贫攻坚工作关系到国家的均衡发展、长治久安,关系到老百姓的小康。

——感情要深。不掉眼泪哪有感情,有的扶贫干部看到老百姓的困境都无动于衷。扶贫最怕有恩赐感,以为我是来救你的,高高在上。埋怨扶贫对象懒、不开化,这不对。

——路子要对。要脱贫,又没有很好的路子,一下一个主意反复折腾,时间耽误不起。而且钱也没多少,不能扶一个地方就交几千万元学费。路子怎么走,一定要经过深入的调查研究。

——措施要硬。当时百色扶贫修一条路,厅级干部要管一公里,科级干部管五百米,反正怎么修都要完成。现在中央措施是很硬了,下了很大的决心,又和各省签了责任书,就看各地怎么执行。

——作风要实。扶贫要深入下去,不能浮在面上。要强调实干,不要空谈。

其中,教育就是陈开枝的扶贫路子。"如果不解决教育问题,纯粹去解决生活问题,就不能解决根本问题。"多年的扶贫经历,让陈开枝深深意识到"教育扶贫"才是改变一个家庭命运的钥匙。

"升官了不会不管我们吧"

然而,理念说得好听不如做得好。有两次,百色人民都以为,百色扶贫这么艰难的任务,老人家应该要甩手了吧?第一次是1998年6月,陈开枝到广州市政协任主席,百色的同志说:"你现在升官了,扶贫的事你不会管了吧。"

陈开枝说:"我是一名共产党员,扶贫的义务没有变,为人民服务的责任没有变,生命不息,扶贫不止。"在他看来,工作岗位可以有一、二线之分,但工作态度则是没有一、二线之分的,永不言倦是对自己的一个要求,并不强加给别人。他认为只有拼命干,才能给百姓、给祖国多做事,才能推动中华民族早日振兴。

2个月后,陈开枝就替百色筹集到250万元。在他的影响下,广州市政协的香港、澳门委员积极参与扶贫工作,兴建了百色祈福高中。

从1997年春节开始,连续10年春节陈开枝都要到百色的山村慰问当地的老百姓,问村民们:娃娃读书了没有?粮食够不够吃?了解哪条村子无钱打井,哪条村子没有饮用水;了解还有谁家的小孩上不起学,哪间小学的校舍破旧无法再用;逐一摸清了这些实际困难后,回到广州积极想办法,能帮的就自己来,自己帮不了的找别人,这个单位帮不了的就找其他单位,一直找到能帮的人。

从新千年开始,广州对口百色扶贫把主要精力落在教育扶贫,把失学儿童全部送回学校。他还发动群众捐资解决教育问题,这十多年，陈开枝发动广州市社会各界、港澳台和海外华侨在百色新建、改建了242所中小学和幼儿园，社会资金达3亿多元。他总主张，扶贫还是要抓教育，孩子掌握了技能，这户家庭就能很快脱贫。

2003年，百色祈福高中秋季毕业生第一次参加高考，大专以上上线生达94%，608人被本科以上院校录取，居广西546所高中的第九名。

"祈福中学的诞生和成长，是陈开枝老人教育帮扶的一个典型成就。"百色祈福高中校长谢承斯说，2000年，在陈开枝牵线下，香港企业家彭磷基捐赠3000多万元援建百色祈福高中，目前在校生共有3800多人，十多年共培养出2万多名寒门学子。

卢艺文是百色市祈福中学学生，家里三兄妹都在上学。她父亲身体不好，一家人的收入全靠母亲务农、养殖及做一些散工。

"如果陈爷爷不帮忙，母亲肯定也会咬牙坚持让我读书，但这样的话，她肯定会更累，吃更多的苦，而且我上课时也容易分心。"卢艺文说，现在得到陈爷爷支持，上课的时候，可以集中精力听讲，不用担心钱的事。

"我以后也要做一个像陈爷爷一样有爱心的人。"卢艺文说。

8年来，广东、广州无偿支援百色资金达3亿多元，帮助百色完成大石山区特困农民异地安置8000户4万人，援助新建改建中小学校242所，培训基层干部1400多人次，每年接纳百色劳务输出人员30多万人次。

经过多年努力，百色教育事业从广西原来的落后市变成先进市、教育强市。

2004年10月，陈开枝被评为第二届"中国时代十大新闻人物"，11月又荣获国务院"全国东西扶贫协作工作先进个人"。面对这些荣誉，他却非常平静，他认为自己所做的一切都是职责分内的事：首先要做一个好人，然后是做一个爱国的中国人，最后是做一个好的共产党人。

他粗略计算了一下，自13岁离家外出读书、工作至今，67年回故乡（距广州仅100多公里）50次，平均一年不到一次；到百色（距广州1000多公里）22年间109次，一年去近5次，走遍了百色

12个县（市）的壮乡瑶寨穷乡僻壤。

爱人半是理解半是责怪地对别人说："结婚几十年，他从来没有带我旅游过，就是距离广州很近的桂林、北海也没去过。第一次带我外出'旅游'，就是到百色扶贫。只有他做得出来，去百色比走亲戚还勤。"对此陈开枝笑言："她说对了，我就是要到百色比走亲戚还勤，我不能让百色的百姓穷在深山人不知，要给他们战胜贫困的信心和力量，给他们克服困难的希望，帮助他们解决一些实际困难。我一定要当一个比百色人还了解百色、还爱百色的'百色'人……"

四处"化缘"筹善款

2005年2月12日，陈开枝率团到百色开展考察和慰问活动，那是他第50次到百色开展帮扶活动，第9次到百色过春节，在当晚的捐赠仪式上，陈开枝告诉大家他即将退休。百色当地的干部嘀咕"他老人家可能不会再来了"。

百色老百姓问陈开枝，以后还会来吗？陈开枝许下承诺，"要是活到85岁我会再来50次，即使影响力小了，拿退休金去帮几个人也好啊。"

他表示，今后对百色扶贫工作会一如既往的关心、支持并身体力行，只要能健康活到85岁，会再来50次，以实现一生来百色100次的愿景。

退休后，陈开枝反而更忙了。他自言甘当"现代武训"，四处"要饭"，到处"化缘"募集善款，继续动员社会各界人士和他一起扶贫。

在他担任中国扶贫基金会副会长期间，从云贵高原到青藏高原、从玉龙雪山到大小凉山，从祁连山到六盘山，从太行山到大别山，从大兴安岭到内蒙古草原贫困牧区，都有他扶贫济困的足迹。

彼时，陈开枝说，"中国非政府组织的慈善捐助，国内企业所占的比例还不到10%。把财富带进棺材是人生的耻辱"。在他看来，与比尔·盖茨、沃伦·巴菲特相比，中国企业家的良心和责任心还需要进一步唤醒。

为此，陈开枝决定扮演"唤醒者"的角色，或邀企业家聆听有关贫困地区的报告，或亲率企业家到那些"住房八面来风、生活'三不'"的地方去。

"必须亲自去看看才能感动。"当企业家们被打动得泪眼模糊甚至饭都吃不下的时候，陈开枝会说："我们有个某项目可以帮助这里的人们，你们看看谁愿意出资。"

"有了感动才能有互动，有了互动才会落实到行动。"陈开枝说，自己一有机会就动员企业家参与扶贫。

显然，企业家们并不反对抽出一点时间去体验"眼泪之旅"。陈开枝先后80多次带领广州干部、企业家走访百色县区，投入资金、推进项目，创新扶贫机制。

"中国扶贫基金会像是丐帮，四处讨钱。"陈开枝戏称，但他同时正色道："我们'讨'来的每一分钱都会用到有用的地方去，中国扶贫基金会绝对不会出贪官。"

这话陈开枝说得颇有底气。"比如说，扶贫基金会，一发生大灾，我们就要在半个小时内发起募捐，在几个小时内赶往现场，而且不来虚的，汶川地震灾区我去了三次，玉树、雅安地震灾区也去了三次。"

接着，陈开枝又回忆道，"西南大旱那次，曹德旺（注：著名慈善家）给我们基金会出了难题，给了两个亿，只给了3.5%的管理费，规定3个月发到10万个家庭。还有16个条件，什么样的不能发，有拖拉机的不能发，有新房的不能发，最后还要搞个第三方来评判，错了一个罚我多少。为了这个，我都70多岁的人了，深山野岭里，我坐在摩托车上，冒着雨去落实。最后曹德旺见到我就服了，说，你们这些老头，真是干实事的！"

此外，每年陈开枝都从自己的退休金里拿出3万元资助百色的贫困学生，像《1992·邓小平南方之行》一书的稿费也会存入自己的扶贫基金里。他几乎给每位求助者都寄过学费。

"平均每个人都寄上500元，有的寄几千。有些人已经资助了十多年了，从初中读到了博士。"不仅经常自掏腰包捐助寒门学子，数年来，他和很多学生都保持着书信联系。有时，陈开枝到了百色，还会特地和几名资助过的学生见面。而这些学生也是特地从各地赶来。

"如果不是陈爷爷，我不知道现在在山里干什么。"姚美辛现在是当地一名乡镇干部。上高中时，因交不起学费，她面临辍学，于是鼓起勇气给陈开枝写了一封信。很快，陈开枝汇了1000元给她当学费。姚美辛得以继续学业，大学毕业后回到家乡工作。

像姚美辛这样曾受资助的学生还有不少，有的也加入到了扶贫济困的行列中。

做实事给陈开枝立了募捐的好形象，虽然所募所捐不一定比企业家的大手笔多，但大家都认定了陈开枝做的事最实在。

那些年里，陈开枝每年都会收到来自全国各地数百封求助信，"我的兜里每天都会放着一些求助信，好随时帮他们实现愿望。"虽然时隔多年，那一封封求助信陈开枝依然记忆犹新，解决的方式往往出其不意——

"一位学生向我求助3000元学费，刚好当时一个朋友请我吃饭，我就说，饭不吃了，你把这个给我解决了。"对方爽快地答应了。提起此事，陈开枝笑容满面。

还有一次，六隆移民开发区正在筹钱建学校，刚好碰上王永庆先生长子王文洋请吃饭。陈开枝就趁机动员开了："给打个大'包'吧！我要50万建一个学校。"王文洋当下就同意捐50万元在百色建"好又多"希望小学。

独特的募款技能

陈开枝的筹款能力在慈善行业内颇受称道，靠的也不仅仅是真挚而实在的信念和情怀。

陈开枝在退休多年后，为中国的"慈善GDP"做了不小贡献。据其说法，经他联系给中国扶贫基金会的捐款，就有"5亿到6个亿"。

"首先你要有个热心肠，你都没有热心肠，别人才不理你；其次你的人际方面要有群众认同，用老百姓的话说，就是要有粉丝啦！你架子蛮大，高高在上，就不行，要多接触群众，要可爱；再次是要有人脉积累，你从来不理人，别人打招呼你也不理，板着脸孔，等到捐款时你找别人，别人会理你啊？"在介绍自己的募捐经验时，陈开枝如是说道。

为达到"要可爱"的效果，陈开枝有十八般武艺，陈开枝有个"瓶中取塞"的绝活，先是把一个软木塞敲进一个空的红酒瓶中，然后问众人，谁有本事不打破酒瓶而在 50 秒内把塞子取出来。众人自是不能，于是陈开枝开始表演，他把一块折叠过的餐巾布推进酒瓶中，真的就在短时间内将塞子带出，初见者无不拍掌叫绝。

据说，凭着这手绝活，陈开枝曾募得 30 万元善款。"当时，我想给林芝拉萨那边搞点电脑，改善办公条件。谁知道出发前办公室说来不及拿钱。当晚，青年企业家协会换届请我参加，我就说我出个题目，你们完成了，我喝三杯满的，完不成的话，那你们 30 个人，每人拿出 1 万块，我明天上高原，这些钱就用于援藏，到时候开发票给你们。"

发起基金会帮助更多人

时光飞逝。2017 年 8 月 19 日上午 8 点多，从广州飞往百色的飞机降落在百色巴马机场。这是陈开枝第 100 次来到百色。

如过去 21 年里的 99 次一样，这次的扶贫出行依然选择在周末。陈开枝前一天刚忙完广州的工作，周六凌晨 4 点多就起床赶早上 7 点 05 分起飞的航班来到百色，每一次逗留 3 天，每一天行程满满，从早到晚，有时连续工作 15 个小时。

如今，百色发生了翻天覆地的变化。很多当年的泥巴路变成了水泥路、高速路，茅草房变成了高楼房，漂亮的教室里传出朗朗的读书声。

陈开枝回想十几年前，去百色得先到达南宁机场，然后换乘汽车颠簸 300 多公里才能赶到扶贫点，忙碌两天后，又在周日晚回到南宁坐最晚的航班回到广州，第二天准时回到单位上班。

这次来百色也一样，一下飞机就赶往 200 多公里开外的隆林，考察中国扶贫基金会隆林"加油计划"项目落实情况，随后又去了大树脚小学、弄桑小学、保上小学等项目学校，天生桥电站、西林民族高中等学校考察。

离开隆林后,陈开枝又前住西林县调研,两天之后才回到了百色市区。8月的百色骄阳似火。77岁的陈开枝每天带领大家冒酷暑、顶烈日,翻山越岭,衬衫湿透了也不在乎。

也就是在从隆林去往西林的路上,陈开枝收到了资助学生程琬婷的短信。程琬婷是陈开枝牵线搭桥建立的百色祈福高中首批学生,高中毕业考上大学第一年就因无法交付学费而面临辍学,是陈开枝的4000元捐款解决了她的燃眉之急,也彻底改变了她的命运,让她实现了教师梦。

在2010年祈福高中建校10周年庆时,程琬婷就已经再次见到了陈开枝,并表示现在有能力了,希望能将4000元还给恩人。但陈开枝却握住她的手说:"不用还钱,把爱心传递下去。"

对于资助过的所有贫困学子,陈开枝一直都告诉他们这句话,而那些受他资助过的学生有很多已经走上工作岗位,陈开枝对他们的期望就是传递爱心,如今,在西林民族高中担任教师的程琬婷,也常利用业余时间到贫困学生家中走访,帮助他们在爱心群中寻找一对一的帮扶,帮助了部分贫困的学生。

"每人几百块凑起来,坚持一个信念,一代代地传下去,对弘扬传统美德,提高民族素养有很好的促进作用。"陈开枝说,他资助过很多孩子,看到他们成长成才,并将爱心传递下去,比得到任何荣誉都要开心。

2017年12月11日,是百色起义88周年,也是百色教育基金会的慈善筹款日,为了这天的到来,陈开枝这半年已静悄悄在北京、广州、深圳等地动员爱心人士,筹集到2100多万元善款。

为了建立百色教育扶贫的长效机制,2012年12月,陈开枝发起成立了百色市教育基金会,他主动担任名誉会长,亲力亲为,从策划酝酿到筹备成立,再到筹款运作等每一个环节、细节都给予悉心指导。而基金会至今筹款超过2.6亿元,资助了4.52万名困难学生。奖励边远山区教师6586人,救助特困教师120人。这几年陈开枝也拿出自己的退休金33万元补贴学生的生活费。

他说,建立了一个长效基金,目标是要搞一亿元的本金,拿一些作理财，可以得到百分之十的回报。这样，一年起码就有八九百万元的收益，就可以帮相当多的孩子了。

"不能让处在底层的人永远在底层"

对于扶贫，陈开枝的理解也越来越深刻。

反贫困斗争是全世界每个国家都面临的，是联合国都提上议程的事情，而不光是中国的事情。中国政府的反贫困斗争工作，在世界上是做得最好的，取得的成绩是举世瞩目、世界公认的。陈开枝在分享扶贫理念时说道，"我们在短短30年间，让几亿人脱贫。新千年时，联合国官员到百色去看脱贫的情况，他们都肯定我们的做法。中国反贫困斗争所取得的成效，怎么估计都不过分，都不算吹牛。"

而对于当下的精准扶贫工作，陈开枝认为抓得很紧，力度很大，效果不断地显现。"所谓精准扶贫，就是实实在在，从实际出发。第一个精准，是弄清情况的精准：这村是不是贫困村，这户是不是贫困户，用一个标准衡量，加大扶贫力度。第二个精准，是制定措施精准：扶贫要因村制策、因户制策。我作为从事扶贫工作多年的一个老兵，是越看越高兴的，越看越感觉充满着神圣感。"

展望未来，陈开枝说，现在所谓到2020年解决七千万人口脱贫，千万不能理解成到了2020年中国就没有扶贫任务了。这七千多万人中，有两千万是必须由政府全部背下来的，他们根本没有自己生存的能力，对这部分人政府要兜底剩下五千多万通过产业扶贫、移民搬迁安置、教育扶贫等各种途径脱贫。

在他看来，贫困问题是动态的——今年脱贫了，明年突然一场大病有可能返贫，还有原来不算很贫困的变成新的贫困人口；贫困标准也可以提高——国家第一次定脱贫攻坚标准时定的是200块钱，而现在定的是2300元（2010年不变价），将来社会发展了，标准定为3000块、4000块，那不是又有新的贫困人口了吗；现在集中力量解决农村贫困问题，但城市里现在还有几千万的贫困人口是拿低保的，2020年以后，城乡的差别不断地缩小，但是城乡的贫困人口同样存在，这个工作同样要一起去做，未来的反贫困斗争应当形成这样一个态势，社会上的贫富人群是流动的，不能让处在底层的人永远在底层，处在高层的人永远在高层。

"扶贫是个动态过程。"陈开枝说，关键是还有些家庭可能会遭遇意外而成为贫困家庭。因此，陈开枝认为他的扶贫之路还有很长要走，100次扶贫只是一个阶段，而下一阶段他即将第二个100次的启程。

几十年的扶贫成绩让百色人民有目共睹，但是陈开枝并没有打算就此止步，他说，还要继续在百色扶贫路上继续前行，他最希望看到的就是百色人民都富裕的那一天。他的座右铭则是"生命不息，扶贫不止"，只要身体可以，他会继续前往百色，继续第二个100次。到2019年12月，他已经109次赴百色。

他的行动感动了百色人。在广西凌云县文化馆工作的黄兰芬创作的《你的心牵挂着百色老区》的歌词中写道：都说边远没有兄弟，都说贫困没有亲戚，你看那个广州兄弟，脚下粘着百色黄泥，你的心牵挂着百色老区，无论你走到哪里都留下你深深的足迹。

（执笔：公益资本论团队）

从推行传统扶贫济困到推动城市慈善文化建设
——广州市慈善会的坚守与创新

"慈善会"这一形式出现于清末民国时期,是特定历史时期下所建立的慈善机制。新中国成立后,在当时国际国内大环境下,国家以阶级斗争为纲,对慈善事业曾有过错误的认识,包括慈善会在内的各类慈善组织和社会组织被取缔,新中国成立后的30多年间,内地慈善事业都处于衰息和停滞状态。

1994年,《人民日报》发表评论员文章《为慈善正名》,同年,中华慈善总会以全国性社会团体的身份在京成立。建会之风很快自北向南,1994年6月,广州市慈善会成立,其身份标识是由社会各界热心慈善事业的团体或个人志愿组成的公益性社会团体,业务主管单位是广州市民政局。

相较于传统意义上的"社团"、"基金会"、"民间慈善组织"乃至"政府部门","慈善会"的确介于这几者间的模糊地带,但事实上,在我国公益慈善事业逐步发展的背景下,正是慈善会起到了搭建政、民、社链接平台的作用。

"广州市慈善会是市民心中最认可的慈善渠道平台。"在谈及慈善会在整个公益慈善领域的地位时,时任广州市慈善会秘书长汪中芳说道,慈善会要在领域内当好"领头羊"的角色。

一匹好的"领头羊"需要审时度势,需要时刻反思和要求创新,是引领整个行业队伍发展前进的关键。从推行传统扶贫济困到推动城市慈善文化建设,纵观广州市慈善会20余年的发展道路,或能看到广州公益慈善领域发展的过去和未来,更为广府公益慈善文化拼图添上重要一块。

一 扎根改革开放前沿，为扶贫济困而生，深耕传统慈善领域

新中国成立后，与内地慈善事业一度销声匿迹的情况不同，港澳台地区的慈善事业从未停止，并在20世纪60年代以后得到蓬勃发展。改革开放后，广大侨胞和港澳同胞热心社会公益事业，多方捐赠，造福桑梓。广州得地缘的便利及改革风气之先，慈善事业有如久旱逢甘露，一下子蓬勃发展起来。

1996年，中华慈善总会成立。同年6月5日，广州市慈善会成立，是广州解放以来登记成立的第一个以"扶贫济困，见难相助"为宗旨的市级公益慈善社会团体。从筹备到成立，当时的市委、市人大常委会、市政府的很多领导同志都直接参与了这项工作，并分别担任了慈善会的职务。在成立大会上，时任广州市委书记高祀仁在讲话中就明确指出，广州作为全国综合配套改革的试点城市，各项工作都要全面推进，而成立慈善团体，不仅仅在于使社会最困难人士得救助本身，更在于显示出建立社会保障社会化机制的重要性。①

这也道出了广州市慈善会的使命。事实上，从成立之初到2011年，广州市慈善会一直在践行传统慈善，抓住当下社会核心问题，打造各类慈善项目，惠泽众多弱势群体。而如今，随着品牌项目的不断深化，广州市慈善会依旧秉承"扶贫济困，见难相助"宗旨，积极推动和引领广州地区慈善事业发展，广泛动员社会力量筹集慈善资金，组织开展紧急救援、扶贫济困、安老助孤、医疗救助、助学支教等慈善活动。

比如在医疗这件关于国计民生的大事上，广州市慈善会致力于打造具有广州特色的慈善医疗救助体系。继1995年11月开设第一家慈善门诊后，广州市慈善会于2002年募集部分资金创建了广州市慈善医院，并授权广东省中医院经营，是全国首家完全新建的、管理先进的、具有慈善救助服务性质的大型综合医院。开业以来，市慈善医院坚持"扶贫济困、治病救人"的办院宗旨，已发展成为广州市知名

---

① 参见《广州市慈善会正式成立》，《广州政报》1994年第7期。

三甲医院，积极救治广州特困病人并实施优惠政策。在市民政局、市慈善会指导下，市慈善医院积极参与"慈善医疗进社区"、"送医送药下乡"、"为百岁老人送健康"等活动，每年投入专项经费约100万元，推进"未病初筛助康行动"，先后为全市特困居民提供前列腺、乳腺癌、慢阻肺等专项疾病免费筛查服务。2018年4月，广州市慈善会、广州市海珠区碧心公益服务中心携手广州大型公立医院、公益慈善组织、媒体、爱心企业共同发起慈善医疗大病救助平台——珠珠救助联盟，开通了全国免费求助热线电话400—859—9595，为有需要的患者提供求助渠道，链接社会救助资源。广州市慈善会还打造诸多慈善医疗项目（爱蕾行动、慈善医疗和应急救助、福彩及时雨、急难救助、特殊病人免费赠药、爱肺计划——肺癌早筛、再生援、柔济、血友病等专项救助项目），针对困难群体开展大病救助、医疗救助、急难救助，使得慈善救助品牌项目不断深化，慈善救助成效显著。①

此外，广州市慈善会还设立专项基金稳步实施扶贫项目，与此同时，为打造筹款品牌更好开拓慈善之源。举办"慈善之光"文艺晚会（1994—2007年），共筹集善款2.1亿元；共举办十二届慈善杯高尔夫球赛（2004年至今），募集善款2300多万元；共举办六届"悦读·与爱相随"乡村小学图书馆计划慈善拍卖盛典活动（2008年至今），联合《生活元素》杂志社，募集善款514.48万元；自2010年开始，协助市委市政府举办"广东扶贫济困日"（2010年至今）等。而在开展赈灾募捐活动方面，广州市慈善会也成绩显著：2006年参与"抗洪救灾"，共募集捐款1.03亿元；2008年倡导市民向四川汶川地震灾区捐款、捐物，积极调动各种社会资源，共募集捐款约8.31亿元，同时派出工作人员，在广州市对口支援地震灾区灾后重建工作办公室工作，直接参与灾区重建工作；2010年，为青海玉树救灾募集捐款1.04亿元，为西南地区旱灾募集捐款1198万元；2012年和2014年，为云南地震灾区募集捐款共417.65万元。此外，舟曲

---

① 参见《广州市慈善会发展历程（历年大事记）》（http：//www.gzcf.org/WebSite/NewsList/504）。

泥石流和粤西水灾发生后，市慈善会都积极开展募捐赈灾活动，分别募款200万元和250万元。①

综合各方面的突出表现，广州市慈善会分别在2007年、2014年获得"中华慈善突出贡献（组织）奖"，在2007年获得"南粤慈善奖"，在2008年获得多个"抗震救灾先进集体"荣誉称号，2018年，广州市"羊城慈善为民"行动项目荣获第十届"中华慈善奖"。2018年在广州召开的中国善城大会上，中国城市公益慈善指数发布，广州获得"全国第二、全省第一"的好成绩，广州市慈善会发挥了积极的作用。

二 转型机遇：联合外部 优化内部

（一）扶持民间公益 从自上而下到树立搭平台意识

2011年是中国民间公益元年，在这一年中，民间公益迅速兴起，公众广泛参与新媒体、微公益等，冲击了一些暮气沉沉的官办慈善组织，带来了慈善领域一片清新气息和生机活力。

2011年10月26日，广州市人大常委会第45次会议通过《广州市募捐条例》②，引起了全国的关注。随着广州放开慈善组织登记和慈善组织公募权后，民间公益不断兴起，可以说，这得益于整个社会组织体制变革，是政府强烈推动下的民间化发展。而这不仅是公益慈善领域的一件大事，也成为了广州市慈善会改革的一个重要节点。

在这样的背景下，如何突破体制，更好助力公益慈善理念民间化，成了广州市慈善会面临的重要问题。在前任广州市慈善会秘书长汪中芳看来，无论是从社会观念、社会组织发展本身，还是社会组织公众认同层面，推动公益慈善民间化还存在很多障碍。中国的国情决定了官方背景的组织在社会上更有公信力，所以官办组织要参与其中，努力助推这股"民间化"潮流。

从2012年开始，大型公益慈善主题展会开始在全国范围内兴起。

---

① 具体数据参见《广州市慈善会工作介绍》（2018年9月），由广州市慈善会提供。
② 《广州市募捐条例》是全国省会城市中第一部规范募捐工作的地方性法规，对募捐主体、募捐许可、募捐行为、募捐程序、募捐信息公开等作了明确具体的规范。条例一大特色是公募权向民间组织放开，即意味着，除红十字会、慈善会、公募基金会以外，广州公益性的社会团体、民办非企业单位和非营利的事业单位也将可以开展募捐活动。

2012 年 7 月,首届"中国公益慈善项目交流展示会"在深圳举办,[①]建立了迄今为止全国最大的公益慈善资源对接平台;2012 年 8 月,中国(宁夏)黄河善谷慈善博览会在银川举办[②],促进了以宁夏为代表的西部地区慈善需求与全国慈善资源的有效对接。据此,许多人或心存期待:"能不能打造属于慈善领域的'广交会'?"首届广州市慈善项目推介大会应运而生。

2013 年 6 月 26—27 日,首届广州市慈善项目推介大会在广州白云国际会议中心举行[③]。据媒体报道,推介会以"牵手、凝聚、关怀、共享"为主题,按照"政府搭台、社会参与、慈善组织运作"的方式,为慈善项目展示、交流、合作提供平台,积极引导社会热心企业、机构、个人参与慈善活动,帮助困难群众解决最迫切、最现实的生活困难。

在汪中芳看来,与深圳举办的展示会不同的是,此次慈善项目推介会重在"推介",着实体现了政府搭建平台的意识,政府退回到秩序监督者、支持者的角色,最大亮点之一是实现了善款与慈善项目直接对接,让慈善组织、企业和个人有了更多选择权,让捐赠者明明白白地知道捐款项的用途。

可以说,对于"能不能打造属于慈善领域的'广交会'?"这个问题,广州市慈善会以实际行动交出了一份令人满意的答卷。

(二)塑造慈善公信力 第三方监管辅助过滤

自 2011 年"郭美美事件"爆发以来,整个慈善行业的公信力受到前所未有的质疑,只有监管的阳光照进慈善组织的各个角落,才能驱散公众的疑云。无独有偶,2012 年 5 月 1 日正式实施的《广州市募捐条例》第三十六条规定:"市、区、县级人民政府应当鼓励和支持社会公众、新闻媒体对募捐组织的募捐活动和募捐财产管理使用

---

① 参见中国政府网《首届中国公益慈善项目交流展示会在深圳市开幕》,(http://www.gov.cn/ldhd/2012-07/12/content_ 2182030. htm)。
② 参见中国新闻网《黄河善谷慈善博览会在银川开幕》(http://www.chinanews.com/df/2012/08-27/4134174. shtml)。
③ 参见广东文化网《广州举行首届慈善项目推介会》(广州日报报道)(http://www.gdwh.com.cn/whwnews/2013/0627/article_ 17381. html)。

等情况进行监督。"在这些背景下，2013年6月，广州市民政局为更好地对公益捐赠和慈善募捐行为实施监督，提高广州市慈善组织的社会公信力，推动广州市慈善事业持续健康发展，经市政府同意成立全国第一家慈善组织第三方社会监督机构——广州市慈善组织社会监督委员会（简称市慈监委）。

市慈监委成立后，为更好履行职责、更具独立第三方性质、更好承担法律责任，于2014年1月登记为社会团体法人。市慈监委作为全国首创的对慈善组织进行社会监督的专业第三方机构，与政府、慈善组织以及其他组织和个人不存在行政隶属或控制关系。市慈监委委员均自愿义务履行社会监督职责。市慈监委的监督工作严格按照《市慈监委调研和监督的具体工作程序》进行，并从2014年下半年开始增加了先审计后监督的程序，有效保证了监督的公正性、客观性。

市慈监委现有委员23名，包括现职省政协委员1名、市人大代表8名。委员们均是知名度较高的专家学者、律师、会计师、医务工作者、媒体人、企业家、市民代表、社工师等，确保了委员的广泛性、代表性和履行监督职责的专业性。

6年来，市慈监委共对51个（次）慈善组织及相关慈善项目和承接政府购买服务的社工机构进行监督（其中对15个扶贫村的扶贫资金进行了监督），共涉及金额16.36亿元，提出了220条监督意见，有30份监督报告在广州慈善信息网上公布。对市慈监委的监督意见，被监督单位均表示同意和接受。①

据其官方资料显示，在市民政局的大力支持下，2017年市慈监委会同专家团队在广州市慈善组织透明度评价的基础上，研究、修订了《慈善组织透明度评价体系（广州地区试行）》。2018年市慈监委联合中山大学广州大数据与公共传播重点研究基地根据修订的透明度评价体系，截至2017年12月31日前，已对广州地区进行慈善组织登记和认定的58家慈善组织的透明度公开情况进行信息抓取、梳理、统计、分析，形成广州地区慈善组织透明度排行榜，撰写《慈善组织

---

① 具体数据参见《敢为人先 积极履职 提升社会慈善正能量——广州市慈监委》，由广州市慈善会提供。

透明度指标构建与应用：基于广州数据的分析》报告。2019 年，截至 2018 年 12 月 31 日前，市慈监委已对广州地区进行慈善组织登记和认定的 106 家慈善组织的透明度公开情况进行信息抓取、梳理、统计、分析，并最终形成排行榜撰写分析报告。

此外，市慈监委还致力于专业研究，完成了《广州市慈善组织发展研究报告》《广州市慈善募捐制度研究报告》《广州市慈善募捐制度研究报告》，制定了《广州市慈善组织监督审计指引》，还承接《广州市募捐条例》修订项目的调研起草项目，出台了《广州市慈善条例》的征求意见稿并积极推进立法程序，不断助力广州市慈善事业发展。

慈监委的监督是社会监督，虽然不具有强制力，但法律上有监督的依据。"虽然仍旧要解决其法律问题，但慈监委十足充当了'过滤器'。"在汪中芳看来，引入第三方监管能塑造行业公信力，让组织运作更规范、更公开透明。此外，广州市慈善会能够当慈监委的首发"试金石"，"试金"能成功，也是"照亮"了自己。

（三）精简职能 加强外部合作

慈善联合发展是世界慈善领域的总体趋势。世界各地慈善联合发展组织发挥了行业自律、行业评估、行业互助的作用。随着广州放开慈善组织登记和慈善组织公募权后，各类慈善活动主体不断增多，慈善资源不断拓展，慈善活动形式不断创新，尤其是民间慈善事业发展迅速。这就使得行业内对建立行业联合组织、制定行业规范、维护行业权益、推动行业自治的呼声日益高涨。

2014 年 7 月，经广州市民政局批准，广州市公益慈善联合会（简称广州慈联）正式成立。广州慈联是全国范围内较早成立的慈善领域的联合性组织，省内第一家公益慈善方面的联合会，目前共有单位会员近百家。

成立广州慈联是广州继 2013 年成立广州市慈善组织社会监督委员会之后，进一步深化慈善改革，健全慈善监管体系的又一重要举措。广州慈联成立后，一方面，广州市慈善会原来承接的部分行业指导职能将剥离交由慈联承担，广州市慈善会作为募捐组织，与其他公益慈善组织地位平等，按照《广州市募捐条例》规定依法开展募捐活动;另一方面,慈联本身不开展慈善募捐活动,不从事慈善项目运作,不充当慈善领域资源竞争主体,主要发挥公益慈善行业规范、自律自治、交流合作以及政府与公益慈善组织、公益慈善组织之间的桥梁纽带作用。可以说,广州慈联的成立,体现了行业更专业化发展的趋势,更利于广州市慈善会精简职能,让其持续深耕募捐活动,更好开展工作。

自广州开展创建全国"慈善之城"以来,广州慈联便成为慈善之城建设的重要力量,在行业专业性人才培养、慈善文化营造、搭建平台、行业自律和行业性研究与评估等方面取得了诸多成果[①]:

其一,搭建公益人才培养平台,提升公益行业人员素质。市慈联于2017年启动的"善知学园计划",如今已成为公益人专业学习平台;而2018年广州慈联与广州岭南教育集团等多家机构联合倡议发起的岭南公益慈善学院,更是推动全日制慈善方向职业人才培养的创新之举。

其二,传播慈善文化,推动广州市慈善文化的建设。广州慈联通过开展慈善读本进校园项目,让孩子学会"善";通过"慈善家庭"征集工作,推动慈善理念深入社区、家庭;通过"新春花市"、"广府庙会"、"北京路公益慈善嘉年华"等活动,将民俗文化融入慈善文化中;而其尝试的创新项目"善行天下",让广州慈善文化走出了国门。

其三,搭建行业间的交流平台、公益慈善行业与公众间互动的平台。广州慈联通过开展"益群计划",搭建了公众与慈善组织之间的沟通桥梁;通过主办"汇丰·广州社区节",搭建了共建共享社区资源的平台;通过承办中国善城大会,促进了城市间的慈善工作经验交流。

其四,创建"慈善之城"成果丰硕。一方面,自成立以来,广州慈联一直秉承着"促进行业自律"的宗旨,推动慈善行业信息公开,助推广州透明慈善的形成;另一方面,其不断开展行业评估与研究,推进行业发展。如2018年发布的全国首个区域慈善指数报告,为广

---

① 参见《广州市公益慈善联合会介绍》,由广州市慈善会提供。

州创建全国"慈善之城"提供指引借鉴,成为了广州爱心 GDP 的晴雨表。

2019 年,广州慈联成为了中国慈善联合会的常务理事单位,在慈善行业的专业性上得到认可。而广州慈联也将继续秉承"联合慈善力量、搭建互动平台、促进行业自律、推动行业发展"的宗旨,以推动慈善事业发展和服务会员为己任,发挥公益慈善行业规范、自律自治、交流合作以及政府与公益慈善组织之间的桥梁纽带作用,更好地加强慈善主体联合、沟通社会各方、完善政社共治、推动行业发展、促进行业自律。

(四)因时制宜创新"慈善+互联网"筹款模式

不断深耕募捐的广州市慈善会同时也在不断追求募捐方式的发展创新,其开展的主要募捐活动可分为传统募捐、联合募捐、平台募捐三大类。

历年来,广州市采用了多种慈善募捐形式,包括慈善之光文艺晚会、赈灾义演晚会、慈善义卖、中学生上街贴旗活动、慈善拍卖会、慈善高尔夫球赛、慈善乒乓球赛、一日捐、慈善晚会等一系列筹款活动,得到社会各界的积极响应和大力支持。[①]

在不断拓展传统募捐形式的同时,2014 年 6 月 24 日,广州市慈善会以信息化建设为突破口,开发上线了互联网募捐平台——广州市慈善会慈善信息平台[②],构建全流程透明化的慈善信息平台,开拓创新公众参与慈善的渠道,能为公益组织、媒体、医疗机构、企业、个人等多种类型用户提供在线慈善服务,其中开通的"月捐计划",在征得用户同意的情况下,每月定时定额扣取善款,让都市"懒人"做慈善更方便。

2016 年《中华人民共和国慈善法》颁布,实现慈善有法可依,规定慈善组织需在民政部门指定的平台上发起公开募捐。2016 年 8

---

① 参见《广州市慈善会工作介绍》(2019 年 8 月),由广州市慈善会提供。
② 自正式上线以来,广州市慈善会慈善信息平台以广州市慈善会官方网站为基础,开发了APP、微信公众号、活动众筹网三大子体系,设置了在线捐赠、在线求助、慈善项目、冠名基金、爱心档案、月捐计划、活动众筹、公益创投八大功能,能为公益组织、媒体、医疗机构、企业、个人等多种类型用户提供在线慈善服务。

月 29 日，民政部确定了入围首批慈善组织互联网募捐信息平台的名单，广州市慈善会信息平台位列其中，亦是全国唯一一家入选的慈善会信息平台。在经过 2014—2015 年较大规模内部调整的深度盘整阶段后，广州市慈善会致力从单一化的项目运作型机构，逐步转型为平台型机构，2016 年，广州市慈善会的募捐总额再次攀上亿元高位，这也从侧面说明了慈善会前期的内部改革初见成效。

"入选全国首批慈善组织互联网公开募捐平台，对我们而言不只是荣誉，还意味着更多的责任。"时任慈善会秘书长在接受记者采访时表示，在互联网时代，更多的连接意味着更多的机会、更多的成功，慈善会的策略就是努力与更多组织建立合作，完善慈善信息平台，为更多需要帮助的人送去温暖与关怀。

（五）扩大公众参与 打通慈善"毛细血管"

在筹款活动中，鼓励更多的公众参与是慈善会工作的重点。2014 年，广州市慈善会联合广州市体育局，在广州马拉松这种大型的群众性体育赛事中加入慈善元素，创新组织 200 人的慈善方阵，宣传慈善文化，传播慈善理念，营造慈善氛围，注重大众参与，倡导人人慈善。每年的赛事广州市慈善会都在不断探索创新形式，鼓励社会人士参与慈善，推动慈善事业发展。

在把慈善融入运动的探索与尝试上，广州市慈善会在 2014 年推出了首届"福彩杯·乐善骑"活动，是广州首个借骑行活动鼓励慈善参与的活动，通过当下最火热的共享单车骑行方式，邀请广大市民参与，为儿童救助服务、儿童教育等慈善项目筹集善款，让市民在结伴骑行中体验运动的趣味和行善的感动，打造一个广州地区全民参与的慈善活动平台。

三 人人慈善为人人：创建"慈善之城"弘扬城市慈善文化

2016 年《中华人民共和国慈善法》颁布后，广州首次提出"人人慈善为人人"理念，打造"羊城慈善为民"行动系列。通过搭建慈善活动平台，创新慈善＋体育、慈善＋文化、慈善＋消费、慈善＋互联网等模式，进一步畅通慈善渠道、激发公众善心善行。

2017年3月，广州提出促进现代慈善事业发展，深化"羊城慈善为民"行动，创建全国"慈善之城"。为此，广州市民政局、广州市文明办联合印发了《深化"羊城慈善为民"行动创建全国"慈善之城"2017—2020年行动方案》，首次将创建全国"慈善之城"纳入城市整体发展战略，计划用4年的时间，深入开展七大行动，突出实现十大指标，把广州建设成为引领国内、在国际上有重要影响力的"慈善之城"。①

3年来，深化"羊城慈善为民"行动、创建"慈善之城"每年列入广州市政府工作报告。② 从整个城市发展建设而言，善城广州的建设有利于中国特色现代慈善事业在广州生根发芽，打造引领性的城市慈善发展样本。而作为广州慈善领域的领头羊，广州市慈善会一直在身体力行。

（一）倡导一个理念

"人人慈善为人人"是广州创建"慈善之城"的理念，也是广州市慈善会工作的出发点和落脚点。从2018年开始，广州市每年将6月设定为"慈善为民月"。广州市慈善会作为行业枢纽型慈善组织，紧紧围绕"慈善为民，爱传万家"的主题，联合各区慈善会、公益慈善组织深入到街道、社区、学校、家庭等各领域，全方位、深层次、多形式开展慈善为民活动，切实提高市民的获得感和幸福感。

要有效推广"慈善为民"理念，需要有属于广州的慈善品牌形象。2017年，广州市慈善会在推出了能体现广州慈善文化内涵的慈善吉祥物"珠珠"的基础上，发布了广州"慈善之城"LOGO——善·穗。该标识是广州慈善与岭南广府文化的有效融合，运用"善"字的书法字体，结合岭南窗花形状，表现广州地方特色。同时，广州市慈善会发布了创建"慈善之城"主题曲和宣传片《善城广州》，将"五羊、木棉、珠水、云山"等鲜明的广州印记融入公益慈善的歌声中，体现了广州人民对慈善的热心。

---

① 参见《打造"人人慈善为人人"慈善城市发展样本——广州市创建"慈善之城"探索与实践》，由广州市慈善会提供。

② 《2017年广州市政府工作报告》：深化"羊城慈善为民"行动，创建全国"慈善之城"，大力发展志愿服务事业，使困难群众遇急有助、遇困有帮，让社会充满关爱和温暖；《2018年广州市政府工作报告》：创建慈善之城，雪中送炭、纾难解困，让广州更加温暖、更有人情味；《2019年广州市政府工作报告》：深化创建慈善城市行动。

无论是塑造广府特色品牌慈善形象，还是围绕"慈善+"模式展开的一系列慈善活动，"慈善为民"理念都贯穿于全方位、全过程，让人人可慈善、人人做慈善、人人共享慈善逐步成为广州城市的基因和品质。

（二）完善两个机制

广州市慈善会广泛传播慈善文化，凸显文化引领带动作用，营造浓厚慈善文化氛围。

其一，健全慈善文化营造机制。从2016年开始，推进慈善文化标志建设，在商业广场、社区、街道、旅游景点等公众场所，融入慈善元素，创建成为慈善的标志，畅通公众参与慈善的渠道，为慈善组织开展慈善活动提供更多场地。截至2019年底，全市已推出了北京路慈善一条街、广州塔、海珠国家湿地慈善公园、荔湾金花街慈善社区、增城大埔围慈善乡村、广州慈善图书馆等一批慈善标志共236个，初步建成覆盖全市、贴近市民、服务便捷的慈善服务设施网络。

其二，健全完善慈善荣誉回馈机制。以弘扬慈善文化为导向，以宣传慈善典型为目的，为广州树立更直观、更健康、更有责任感的慈善榜样，广州市慈善会联合广州市慈联推出4届广州慈善榜，其中，广州慈善捐赠榜共收录1342家慈善捐赠单位、858名慈善捐赠达人，捐赠金额约14亿元，慈善影响力榜每年上榜最具影响力慈善企业、慈善人物、慈善组织、慈善项目各10个；开展3届"慈善为民广州慈善盛典"，表彰慈善先进，倡导慈善行为；从2018年开始，创新开展2届寻找"慈善家庭"活动，全市共寻找到20户"最美慈善家庭"，90户"优秀慈善家庭"，激发家庭参与慈善热情，营造处处可见、家家可及、人人可为的慈善氛围。"慈善家庭"凸显了广州慈善多元化参与的特点，慈善不仅是爱心企业家、社会知名人士的"专利"，更是普通家庭触手可及的"身边事"，更多的广州家庭开始关注和参与身边慈善、志愿服务，慈善日益进入家庭、社区，体现慈善、志愿人人可为。

（三）搭建三个平台

其一，广益联募互联网募捐平台。近年来，随着互联网技术和移动端的飞速发展，互联网逐渐成为市民参与慈善的一个重要渠道，

"指尖慈善"让市民足不出户即可奉献爱心。

2016年8月31日，民政部公布了首批慈善组织互联网募捐信息平台的名单。广州市慈善会慈善信息平台作为全国唯一的慈善会信息平台，也是全国唯一入围全国互联网公开募捐平台的地级市慈善信息平台。2017年，广州市慈善会慈善信息平台更名为广益联募平台，同时，广州市慈善会出资成立广州市广益联合募捐发展中心，负责运营广益联募平台，包括慈善项目募捐上线审核、款项拨付管理、项目进展信息公开等。截至2019年底，平台共有310家公益慈善组织入驻、644个公益慈善项目上线，累计筹款4.12亿元，捐赠29.62万人次，被广东省委宣传部评为2018年"广东十佳网络公益项目"。①

其二，慈善城市工作交流合作平台。围绕深化"羊城慈善为民"行动、创建"慈善之城"的工作部署，广州市慈善会积极探索全国慈善城市工作交流合作。2018年11月5日至6日，由中国慈善联合会、广州市民政局主办的中国善城大会在广州召开。广州市慈善会作为联合主办单位之一，联合首都公益慈善联合会、浙江省慈善联合总会、陕西省慈善联合会、深圳市慈善事业联合会、广州市公益慈善联合会等24家单位，共同发起《创建慈善城市·广州行动》，作为创建"慈善之城"的行动指南，并联合爱心企业启动了国内首个"慈善城市发展研究基地"，该基地将推动落实《创建慈善城市·广州行动》，深入开展城市慈善事业的规律性、创新性和前瞻性研究，为全国城市慈善事业提供理论支撑、政策参考和实践指导，推动构建和谐社会进程。2019年8月24日，广州市慈善会牵头召开慈善城市发展研究座谈会，成立慈善城市发展研究基地委员会和学术委员会，全国20多个城市慈善会、慈联、企业代表围绕社区慈善建设治理、创建慈善城市特色经验做法、慈善城市发展研究基地运行机制、近期工作计划等方面进行深入交流探讨，搭建了国内慈善城市创建工作交流与合作的平台。②

---

① 具体数据参见广益联募官网（https://www.gyufc.org/home/index/index.html）。
② 参见《广州市慈善会发展历程（历年大事记）》（http://www.gzcf.org/WebSite/NewsList/504）。

此外，广州市慈善会联合《广州日报》举办"新时代 新慈善"2019粤港澳大湾区社会影响力公益慈善盛典启动仪式及2019粤港澳大湾区社会影响力暨广州慈善盛典，加强粤港澳大湾区慈善工作交流与合作，开启慈善湾区建设探索。①

其三，广府慈善文化平台。广州是一个有浓厚慈善文化基础的城市，至今还留存着许多在历史上发挥慈善作用的善堂、善院、善社等机构，广府人也素有扶贫济困、乐善好施的传统美德。作为岭南广府文化的重要组成部分，迎春花市、广府庙会等广府传统民俗文化活动一直有着极高的文化内涵。近年来，广州市慈善会将慈善与迎春花市、广府庙会等传统民俗文化活动相结合，成功举办慈善花市、慈善庙会活动，大力推动了慈善元素与广府传统文化的整合，让市民在体味传统春节文化的独特意蕴中，拉近与慈善的距离，搭建起广府慈善文化平台。

广州除了是一个历史文化名城，也是一个千年商业都城，千年古道"北京路步行街"向市民生动地传递着广州从古至今的繁华景象。"慈善+商业金融"、"慈善+消费"等模式是广州市慈善会发展现代慈善事业的创新举措之一，从2016年开始，每年7月，广州市慈善会在北京路步行街举行"北京路公益慈善嘉年华"，为期2天的嘉年华选择在周末举行，既为公益慈善组织面向市民展示公益慈善项目提供平台，也为普通市民在日常生活中零距离参与慈善，在"买买买"的同时"捐捐捐"，推动善行融入市民生活的方方面面。

结语

从立足改革开放前沿到深耕传统慈善领域，从抓住转型机遇再到近年来在各项领域上所实现的重大突破和丰硕成果，一直以来，广州市慈善会坚持发扬人道主义精神，秉承"扶贫济困，见难相助"宗旨，积极推动和引领广州地区慈善事业发展；与此同时，广州市慈善会恪守办会宗旨，积极倡导慈善意识，努力开拓慈善领域，不断推动城市慈善文化建设。

---

① 参见《广州日报》大洋网《2019粤港澳大湾区社会影响力公益慈善盛典启动》(https://news.dayoo.com/guangzhou/201908/24/139995_52768270.htm)。

坚守初心不忘使命，与时俱进开拓创新，广州市慈善会一直在努力当好"领头羊"的角色，助推当代慈善事业不断向前发展。

参考文献

《扶贫济困 慈善为民——广州市慈善会积极参与精准扶贫和"慈善之城"创建》（http://www.gzcf.org/WebSite/ShowNews/483/550）（2018-09-27）。

《广州市2016年广东扶贫济困日暨"羊城慈善为民"行动 慈善形式更接地气"慈善为民"深入人心》，《大社会》2016年第5期。

广州市慈善服务中心：《广州市慈善事业发展报告（2013）》，中国社会出版社。

广州市慈善服务中心：《广州市慈善事业发展报告（2014）》，中国社会出版社。

广州市慈善服务中心：《广州市慈善事业发展报告（2015）》，中国社会出版社。

广州市慈善服务中心：《广州市慈善事业发展报告（2016）》，中国社会出版社。

广州市慈善服务中心：《广州市慈善事业发展报告（2017）》，中国社会出版社。

广州市慈善服务中心：《广州市慈善事业发展报告（2018）》，中国社会出版社。

广州市慈善服务中心：《广州市慈善事业发展报告（2019）》，中国社会出版社。

孙月沐：《为慈善正名》，《人民日报》1994年2月24日。

印锐、李国全：《秉承共享发展 聚焦扶贫济困——广州市深入推进慈善事业改革发展》，《中国民政》2016年第21期。

钟佩：《广州市慈善会：扶贫济困 不忘初心》，《大社会》2017年第4期。

（执笔：禤谊）

李森和广州10万志愿者

2013年夏天，李森在探望露宿人民桥下的流浪者时，认识了流浪者小唐。李森问他，你有什么愿望？小唐说，希望得到一件救生器材。没多久，小唐就拿到了一个救生圈。

一个月后，一名年轻女孩在人民桥附近跳江轻生，小唐正好在场，于是他带着李森赠送的游泳圈跳入河里，最终救起这名跳河轻生的女孩。事后，白云区一家企业得知小唐的事迹，将他请到企业，做了一名保安。

李森感慨："我们将救生圈送给了小唐，他用救生圈救回了一条生命。救生圈就像生命循环一样，将爱不断传递下去，这就是志愿服务的精髓。"

李森是一名资深志愿者，参与志愿服务已经超过18年。早期，他作为帮助过上百位肢体残疾人士、智障人士、孤寡老人，至今累计志愿服务达到数万小时。后来，为了号召更多的人成为志愿者，他独自创设志愿者网络平台、开设志愿者杂志，并从国企员工转型为全职社工，带领数万市民参加志愿服务。

如今，李森担任共青团中央委员会常委、广东省青年志愿者协会会长、广东省志愿者联合会副会长、广州市志愿者协会启智服务总队队长、启智社会工作服务中心总干事；曾获得全国优秀党务工作者、全国道德模范提名奖、全国优秀志愿者、中国好人、中国志愿服务金奖奖章、中国青年五四奖章、广东五一劳动奖章、广东志愿服务南粤红棉奖、广东志愿服务最高荣誉奖和广州市十大杰出青年等多项荣誉。

现在，大家提到李森和启智，首先便会想到广州志愿者，多年来，他们累计引导近10万名市民参加志愿服务，启智服务总队提供志愿服务时数超过50万小时，曾获中央宣传部、中央组织部、中央文明办授予的"全国最佳志愿服务组织"称号、2015年度中华儿女年度特别推荐人物（团体）、"广东省五四青年奖章（集体）"、"广东志愿服务集体金奖"、"天河区社会组织金鹰奖"等奖项。

李森用18年的时间在做着一件事——将志愿者打造成如社工一样有着强劲执行力和凝聚力的队伍。

1. 助人成"瘾"，他是200多名老人的"儿子"

1994年，18岁的李森技校毕业，进入电信公司做技术工作，也做过销售。在不少人都心心念念的国企里有体面的工资、稳定的工作。换别人，兴许就是安安稳稳一辈子的铁饭碗。

那时，李森的生活中并没有志愿者的概念。他的想法很简单，努力工作、同时提升学历，于是用6年的时间，读完专科，修成本科。

2000年，一句话改变了他的生活。在一期《南方周末》的文章里，写着这么一句话："一个城市的文明程度不在于有多少高楼大厦，而在于有多少志愿者。"

"闲着也是闲着，不如做义工帮人开心。"这句话让李森开始在另一个领域努力起来。因为热心助人，而公司也重视和支持公益活动，2000年，李森在广州青年志愿者协会报名，进入"松柏组"服务长者，同时也参与启智队的服务。

李森第一次志愿服务，是探访一名70多岁中风瘫痪老太太。老人在广州无亲无故，病苦无医。那时的李森是个内向的青年，口讷得很，不懂如何关心别人。做完服务后，他觉得"做好事心里特别踏实、充实"。后来，他三天两头上门做家务，陪老人聊家常、看电视、读报纸。用心学习如何跟老人聊家常，如何让她高兴起来。

有一次，老人无意中流露出想到天字码头看看，李森很快找来一辆轮椅，推着她到珠江边漫步。几年之后，老人病重住院。在医院里，李森把她儿子发来的电子邮件，细细念给她听，把照片打印出来，一张一张给她看。

"你对我就像亲儿子一样好。"老人临终前哽咽着说。一直到她人生的最后时光，李森都守在身边。老人的儿子最终未能赶上跟母亲告别。回到广州的他，接过李森为他保管好的母亲遗物，深深鞠躬："是您替我尽了孝道啊！"

后来，李森还照顾过许多脑瘫患者和智障儿童。聪聪便是他长期帮助的一位。聪聪5岁了，仍不会开口说话，沟通交流有很大障碍。李森专门恶补相关医学知识，不厌其烦地为他进行康复辅助治疗，手把手教他画画、写字、说话。每次到聪聪家，他都要在下班后坐上30多公里的车程。半年后，聪聪突然开口，艰难地对李森说了一声"谢谢！"短短两字，宛如幸福敲门，李森所有的辛苦顿时烟消云散。

"志愿服务的最大价值就是让自己感受到自身的价值所在，感受到自己被别人肯定。"他说，有时候受助者的一声谢谢，受助者的一点进步，都会给他带来极大的满足，而这种满足是一种永不枯竭的快乐。

此后，李森助人成"瘾"，接连当了200多位老人的"儿子"。不久，服务对象从独居老人延伸到脑瘫者、智障人群以及流浪露宿者。

2. 建志愿者网站，用户超10万

一个人尚能给一位孤居老人带来阳光，那一群人就能让一个群体获得更美好的未来。

彼时，公益的概念尚未普及到社会各个角落，大家更不清楚怎么参加公益。可志愿者如果不能成为这个城市每个市民的新生活方式，公益也会充满无力感。

电信业的老本行让李森很快找到了改善途径。为了宣传志愿者精神，让更多的人了解志愿者的工作，并参加到志愿者行列中来，2001年，他决定创建一个网络平台，将公益分享给每一位市民。接下来的一个月，李森每天下班就往图书馆跑，直到图书馆关门，一直自学相关知识。回家后又在电脑上通宵达旦编程序。最终，他拿出自己的积蓄租用网络服务器，建成了华南地区第一个志愿者网站——广州青年网。

以网站为依托，发布志愿活动信息、招募志愿者以及分享公益心得，四年后，他创建的网站注册用户已过万人，被浏览50万次以上，如今用户更是突破10万。

2004年，李森又建立了志愿者电子网络杂志《youth·name》，此外还到中山大学、华南理工大学等高校以及社区道德讲堂，开展志愿服务公益文化讲座愈200次，增强学生及青少年参与志愿服务的荣誉感，号召更多的青年朋友加入志愿服务行列。

那些年，他陆续出版《中国志愿服务指南》《与志愿者同行》《乌托邦（李森）网语》等书册，推出宣传志愿活动的网络杂志《youth.name》，不遗余力地推广、宣传，吸引越来越多的有志人士加入到志愿者服务的队伍中来，受到了更广泛的赞许，志愿者和公益的概念也因此得到更广泛的传播。而李森则在2004年获得中国青年志愿服务金奖。

3. 创办启智，全职做公益

2003年，李森成为广州青年志愿者启智服务总队队长，同年8月加入中国共产党。对此时的李森而言，压力和挑战也接踵而来，平衡工作和志愿服务成为他最大的难题。李森的做法是，将8小时工作之外的时间，都投入到志愿服务中。

就在这时，他产生了一个想法，"每个人都有自己的生活方式，做志愿者就是我的生活方式，也是我的休闲方式。"李森说，"我们相信，每一个志愿者所做的服务，就像投入湖面的石子，会在这个社会激起层层的涟漪，并不断扩散，影响着这个社会。同行者越多，激起的涟漪就越大，涟漪扩散得也越快。"

李森认为，志愿者是社会的良心之一，有志愿者就有善意。这也来自他服务2008年北京奥运会和2010年广州亚运会这两次运动盛典的感触。2008年，他服务奥运场馆水立方，一个小女孩的话让他记了好多年，那个孩子在他空闲休息的时候，走过来跟他说："叔叔，等我长大了，也要像你一样帮助别人。"

志愿者越做越专业的李森开始肩负更多的任务。2009年，在广州创建文明城市的"大拇指行动"中，他动员组织2000多名志愿者，参与市民维护交通秩序的志愿服务；2010年被推选为"广州亚运会火炬手"；2010年，受聘广州亚运会"志愿导师"，负责50万志愿者的招募、培训、管理和调度；亚运会后，被共青团广州市委聘任为青少年成长引路大使。

经过十多年的努力，李森在公益事业上成绩斐然，各种荣誉也接踵而至。近年，李森先后荣获"广东省道德模范"、"中国好人榜好人"、"中国青年五四奖章"、"广东志愿服务最高荣誉奖"等称号，并成为2008年奥运会火炬传递手、2010年亚运会火炬传递手。2011年4月，李森入选"中国好人榜"。

当了十多年志愿者之后，李森逐渐察觉，自己业余时间所能做的事情实在太少，而需要得到帮助的人又太多。他要拿出自己更多的时间，付出更多的精力去做公益。

"能做自己喜欢的事，比挣钱重要。"2011年下半年，冲着这一念头，他辞去了国企工作，投身到专职社工队伍中，但并未告诉自己的家人，因为即便创办了自己的社工机构，他的薪水，仍然较原本的收入打了6折。

但纸终究包不了火。2012年2月的一天，李森告诉母亲，他在2011年下半年已从电信公司辞职，独立注册了一个社工机构，叫做"启智社会工作服务中心"。

老人默默地听着，听完后对儿子的选择表示支持。她从儿子多年的生活和近况，已看出儿子迟早要走这条路。至于儿子辞职没有即时告知这一点，她也理解，这是为了避免她的担心。而李森当时的女友，现在的妻子，早就同意这件事，她是李森同一战壕的战友，一名志愿者。

从2012年3月起，李森身兼两职：广州青年志愿者协会启智志愿服务总队队长，同时是启智社会工作服务中心总干事。两个机构，两个职务，都是做公益。从那时起，他成为全职公益人。

4. 从无到有，与数万志愿者点亮城市

而李森的"启智"，也通过网络形成了一个志愿者服务体系。

2005年，李森四处奔走，才为"启智"在广州中山三路地王广场找到一个40平方米的小窝，"启智"服务点不足10个。李森借助电子简报、论坛、QQ群等方式，同时力推微博、群邮件等各种新办法，希望用最低的成本进行志愿文化的传播。

2012年3月，他在天河区注册成立了启智社会工作服务中心。8月，便通过公开招投标，中标天河区两个街道家庭综合服务中心项目，每个项目每年政府出资 200 万元，聘请 20 名社工，经费中的 60% 用于社工工资开销，服务范围包括天河南街、石牌街。

与大多数专业社工机构仅由专业社工组成不同，"启智社工"的背后拥有一支 5 万余人的青年志愿者队伍，这支队伍在 2013 年以每月 800 人至 1000 人的速度迅速壮大。

每年政府拨款 200 万元，购买社工服务。李森说，"这是经济发达后，社会的一个必然趋势，正是这种趋势，让我有机会做我喜欢的事情。"

从青年志愿者队伍转型的"启智社工"，每个月，李森都从香港邀请 30 年工龄以上的资深社工来进行"督导"，每月两三次，每次费用约 4000 元。每隔一段时间，服务计划就会有所调整，一方面要满足政府、街道的需求；另一方面，要根据服务对象需求的变化更新方案；每周，都会有一二百名新进报名的志愿者接受专业培训，并与社工一起参与到街道综合服务中。李森认为，用"社工+志愿者"模式能更好地为居民服务，"一个街道十几、二十万人，单靠 20 个社工肯定不够，志愿者可以补充进来"。

以天河区石牌街为例，该街服务社区居民 30 多万人，而政府购买服务只有 20 名专业社工，社工能力再强，能服务的层面也是有限，但启智中心拥有大量以商务区白领和在校大学生为主的高素质的志愿者资源，再通过"社工+志愿者"联动的方式，服务的层面就大大拓宽了。也就是说，社工主要做专业的咨询个案、心理辅导，具体活动则由志愿者们去开展，社工一旁协助。

2014 年上半年，在天河区委的指导下，启智社工还成立了"关爱残障儿童"工作室，以"社工+志愿者"的服务模式开展了大量的为智障人士的服务。在天河区街道工疗站开展"阳光康园携手行"志愿服务，让残障人士学习文化知识与劳动技能，掌握一技之长，日后参与社会工作；在启慧学校、启智学校、致爱学校、康迪学校、至灵学校等特殊学校开展"星梦情真"志愿服务，协助学校老师陪伴孩子开展各种有趣体育、美术、舞蹈、手工兴趣班；对特殊智障人士开展个案服务，派出专业的社工和志愿者进行个案跟进辅导，如媒体曾报道的"果果"案例，就进行专门个案辅导，更好地帮助有需要的特殊儿童。

近年来，启智总队每月会新增400—500名经过培训的志愿者，志愿者社群越做越大。

互联网，调度出了来自社会各界的志愿大军。李森的网名"乌托邦"，也在各个志愿者群里火了起来。对此，李森认为，乌托邦是靠每一个志愿者创造的。他说："只有每一个人都行动起来，并且以志愿者的行为准则坚持，我们的社会才会变得更加美好。我追求的目标就是动员更多的人身体力行地参与志愿服务，并积极地影响身边的人。"

"在广州，越来越多的人加入到志愿者队伍，还有很多家长带着三四岁的孩子参加我们的活动，我们的队伍中青年朋友占大多数。虽然有些年轻朋友时断时续地参加活动，但我相信不论他们走在哪里，他们都愿意去帮助人，去为他人服务，因为在他们的心中已经植入了义工的基因。所有这些都让我对明天更有信心，我目睹了一个文明社会的形成。"李森表示，"明天不一定更美好，但更美好的明天一定在等着我们。"这是李森在采访过程中最为兴奋高亢的一段话语。

每一次服务结束之后，总队还要收集服务情况，为每个志愿者记录志愿时，组织分享会，给工作好的志愿者颁发勋章等。大批的志愿者，在总队的组织调度下走出去展开工作，他们的服务涵盖广州市12个行政区中的11个。

他们的工作包括参与社区举办的公益活动，前往福利院、老人院、智障活动中心、残疾人康复中心或街道社区照顾独居老人、孤儿、肢残人士、脑瘫儿童和其他弱能人士，去照顾贫困家庭和流浪者、流浪动物等。

如今，一个有7万志愿者的志愿服务机构每天在运行，志愿者分作数十个分队，负责不同类的志愿服务。每一个分队都会安排社工或者有经验的志愿者当领队，保证志愿服务的水平质量。

日复一日，年复一年。李森的"启智"先后获得南粤志愿服务红棉奖、五四青年奖章、广东省志愿服务集体金奖、广州市十大志愿服务集体等荣誉称号。而李森也相继获得了广州市爱心天使金章（2013年）、广州首届优秀志愿者（2015年）、第二届世界广府人十大杰出青年（2015年）、全国"两优一先"表彰（2016）、全国优秀党务工作者（2016年）等荣誉。

5. 发挥党员带头作用，创志愿者榜样

对李森来说，他除了是一名公益人，还是一名党员。作为党支部书记，他在他的社工机构、所带领的启智服务总队都成立了党员志愿者服务队，并创设了"党员示范岗"、"党员责任区"，要求党员志愿者必须佩戴党徽上岗，亮明党员身份，"零距离"联系服务群众。

他说，有了党组织，才感觉启智有了依靠，党员有了家，员工有了凝聚力。在他的影响和带动下，风向标社会工作服务中心、丰弘社会工作服务中心、明镜社工服务中心等一批社会组织纷纷主动要求成立党组织，进一步扩大了党的组织和工作在社会组织中的覆盖面和影响力。

李森注重发挥党员志愿者在医疗卫生、家庭服务、社会服务、教育培训等领域的专业特长，主动与天河区212个社区和其他领域党组织结对共建，积极开展专业化志愿服务，收到了良好的社会效果。

李森领头的党支部还不断创新党建工作模式，积极创建服务型党支部，特别是通过响应天河区"两新"组织创建基层服务型党组织试点，形成了"四个一"发展新模式：即"一个平台"，通过家庭综合服务中心搭建一个与群众沟通交流的平台；"一员帮扶"，在社区形成"1名党员义工＋1名服务对象"的帮扶形式；"一支队伍"，在社区形成"党员社工＋党员义工"的爱心党员服务队；"一体服务"，将党建工作和家综合领域的服务相融合，形成一体化服务格局。

这些党员志愿服务队大多利用周末、假期或晚上的时间来做志愿服务，很多活动策划、活动方案以及活动执行，都是党员志愿者骨干共同完成的，为社会提供十余种不同的服务项目，包括敬老恤孤、关怀露宿者、探访重症患儿等多项内容。"涟漪行动"项目给边远山区的孩子带去城市的信息，帮助建设图书馆和电脑室，消除城乡隔阂；"快乐同行"项目则建立市内流动儿童服务基地，为外来工子女服务；"七彩虹欢乐营"项目平时为智障的人士提供一些职业培训和生活技能。

启智每个星期都会通过网络向志愿者公布100多个志愿服务项

目，提供1000多个志愿服务岗位，每天都会有上千的人前来网上报名，其中超过20%是党员。之后，在党团员的模范带头下，志愿者们按照指引，分作数十个分队，前往福利院、老人院、智障中心、残疾人康复中心或社区独居老人家里，有条不紊地提供各种无偿服务，为有需要的人带去人间温暖。

  对于未来，李森觉得，志愿者工作仍有很大的进步空间。他说，曾有一个外国人对他说："在外国，可以很容易筹集到义工活动的资金，简单到只需义工走上街头。"李森当时回答说："我们还是刚刚起步，我们还在走一条坎坷的道路，但如果不走，路是不会出现在脚下的。"

  李森说自己做社会服务并不是为了轰轰烈烈干一番大事业，只是以平常之心做平常的事。他希望能有更多的人把志愿工作看作如日常生活中吃饭、饮茶那样的平常和必须，希望能通过自己的努力组织好手下的社工做好他们的本职工作。为此，他要从自己做起，从身边的社区做起，从一点一滴做起，能做多少就尽力去做，至少在自己的周围形成人人为我、我为人人的社会氛围。

（执笔：苏小星）

善城广州：让漂泊的心不再流浪
——专业社工介入流浪救助工作的实践与探索

2016年5月10日，鼎和社工冼鸣欢与服务对象施大哥的弟弟、侄子一起匆匆走进广州市越秀区某派出所。

在警察核查、复印社工的身份证与工作证后，两位家属稍感放心，打消之前的种种疑虑，随同社工来到施大哥长期露宿地，终于见到因为车祸致残而离家出走22年的施大哥，一家人抱头痛哭，在救助站、救助队、家属、社工的多方努力下，施大哥由家人接回家乡妥善安置。

"实在不好意思，我们以为我大伯早已经不在了，大伯离家出走的时候我才6岁，只有些模糊的记忆，一开始我们以为你们社工肯定是骗子，没想到真的是遇到了好心人，真的非常感谢！"

临行前，施大哥的侄子紧紧拉住社工的手。至此，施大哥的家属相信没有遇到骗子，也惊奇地发现：在广州，除了政府救助体系之外，还有社工同样在关心、关注与关怀着流浪乞讨人员。

这只是广州社工服务的一个缩影，更是广州社工积极参与广府慈善的一个侧影。

广州市社会工作经过10年的探索发展，取得了显著成效，走在全国全省前列，"政府主导、社会协同、项目运作、专业服务"的社会工作发展"广州模式"得到了民政部的充分肯定，并在全国社会工作推进会上作为典型推广。截至2018年3月，广州市有社工机构393家，家庭综合服务中心188个，专项服务项目近20个，持证社工1.5万人，年服务居民群众超过300万人次，服务涵盖青少年、长者、家庭、残障、医务、司法、农村、来穗人员、企业等社会工作服务领域。

在政府购买服务的推动与支持下,在"创建慈善之城"的感召下,鼎和社工已发展到专职社工20多人、义工600多人的规模,活跃在广州市中心城区的大街小巷,采取"政府+社会"、"社工+义工"的形式,为生活无着的流浪乞讨人员提供个人建档、个案帮扶、转介救助、情绪疏导、情感慰藉等专业化、个性化的社工服务。

鼎和团队专注于流浪救助社会工作中的探索与实践,先后承接了流浪乞讨人员社会工作介入服务项目、广州市救助管理站社会工作服务项目、番禺区救助管理站社会工作介入服务项目、流浪乞讨露宿人员"社工+义工"街头驻点及巡查劝导项目、义工参与流浪乞讨人员流动救助服务项目等。从2015年11月—2018年10月,鼎和团队共为流浪乞讨人员建立档案1873份,个案跟进1187例,弃讨返乡230人,推荐就业20人。

多年的实践与探索,鼎和社工见证了许多悲欢离合的故事。这些故事,蕴含着流浪乞讨人员作为个体所承载的时光印记,体现着社工助人自助的专业践行,也展现着救助站、救助队等政府部门多元化社会救助的担当,更彰显着善城广州包容、接纳与关爱的城市风貌。

一 政社联动：社工是政府救助体系的补充、丰富与完善

2003年，《城市生活无着的流浪乞讨人员救助管理办法》颁布，改强制收容为自愿救助，显示出制度的柔性和温度。

既然有政府救助流浪乞讨人员，还要社工做什么呢？

华南师范大学彭杰、鼎和社工总干事王连权联合发表的《流浪救助与社工介入——以广州为例》一文中指出：社工是政府救助体系中的补充、丰富与完善，部分流浪人员离家多年，事实上已经以城市为"家"。一份针对广州中心城区流浪乞讨人员的调研报告显示：流浪乞讨时间10年以上的人占据调查总体的16.3%。对于这种流浪救助工作中的"钉子户"，由于现行法律政策要求不能强制其进救助站受助，也不能限制其离站，政府只能依靠市区两级救助站和流动救助服务队，开展救助管理工作，实践中常常遭遇困境。

鼎和社工遇到过很多这样的故事。2018年5月，鼎和社工接到白云区江高镇家庭综合服务中心的"求援"。一对来自长沙的流浪父子，在该街道辖区内的一处高铁桥底露宿3年多，捡拾的废品堆起3

个小山头，给周围街坊出行造成极大不便，存在很大安全隐患。

街道办、居委会、铁路派出所、地方派出所多次介入劝导，协商未果。于是，街道办改变思路，由江高镇家综社工联动鼎和社工共同跟进。

鼎和社工介入后，发现很多此前被忽视的细节。比如：福娃的爸爸利用捡拾来的废品将住处打理得井井有条，床是软垫，铺有凉席，挂有蚊帐，还有衣柜、梳妆台、消毒柜。特别是，3岁半的孩子福娃看到陌生人就大叫"坏人"。

"考虑到福娃父子生活艰苦，缺少与外界的交流，我们几位社工决定从对孩子的关怀入手，每次都给福娃带去水果、蛋糕、玩具、衣服，经常帮助福娃洗澡，慢慢与父子建立起信任关系。"

社工王秋丽、谷梦丽持续性的陪伴，福娃很快放下戒备，拉着社工一起跳舞，还炫耀他的宝藏，比如故事书、小车、皮球、卡片等。福娃的爸爸也感慨，从来没有人这么亲近过福娃，即使是村里的孩子们经过，也从来没有理会过福娃。

在鼎和团队的介入下，经过多次耐心协商，福娃爸爸终于同意返乡。由街道办、鼎和社工、江高镇家综筹集父子俩返程及孩子的助学经费。经过长期陪伴，福娃充分地感受到被关注和被喜爱，这种温情显然也感染了福娃的父亲，最终说服他重拾自信，返回家乡。

政社联动，多方协作，依靠这种温暖柔软的力量，鼎和团队总能触到流浪乞讨人员的内心，抚平常年流离失所和生活困顿造成的心理伤痕，从而化解流浪救助过程中常常出现的不合作甚至对抗。2018年6月，在一起针对"以水泥管为家的流浪母女3人"的全城联合救助行动中，鼎和团队再次充分展示了政社联动、多方协作的协调者角色。

2018年6月14日，南方网发布报道《心酸！暴雨天，她只能带孩子住在水泥管道内，靠工人相助生活》，牵动全城市民的心。鼎和社工、天河区救助队、高塘社区居委会等立即展开苦苦寻找，最终在一段河涌边发现流浪的母女3人。

母亲梁姐自述生活不顺，带着分别只有6岁和4岁的两个女儿，四处流浪了近3年，最近才到广州，栖身在一处偏远的建筑工地附近。然而，梁姐拒绝提供个人信息，拒绝政府救助，而是带着孩子沿着车流快速离开，再次失联。

相关部门高度重视，救助小组加大覆盖范围，积极联系家属。鼎和社工、天河区救助队、高塘社区居委会、广东狮子会阳光天使服务队等组成联合救助小组。在天河区民政局协调下，天河区民政、城管、公安等部门迅速形成一个救助网络。

接下来一周里，鼎和社工项目组在天河、越秀、白云、海珠、荔湾区15个驻点组加大巡查力度，每天出动约100人次参与寻找，并联系上梁姐的哥哥姐姐。对方反馈，梁姐生活坎坷，情绪时好时坏，已经失联3年，希望政府和社会力量多方寻找，积极救助，让梁姐母女早日回家。

功夫不负有心人。失联7天后，社工终于找到梁姐母女并紧紧跟随，直至家属来到现场。在与家属沟通后，社工陪同梁姐去医院检查，两个女儿则跟着舅舅到救助站暂住。参与这次服务的社工记得，两位小女孩刚刚和妈妈分开时痛哭流涕，在亲人和社工的安慰下逐渐平复。很短的时间内，孩子与舅舅熟悉起来，有说有笑，并紧紧依偎在舅舅的怀抱。不离不弃的亲情，让陌生的相遇变成一次温暖的相聚。

6月22日，由于梁姐家人迫切希望早日团聚，鼎和社工、家属、医生等组成的7人护送小组，带着社工项目组筹集来的返乡路费和民政部门资助的生活物资等，一路陪同母女3人回到广西容县老家。梁姐一路情绪稳定，紧紧拉住姐姐的手，两个小女孩安静地依偎在家属的怀抱，医生密切留意三母女的身体状况。

在这些故事中，不同于传统慈善团体以派餐送衣等物资救助为主，鼎和社工重点提供了情绪疏导、情感抚慰、心理辅导等专业服务，用柔性的力量去感化常年流浪乞讨人员内心的坚冰。

二　社义联动：发动更广泛的社会力量积极介入

在专业社工的介入之下，流浪乞讨人员有了一个温暖的名字"街友"。而专业社工的力量毕竟是有限的，2017年6月，鼎和社工成立"街友关怀专项义工队"，积极发动更广泛的社会力量，现已发动注册义工600多人，在广州市5个区、15个驻点全天候全时段开展街面救助服务工作。

80岁的刘伯就是通过社义联动的持续性接力服务，找回了自己"广州人"的身份，结束了"在故乡的流浪"。

刘伯是鼎和社工中山八路驻点义工的重点关注对象，他平时拾荒度日，晚上常常到一家麦当劳休息。久而久之，麦当劳里的工作人员也常常帮他解决一日三餐。

"刚开始接触刘伯时不知道他是广州人，就习惯用普通话和他聊，但他从来不回应，后来才知道他听不懂普通话。"

中山八路驻点义工诺姐回忆说："直到有天大雨倾盆，我穿了一条到膝盖的裤子，坐在麦当劳里靠厕所的位置避雨。见刘伯进来上厕所，我对他露了个笑脸，于是刘伯停下来用粤语对我说：'今日落雨了，你这条裤子短，麦当劳冷，你要用件衫盖住脚，别让风吹到脚，不然，将来年纪大了，你会脚痛。'我很是感动，我们就这样用粤语聊起来。"

刘伯生活经历坎坷，因为种种原因，很多年前便没有了身份证与户籍信息，原来曾经工作过的单位也已经解散，能证明自己身份的仅有几张30多年前的粮油证，但粮油证上的名字已经没有了。义工、社工多方查找,始终无法核实到刘伯的身份信息。诺姐多次根据粮油证的地址,走街串巷边走边问。

义工们经常找刘伯聊天,力所能及地帮助他,一点点积累和记录他所说的信息。专业社工经常在夜间去探访刘伯,荔湾救助队时常为他送去救助物资。寒冬季节或者台风天气期间,驻点义工多次劝导刘伯进站暂住,但刘伯坚决拒绝:"我是广州人,我身体还行,让更有需要的人去救助站。"倔强的刘伯,似乎用这样的坚持维系着"我是广州人"的信念。

广州的夏天骄阳似火。或许因为天气太热,或许因为年事已高,刘伯的身体出现了不适,脚面浮肿,走路蹒跚,拾荒的收入也日渐下降,常常在麦当劳里坐上一整天。驻点义工几乎天天找刘伯聊天,不厌其烦地劝导他进救助站,他一次次拒绝了。

功夫不负有心人。刘伯终于同意进站暂住几天,由驻点义工、荔湾区救助队联合护送至救助站。结合刘伯的旧粮油证与义工、社工搜集到的零星信息,救助站最终为刘伯找回了广州人的身份。

三 跟踪回访：深入源头地，了解返乡生活情况

随着服务的持续开展，很多老人告别流浪、返乡安置，鼎和团队进一步思考：返乡养老安置后，这些老人的生活境遇如何？下一步跟进的重点在哪里？2016年8月23日，鼎和团队深入源头地，到佛山南海跟踪回访返乡养老安置的流浪老人叶伯。

78岁的叶伯一直未婚，在广州流浪3年多，背部突起，行动不便，靠拾荒、救助站与救助队救助、街坊接济、社工和义工关怀生活，沉默寡言、独来独往，偶尔会到垃圾堆寻找食物。

鼎和团队于2016年2月开始为叶伯建立服务档案，开始长期跟进，并建立起信任关系。社工通过零星信息的拼接，联系上他在广州的哥哥，在离别几年后，兄弟两人终于在一个夜晚见面。他哥哥介绍，家人一直在寻找叶伯，特别感谢社工的持之以恒。在哥哥和家族成员的协调下叶伯返乡顺利安置，由哥哥提供生活资金，家族亲戚提供住房。

社工在跟踪回访中发现叶伯生活状况尚好。叶伯的户口与身份证已经顺利办妥，叶伯的精神状态很好，在与社工交谈过程中拿出大学数学课本，与社工探讨函数和微积分。鼎和社工联系当地社工机构的李姑娘，向她详细介绍叶伯返乡安置情况，探讨下一步长期关注的具体方案。两地社工会同叶伯的堂叔，一起商议叶伯居家养老安置的条件改善乃至下一步到镇老人院养老的阶段性计划。

经过实地走访，鼎和社工团队发现：多方参与，浓浓的亲情、良好的邻里关系、较好的经济保障，是高龄流浪长者返乡养老安置成功的良好保障。由此，鼎和团队也探索出了一套以建立档案、个案帮扶、转介服务和跟踪回访为主要内容的流浪乞讨人员服务流程，制定出《流浪乞讨人员社会工作实务手册》。

四 危机介入：极端天气，积极参与街面救助

面对各种重大灾情和事故，处在社会边缘的流浪乞讨人员是最为脆弱无依的群体。但这不意味着他们可以被救援力量忽视。按照机构指定的工作思路，鼎和团队从一开始就不选择做都市游侠，而是通过

和政府、义工、企业和研究机构充分联动，置身于整个城市救助行动体系中发挥服务者、沟通者的作用。

2017年8月27日，台风"帕卡"给广州带来狂风暴雨。鼎和团队就充分发挥"社工＋义工"服务网络的优势，在越秀区广州火车站、烈士陵园及东山口、小北立交、天河区火车东站、岗顶及正佳广场、燕塘及天河客运站、白云区京溪南方医院、荔湾区上下九及恒宝广场、海珠区客村立交、番禺区广州南站等10个驻点组正常开展工作，在十多个小时里出动社工7人次、义工13人次，共帮扶流浪乞讨人员29人次，送站4人。

尽管顶着狂风暴雨，很多流浪乞讨人员仍不愿进站救助。此时，鼎和团队的沟通能力再次发挥效果。一位80多岁的阿婆一大早来到繁华地段的天桥处乞讨，驻点组社工、义工积极劝导，因为方言问题，沟通不畅。通过近4个小时的耐心交流，阿婆同意进站救助，顶着狂风暴雨，驻点组人员、天河救助队将阿婆送至救助站，并协助救助站联系上其家人，由家人接回。

当天中午，广州火车站人流密集的地铁F出口，一对粤东的父女正在拉拉扯扯。原来，20多岁的女儿患有精神疾病，离家出走流浪在外，父亲在驻点组社工、义工帮助下找到女儿，找到

她后,她却不同意回家。街坊报警后,警察到场核实和开展劝导,鼎和社工和义工们协助父亲与女儿沟通,最终在驻点组社工、义工帮助下,打车返回家乡。

广州火车东站也是驻点组的重点关注区域。在下午的例行巡查中,角落里神情落寞的小伙子引起驻点组的注意,在沟通中他突然双膝跪地,言语急切。经过仔细沟通得知,他来找朋友未果,心情失落,加之天气因素,引起极度恐慌。长时间情绪疏导后,他由驻点组与市救助队送站返乡。

五 寻政问策:源头治理,推动源头地共同参与流浪救助

除了参与这种极端灾情救助行动,经过长期的探索与实践,鼎和社工团队感受到流浪救助工作需要从源头寻找原因和对策,积极推动源头地共同参与流浪救助。

2017年5月7日,流浪老人孙伯,在吉林省松原市救助站两位工作人员的陪同下,踏上从广州返回家乡松原的列车。这是一起比较典型的源头地积极参与救助的案例。

孙伯,70岁,户籍地址是吉林省松原市宁江区善友乡拾家子村,为孤寡老人,在家无房无地无亲属,在广州长年流浪露宿,主要是在广州火车站周边露宿,晚上等候义工们派发食物,平时则依靠拾荒来维持基本的生活,没有户口本和身份证。

10年前他曾被救助站送回松原市一次,当时并不想被安置到老人院里生活,所以又独自回到了广州,但是现在年老体弱,无法继续现在的生活,希望能够得到政府救助,返回家乡老人院生活。

社工经过3年的持续跟进,由广州救助站联系上松原市救助站,通过两地救助站的多方努力,返回家乡的孙伯顺利入住老人院。

结合服务中积累的经验,鼎和团队对进一步完善流浪乞讨人员救助工作提出了一些思考:政府引导,社会参与,形成多元化的救助服务网络。

一方面,民政、公安、城管、卫计等政府部门需要多方联动,形成合力,共同关注与关心流浪乞讨人员的救助工作;另一方面,社工和义工将扮演更加积极主动的角色,参与驻点、驻站、驻院服务,从而搭建起网络寻亲、服务联盟、社区基金、源头治理帮扶等服务网络。特别是,考虑到流浪乞讨人员返乡后不再重新流浪,政府要搭建"在地+源头地"家庭与社会支持网络。

六 默默坚守:不忘初心,用行动化解服务压力

因为流浪乞讨人员群体的特殊性、复杂性,服务过程中所遇到的风险与压力同样巨大。

"服务过程中自己被追打过,也有社工、义工受过伤,4年前的第一批专职社工有三分之二离开了,但是也有越来越多的义工不断地加入服务团队,而我选择留下来的理由不单单是情怀或者初心所能涵盖的,更多的原因是我们感受到服务对象就是我们的亲人,看着亲人在流浪在漂泊,我们没有理由不去坚守。"

袁娟娟,鼎和社工流浪救助项目主任,毕业于广东工业大学社会工作专业,从事社会工作8年,作为项目组第一批社工依然坚守在流浪救助工作第一线,看似弱不禁风的她笑着坦言。

尽管广州的社会工作发展走在全国前列，呈现出蓬勃之势，但毋庸置疑，也面临着社工流失、服务成效难以体现独特价值、过于依赖政府购买资金支持等挑战。

经过长期的实践与探索，在行动中的研究成为鼎和社工提升自身成就感与价值感的独特路径。

鼎和社工与广州市社工协会、救助站、高校专家学者多方合作，编撰完成内部汇编两本：《故事1+1：我们与街友在广州的相遇》和《广州市流浪乞讨人员救助工作案例汇编》，收录服务故事、案例近百篇。公开发表论文两篇：《流浪救助与社工介入——以广州为例》和《城市流浪乞讨人员就业帮扶——社工介入的广州实践》。

同时，鼎和社工对于流浪救助工作的行动研究不拘一格，以服务对象为主角的小说《孤独的玫瑰花园》已经完成初稿，即将与读者见面。

在年轻人的词典里，"流浪"二字常常跟自由和浪漫结伴同行。如果你问广州市鼎和社会工作服务中心的社工和义工们，流浪是什么？他们会告诉你，流浪，是寒潮中火车站广场上衣衫褴褛的母亲，是背井离乡靠乞讨拾荒谋生的老人，是在颠沛流离中度过童年的孩子……

这些故事离主流社会人群似乎很远。但事实上，他们其实就生活在我们身边，只是很难引起太多注意。在五颜六色的城市画卷中，他们常常是角落里不起眼的一抹灰色。但在鼎和社工看来，每一抹灰色都是一个真实的人生，一段动人的故事。

这些故事的主角常常是作为救助对象的流浪乞讨人员，而鼎和团队成员则总是低调地隐在字里行间。在网上搜索鼎和社工，也很难找到针对某一个人、某一件事浓墨重彩的宣传。这也呼应了鼎和社工的工作特点：以尊重、平等的姿态面对服务对象。

对鼎和团队来说，每一次对流浪乞讨人员的救助，都像一次短暂的相遇与告别：救助对象的流浪，他们感同身受，好像自己的心也随之流浪，当救助对象不再流浪，鼎和社工也有一种回到家的感觉。

在这个偌大的城市里，其实每个人都在流浪。这种心灵深处的孤独感，也许唯有相互信任、陪伴和帮助才能消解。正如一位普通平凡的鼎和社工在一次救助笔记后写下的感受:"救助过程中所付出的真心与行动,让我找到了社会工作者存在的价值,更感受到了服务对象对我们的信任。这份信任带给我的感动和快乐,足以让我久久珍藏。"

(执笔:王连权 邓江波)

红二代刘小钢的弃商从善之路

慈善，已如文化肌理一般，早嵌入广州的日常。可以说，这座商业发达的城市从来就不缺"善人"。但在大爱大善者之中，能超越扶贫济困的传统慈善，从社会问题根源去探求改变的"慈善家"，却屈指可数。

红色革命家后代刘小钢便是为数不多者之一。从不惑之年的女企业家，到耳顺之年的公益领袖，刘小钢放弃商业利益，漂洋过海学习公益慈善理论，又投身于本土实践，十几年来不停歇地为民间社会进步发光发热。她被商界和公益界都称为"小钢姐"。正是这位小钢姐。用自己的初心、热忱、学识和干劲，去探寻她下半生的意义，也感染了身边无数的人，投身于"爱与正义"的事业。近10年间，她所在的机构，支持了数百家组织，为南方地区的公益发展培育了一大批优秀的公益骨干。她是广州公益慈善榜乃至中国公益慈善史上的知名人士。

如果说"21世纪最激动人心的突破将不会来自技术，而是源于对'生而为人的意义'更加开阔的理解"，那一夜间从商界转身、全身心投入公益事业的刘小钢，她的选择似乎也就不足为怪了。

一　商海沉浮中的慈善启蒙

1955年，"红色后代"刘小钢在广东省省委大院里诞生了。父亲刘田夫是受人敬仰的老革命。跟随着父母，刘小钢从小和大院的高干子弟们一块成长，并在"文化大革命"结束后考上中山大学。那个年代，大学生是极其稀缺的人才，获得体面的工作并不困难。但性格爽朗、事业心满满的她，不甘愿毕业后留校、一辈子待在校园。在广东省外经委调研处工作两年，也无法满足她的拼劲。刘小钢毅然决定辞职下海"闯一闯"。

那时候，改革开放初期，整个社会方兴未艾。看着初出茅庐的刘小钢对"下海"跃跃欲试，父亲刘田夫提了个要求："你要做生意，就别在广东出现。"刘小钢果然凭借自己的实力，闯出一片天地来。1983年，她在香港创建东方科技，打造中国第一代品牌电脑——"东方"。当时，国内近八成的电子工厂都是东方的客户。后来，在房改新政下，刘小钢又跃身房地产行业，成就斐然。就这样，在将近20年的时间里，她经营着自己那一盘越做越大的生意。

2001年，刘小钢跟着时任广州市政协主席陈开枝先生到广州的对口扶贫点——广西百色考察。在大山深处，她资助建了一所学校。从第一次去这所学校，到学校建好后再次与孩子们见面，孩子们的变化让她深感震撼。目睹着这些孩子，在听闻外面世界的新鲜事之后，眼睛里闪着光，她深深被孩子们的喜悦和真诚感染，更为能给孩子们做些事情而获得很大的愉悦和价值感。这是她对公益慈善的初体验。只是刘小钢万万没想到，这颗小小的种子在种入心底后，竟然会在3年以后，彻底改变她的人生轨迹并成为后来很多人的选择。

受到陈开枝的慈善启蒙后，她经常组织同事一起去孤儿院、敬老院。2002年4月，"广东狮子会"成立。作为国际百年慈善组织——狮子会的地方组织，这个专为广东企业主参与慈善提供机会的平台，吸引了广州众多本土企业家的加入。作为广州土生土长的企业家，刘小钢也受邀加入广东狮子会。在这里，她进一步深度参与慈善，感受慈善的力量。

二 关掉企业赴哈佛学习

商业，是一个永远强调市场效率最大化的战场，像上了发条的机器，除非严重故障，否则便不得停歇片刻。

2004 年，大陆房地产行业迎来改革开放以来第二个黄金 10 年。而在此之前，这位在别人看来事业顺风顺水的女商人却厌倦了商人的生活。在她眼里，令许多人发家致富的房地产"香饽饽"，不过是没完没了的"搬砖"运动，赚钱似乎不能给她带来持久的动力。但如果不做商业，接下来的路要怎么走？

带着满脑子的困惑，身心疲惫的她独自跑到英国去，放空自己，寻找答案。刘小钢用 3 个月的时间重新思考生命的意义。当往事一幕幕在脑海中回放时，参加公益慈善活动的情景又再次出现。她很确定，那时候的自己，是最开心的。这就是她想要往下走，延续人生激情的方向。

在当时，中国的公益慈善还处于十分边缘的位置，常常带几分"理想主义者"的色彩，几乎难以成为社会关注的议题。在商业领域这些年，刘小钢明白，无论干哪一行，你都必须是专业的，不能仅凭一腔热情。正如广东人敢为人先、脚踏实地的实干精神，刘小钢立志要以公益为职业，而不只做一名志愿者，她想到了"去读书"。为了更好地全身心投入，敲开公益从业者之门，47 岁的刘小钢做了两个决定：一是关掉经营 10 年的房地产公司；二是申请哈佛大学的非营利组织管理硕士专业。身边很多朋友对她的决定既震惊、又钦佩。她的儿子更多的是担心："公益慈善知识储备几乎为零，没有任何公益工作的经验，如何能申请到学位？即便申请到了，学习起来也会很吃力。"而决心满满的刘小钢，却最终排除万难，成功获得哈佛大学肯尼迪政府学院的录取通知书。

在哈佛大学两年的学习中，刘小钢系统地了解第三部门、公益慈善的理论和战略思考方法，领略民间公益推动社会发展的价值。她重新做了回象牙塔里的大学生，去不同组织实习，了解公益慈善的运作，并常常为它们的治理模式感到震撼。

三 扎入中国本土公益实践

一个在商场打滚20年的红二代，在接受现代公益思想影响后，会激发怎样的火花呢？

2006年，刘小钢从美国归来。此时，她的关注点已从传统慈善跨越到关注社会进步的现代公益，对于政府、市场、社会和NGO之间的关系也有了更多的认识。带着满腔将理论付诸实践的热忱，她回到广州。刚好那一天，公益组织的研讨会在中山大学举行。刘小钢一下飞机便赶到会场。在那里，她迫不及待地分享美国的NGO管理模式，富人和精英如何参与慈善、推动慈善发展。

但很快她便发现，中国和美国的国情、NGO发展阶段太不一样了，那些"模式"在国内根本行不通。

对这意料之外的挫败，刘小钢有些找不着北。彼时，她认识了当时供职于中山大学人类学系的朱健刚教授，两人对民间公益的想法不谋而合。很快，她便接受朱健刚的建议，拿到人生第一份"offer"，成功转行，入职致力于支持公益组织的平台型机构——中山大学公民与社会发展研究中心（英文简称"ICS"）。这个平台既有公益慈善理论和行动研究，又有NGO的能力建设、社会倡导和实验，让刘小钢的工作充满各种新鲜的刺激。而最大的突破，是她彻底从上层社会的商界精英转而成为草根社会的普通工作者，对社会的判断和思考的视角在发生转变。

在ICS，她接触到大量的民间公益组织以及它们背后的服务群体和社会现实。这一幕幕给了她巨大的冲击。一个不同于以往认识的中国——教育和医疗资源缺乏，疾苦和贫困无处不在的底层社会浮现在她的眼前。她意识到，繁荣、飞速发展与溃败、不平衡并存，才是真实的中国。而身边的公益人在艰难的条件下默默坚守着理想情怀也时常打动她。她看到了草根的韧性、民间的力量。有了那些深刻的体会，刘小钢越发觉得，国内的民间公益组织太需要支持了。

一边是对中国社会和国内公益慈善的认知在转变，另一边是公益慈善的实践经验在不断积累。从2004年起创立"广东狮子会创梦服务队"以来,刘小钢更是探望了许多贫困和边缘群体。从如何与贫穷的小朋友、孤寡老人相处开始,她不停地思考:这些现象为何存在?是不是有更深刻的原因是我们应该去改变,而不是去做自己觉得最感动的事情?公益慈善的意义在哪里?

刘小钢在广东狮子会发起"视觉第一·广东行动"项目

四 从一线服务退居幕后

随着实践的深入,刘小钢渐渐觉得,社区就是她想要社会改变的触点。因为社会的进步,其实是人的进步。这些人在社区当中,其进步跟日常生活分不开。她相信,社区中人的改变和进步,必定会带来社会的进步。

而与第一、第二部门一样,公益慈善领域也需要不同的分工。一线服务的 NGO 组织直接服务社区残障人、孤寡老人、失学儿童等有需要的人群。这些组织需要资金、能力培训、伙伴关系等背后多方力量的支持,才能更好地提供服务,让更多社区里有需要的人得到帮助。于是,她把目光投向如何做背后的支持。

她认为,不管是企业家、学者、政府人员,还是有能力的一批人,都可以在背后支持更多公益行动者,形成更多的服务组织,在前线为有需要的人服务。这也是后来刘小钢独创的"关节理论"雏形。

那些一线的社区公益组织属于"腕关节"。它们可以把服务做得很深，但辐射面很有限。如果我们能往上走，离一线远一些，扩大辐射面，就能够支持到更多的公益组织，受助人群也会越来越大。刘小钢希望自己能往后退，募集更多社会资源支持一线工作。而作为"肘关节"的平台型组织，ICS 支持 NGO 的工作板块渐渐分为能力建设、行动研究和社会倡导，等等。

资金匮乏是这个行业内最大的痛点。她观察到很多好的组织和项目，因为募款困难无法持续和有效运作，难以真正发挥社会影响力。"公益慈善需要成本，没有钱，这些组织什么也干不了"，于是，2006年，刘小钢和朱健刚等人在 ICS 成立"和谐基金"。这种类型的资助基金在当时的国内是前所未有的。他们还根据行业状况分了三种类型的资助计划。为了让有社会理想的年轻人能留下来，"千里马基金"资助公益人才的工资；接触到很多 NGO 在资助周期结束之前还未能申请到新的一笔资助，组织运作面临困难，"过桥基金"支持它们过渡期的行政经费；而初创的组织起步艰难，"种子基金"则为有使命感和潜力的初创草根组织提供最早期的资助。这样的资助当时在国内还是极其罕见的，即使资金总量非常小，这个小额基金也受到很多草根组织的关注和欢迎。其间，刘小钢走访不同的社区项目点和草根组织，了解一线的现状和需求。她看到，这些社会的"腕关节"既能提供非常接地气的社区服务，帮助弱势群体自立自强，又能及时发现社区的问题、表达居民利益诉求、打造社区公共空间、培育社区文化、推动相关群体的对话，来促进社区融合与共治。这些年，她总会在所到之处向所遇之人分享她对社区公益的想法，也常常把"社区好，社会才会好。我们希望每一个社区都有一批积极的居民在行动，促进社区和谐与发展"这句话挂在嘴边。

五 千禾社区基金会的成立

"和谐基金"几年运作下来，资助的价值越发凸显。刘小钢也愈发明确处于生态链上游的"肩关节"对行业与社会发展的影响力。如果发挥自己多年在商业社会的人脉，感召一群有共识的人，再影响身边更多的朋友，一起站在 NGO 背后成为推动力量，那便能集结更多社会资源,这样也许能推动公益慈善这个生态链条上,每个重要位置都有人去支持、都有人去做,让公益慈善能持续地发挥社会价值,影响更多的生命。

"当你真正决定做一件正确的事情时,全世界都会来帮你。"2009年,广东省陆续出台开放慈善领域的社会政策,基金会注册门槛降低了。她回忆起在哈佛大学期间曾参加过一场筹款活动。当时,她用200美元的"最高价"拍下"与波士顿社区基金会总裁一起用餐"的机会,也因此认识了社区基金会。在她心目中,社区基金会最大的特色就是建立平台,联合更多的捐款人,共同支持本地社区的改变与进步。于是,刘小钢与同样一直想为民间组织撬动更多社会资源的朱健刚等人马上前往美国、韩国以及中国台湾等地"取经"。考察归来,他们决定以"社区基金会"模式创办一家全新的基金会,报告文学家理由先生、企业家好友杨利川和王津津夫妇、罗茹女士、中山大学教授蔡禾、陈影、黄昌伟、赖建雄等好友纷纷加入这场"社区"的造梦之旅。

2009年9月1日,ICS"和谐基金"的模块独立出来,中国第一家以"社区"命名的基金会——广东省千禾社区公益基金会(下文简称"千禾")正式成立了。千禾的初始基金由刘小钢个人捐赠150万元、理由捐赠50万元。

2009年9月,刘小钢在广东省千禾社区公益基金会成立仪式上演讲

六 深耕社区公益的探索

在当时,全国仅有94家基金会专注于做资助,"支持社区项目"更是寥寥无几,千禾算是先行者。但相比于国外诸多历史悠久、影响力卓著的老牌社区基金会而言,千禾只是一个年轻的探路者:资金规模小、项目未成体系化、与社区居民联动的脚步还未迈开……一切都在摸索的起步期,与社会环境一样,充满变化和不确定性。但有了哈佛大学的学习和见闻,加上这3年的实践,她内心非常明确:以温和的对话及合作为基础的多元社区治理,是解决社会问题的关键。想要社会变得更加关爱、公正与可持续发展,就必须持续支持社区公益和民间力量,而基金会在引领价值和发挥杠杆效应上,则非常重要。她希望千禾能走得稳,走出自己的一条路子来,扮演好"肩关节"的角色。

2013年1月,刘小钢在第四届非公募基金会论坛上发表题为《资助的力量》的演讲

七 组建理事会

目睹了很多草根组织生存的困难,从公益项目的效率出发,企业管理经验丰富的刘小钢,从一开始就坚持"千禾的行政费用必须另筹,与项目款项分开",这样既保障机构及团队的稳定性,也让公益善款百分之

百用于项目上。她感召了一批企业家尤其是本地企业家成为千禾的一分子。他们身处不同的行业，但同样关心社会问题，更被小钢姐的坚持与热忱打动，希望能为社会尽一份力。很快，由本地企业家和学者组成的千禾理事会便组建起来了，共同决定千禾的发展方向和重大决策。企业家负责筹措资源、学者负责公益研究，通过项目资助，为草根组织提供资金和培训。既有资本、社会关系的支持，又有思想的输出和项目管理的指导。这样的资助在当时颇受 NGO 的青睐。

刘小钢与千禾社区基金会理事会成员开会

八 支持公益青年成长

由于大多数草根公益组织都还处于初创期，甚至只是松散的志愿者团体。在这种情况下，要推动社区居民形成自组织，参与社区治理解决各种社区问题，刘小钢认为，首先要做的，是培育更多的公益领袖，让更多有使命感、有潜力的公益行动者成长起来，给予他们最初的"天使基金"，帮助他们"活下去"、扎根社区，并有足够的领导力去带动议题发展，推动社区参与和治理。于是，在 2009—2011 年期间，千禾培育了一批 NGO 领导人，尤其是关注社会的青年人，他们至今仍然活跃于环保、教育、大病救助等领域，培养社区志愿者，推动公共讨论和协商。

刘小钢代表千禾社区基金会向中山大学社会学与人类学学院展开
捐赠，以"千禾学人基金"支持青年学者开展公益研究

刘小钢认为，对社区基金会来说，关于社区的想象非常重要，有了想象才会有目标、有策略、有计划，这是民间社会发展的基础。因而，在资助 NGO 组织时，她非常看重初心和行动力。在她眼里，这些充满理想情怀的"小伙伴"是她事业上的伙伴。他们如同星星之火，带给社会无限的想象和新希望。她常为这些后辈感到骄傲，也竭尽全力在后面推一把，帮他们成长。

九　做好劝募人

基金会最重要的功能是筹集公益项目款，来支持一线机构。但那时候，即便很多一线服务都扎根在社区，但从前端的社区需求到背后的社区资源动员，还未有呈链条的系统思考及阐述。社区公益的说法还是十分新鲜。对于慈善资金托管，大部分人更是闻所未闻。在劝募时，大家疑惑最多的莫过于：为何不把善款直接给困难的人群，要给一个组织？

刘小钢发起"百人会",发动民营企业家参与公益

  面对这样的疑问,刘小钢总是一遍一遍耐心地讲。她和团队的伙伴这样解释他们希望推动的社区变化:在社区缺水的时候,我们不是直接找一个施工队在社区凿一口井,解决居民的需求。而是支持社区里的组织,他们通过座谈、走访、协商、筹资等各种方式,发动社区居民共同讨论解决打井的问题,让这口井真正成为社区居民大家共有的、认同的。经过多次的"打井"实践,当社区再面对其他公共问题时,慢慢有能力凝聚力量去解决它。而在解决实际问题的过程中,社区邻里关系逐步重建,社区社会资本得到进一步积累。

  这样生动的论述仍然无法让许多没有公益慈善理论基础的企业家一下子明白。但"小钢姐"的热情却深深感染了他们。受到启蒙后,他们哪怕还不明确社区公益是干什么的,也会毫不犹豫地选择"并肩作战"。这份信任,是弥足珍贵的。因而,对刘小钢而言,捐赠人的一分一毫,都不得有差池,不能辜负了捐赠人的信任。

  从企业家到大龄海归再到职业公益人,她这样看待公益:公益不像做商业,把效率放在第一,更多的是把做这件事情的社会价值放大。因为没有很多来自于市场的压力,做公益的人对于效率的理解不一样,也因为市场压力小,很多公益组织对效率不够重视。事实上公益也是有竞争的。如果说有人支持你,给我们捐了钱,我们却做不出

刘小钢发起"百人会",发动民营企业家参与公益

效果,或者总是没有结果,别人就会把钱捐给有效的组织。在这样一个竞争过程中,你要总是不重视效益的话,那你肯定也会被淘汰。

有一次,她和朋友说起某个公益项目的想法,朋友表示要捐一笔钱支持。后来,因项目前期调研还未完成,她便跟朋友解释,暂且先不捐款,等项目够火候再支持,也时常征询不同捐赠人的建议。相比于捐赠,她更看重捐赠人的参与和共同成长。

十 用慈善回应生命价值

从 2002 年至今,刘小钢参与了狮子会、千禾社区基金会、广州公益慈善书院、阿拉善 SEE 基金会等多家公益慈善组织,或是联合创办,或担任区域负责人、职业经理人等,为动员企业家慈善力量、支持公益行业专业化发展、培育公益人才和提高公益项目社会影响力等倾尽全力,还时常"自掏腰包"带头捐款。2018 年 7 月 2 日,她更是成功当选为中国大陆首位国际狮子会理事,继续书写她这一生"没有不可能"的信念与传奇。

在朋辈眼中,她是一位充满"毅力"、"热情"、"爱心"、"行动力"的终身学习者、令人敬佩的公益前辈;在社会领域,她是一位具有战略慈善眼光、脚踏实地实践精神和平等协作处世之道的专业慈善家。

2018 年 7 月，刘小钢在竞选国际狮子会理事时发表演讲

刘小钢获由南方都市报和共青团广州市委员会主办的
"责任中国" 2014 公益评选之公益人物奖（右一为刘小钢）

因刘小钢感召而参与公益 10 余年的企业家、广州流行美时尚商业股份有限公司赖建雄先生这样评价她："小钢姐"为千禾、狮子会、阿拉善 SEE 基金会等公益组织感召成百上千人投身到公益事业。

在为人处事上,她虽是高干子弟,却没有一丝高高在上的姿态,极平易近人,每一句话、每一个眼神、每一个肢体语言都透出关爱他人的人格魅力,相处 10 年来,我从来没有听她评论过任何一个人的是非,总是包容赞美鼓励每一个人,她是公益事业的好大姐。

而对于刘小钢而言,这一切不过是上半生的积累,在适当的时候一个恰到好处的安排。当驰骋商海的经历,沉淀为人生智慧时,她自然而然转身追求生命价值,接受新的思想、新的挑战,内心亦变得丰盈。在做公益的路上,刘小钢觉知自己的改变——"我"变小了,世界则变大了,能拥有和包容更多的东西。而正因为世界的美好要由每个人共同来创造,十几年来,她一直走在社会服务的路上,并为这种正循环感到快乐和感恩。

而今,十几年过去了,刘小钢已迎来耳顺之年,但她仍片刻不停歇地为公益慈善奔波。"建设一个公正、关爱和可持续发展的社会",是千禾社区基金会的愿景,也是刘小钢下半生的憧憬,她早将这些字眼,都深深地植入公益慈善项目的骨髓里,为她与伙伴们心中的美好社区、美好社会而努力。

(执笔:卢喜兰)

王颂汤与广东公益恤孤助学促进会

一 创会起源：莫道桑榆晚

王颂汤，1938年出生于上海，从2004年广东公益恤孤助学促进会（简称恤孤助学会）成立至2017年任代会长、副会长兼秘书长（法定代表人），主持常务工作。曾任广州远洋运输公司总经理、省政协委员，1992年国务院授予"国家突出贡献专家"称号，是广东省劳动模范、"五一劳动奖章"获得者，2012年起兼任广东省慈善总会监事长。现在，他作为恤孤助学会的一名老志愿者，仍孜孜不倦地行走在公益慈善之路上。

1995年，时任广州远洋运输公司总经理的王颂汤提出"以人为本，构筑员工和企业利益、荣誉和命运共同体"的总体工作思路，用4年时间组织机关人员对分布在26个省的12391名海员家庭逐户家访慰问和调查，成立解困和助学基金。1992年他为广东首次"希望工程"募捐活动捐款，后来又对口认捐孤贫学生并亲自下乡看望或接来广州。

期间有两件事他常提起，一件事是第一次寒暑假把认捐的孤贫学生接来广州，想着这些孩子家里穷吃得不好，就要了一个房间，给他们大鱼大肉好好吃一顿，结果吃完以后这些小孩都吐了，他们的肠胃都不适应，这让他很震惊。还有一件事，时任省政协委员的他，有一次去视察监狱，里面有一个少教所，那些小孩都剃了光头在劳动，生产编织袋，于是他就问小孩多大年纪、什么地方人、什么文化程度、还要多长时间可以回家，他们都一一回答，而当问到你们出去以后准备做什么的时候，没有一个人回答，这时就有一位陪同的工作人员说："他们还要回来的。"当时让他很震惊，因为关了好几年，出去以后这些孩子家里穷没有饭吃，只能偷、抢，他们又不到就业的年龄或者也找不到职业。这两件事给他留下了非常难忘的印象。

已古稀之年的王颂汤面容清瘦、慈眉善眼、精神矍铄，
常被孩子们亲切地称为王爷爷

2003年王颂汤将退休，1960年就参加了中国国际海运事业创业的他，在那里工作了40多年，所以在这个圈子里知道他的人还比较多，刚开始知道他要退休，就想拉他去组成一个公司，后来了解到他想做慈善，发挥余热，老朋友们也都表示支持，于是他和国务院原副秘书长安成信，广东省政协副主席林东海，广州军区少将董兆良，省政协常委、省政府原副秘书长蒋月明，省政协委员、省环保局原局长王荫焜，广东省二轻工业集团公司总经理朱淇，广东省铁路集团有限公司董事长谢鉴明，珠江电影制片公司书记、总经理廖曙辉，省委党校教授宋子和，广东粮油进出口公司总经理李子荣，广州艺术博物院院长李卓祺等12位当时已经退休或仍然在位的省、厅级领导和社会名人（他们中省部级3人、正厅级6人、副厅级或社会名流3人），共同发起设立广东公益恤孤助学促进会，由王颂汤负责筹备，他笑称是自谋出路再"就业"。

王颂汤与广东公益恤孤助学促进会　　277

2002 年 12 月 26 日第一次发起人会议

从 2002 年 12 月 26 日第一次发起人会议研究申办等问题后，陆续通过一系列的手续：从计划成立到申请主管单位审批、办理验资报告、法人登记、刻公章、开银行账户、申办免税票据等，到 2004 年 5 月 15 日广东公益恤孤助学促进会才正式成立，当时的初衷就是帮助那些孤儿。

广东公益恤孤助学促进会办公室李卓祺题

《共产党宣言》指出，未来社会是一个联合体，它应该是这样的：每个人的自由发展是一切人自由发展的条件。也就是说如果不是具体到每个人都能得到权利和实现权利的话，其他人的权利也就不可能实现。

王颂汤说："一个民族，如果对自己的后代都不能给予足够的重视和关怀，这个民族还有希望吗？如果一个社会尚存在一个人数众多的弱势群体，他们失去改变地位的机会和希望，那么这个社会将会永无宁日。我们希望能听到弱势群体的声音，为建设和谐社会，促进社会的公平正义，做一点力所能及的事。"

二 蓬勃发展：风雨兼程追梦人

（一）摸索前行（2004—2008）

2004年恤孤助学会成立后，王颂汤主持常务工作，多年来每天朝九晚五上班，按照他的习惯，几乎每天都在夜里要把本会的电邮查阅并处理完毕才休息，并时常提醒相关工作人员要及时查看及回复邮件，他认为及时回复是尊重对方，也对工作有利。他不领取工资和任何报酬，也没有职务消费，接待客人时自己付费，还把退休金捐出来。

当诚信成为社会稀缺资源的时候，诚信就是民间组织的生命。在2004年5月15日在成立大会上，恤孤助学会公布了四项公开承诺：第一，所有捐款和物资全部用于符合本会章程、宗旨的慈善性公益事业；第二，本会的财务收支完全公开，欢迎和接受捐赠人、社会各界人士、新闻媒体和政府主管部门查询、检查、监督；第三，本会不从事任何营利性经营活动，确保所有捐款的安全；第四，本会领导不领取工资、津贴等任何报酬。

紧接着的7月，恤孤助学会又给捐赠人发了一份公开信，其中有一句话："我们完全有责任让您了解您和其他捐赠人所捐善款的实际使用情况，我们诚心地邀请您或您派律师、财会等专业人士，在任何时候，可以在事先不通知我们的情况下，前来查询、审核和指导，我们将提供全部资料和工作方便。"

成立至今，恤孤助学会一直都非常重视诚信的力量，坚守这一做人办事的底线。

1. 首次访贫助学行——河源行

2004年，原定于8月的"访贫助学河源行"推迟到炎夏过后的

10月举办，这是恤孤助学会的首次访贫助学行，经《羊城晚报》报道，接受社会人士报名。据载，实际通过网上、传真或来恤孤助学会办公室报名的有广州、中山、东莞、佛山、江西省等140多人。

10月30日，早上8：30分共16台车（其中大巴两台）143人从广州体育中心集合出发，前往河源市东源县双江镇兰溪小学，这次活动有相当一部分参与者的身份是正在做生意的企业家或是小生意者，也有带上孩子，想让孩子们感受一下不同生活的。到达后，大家被分为三组访问贫困生家庭，下午回到镇政府，举行座谈、认捐。这次活动得到了《羊城晚报》、广州电视台、《人民日报》（华南新闻）等多家媒体报道，同时还得到社会各界的支持，广东交通集团无偿提供了两台大巴、高速公路公司免收了路费、公路服务区也免费提供晚餐。

从2004年至2017年，恤孤助学会每年都会举办2—3次访贫助学活动，宣传慈善理念，为社会热心人士和单位提供帮助农村孤贫学生的平台。在十多年里，共举办了40多次"访贫助学行"活动，有超过5000人次参加，资助了广东省36个县（区、市）32414名（截至2019年12月31日）孤贫学生读书和生活，给予每人不少于3000元的资助。

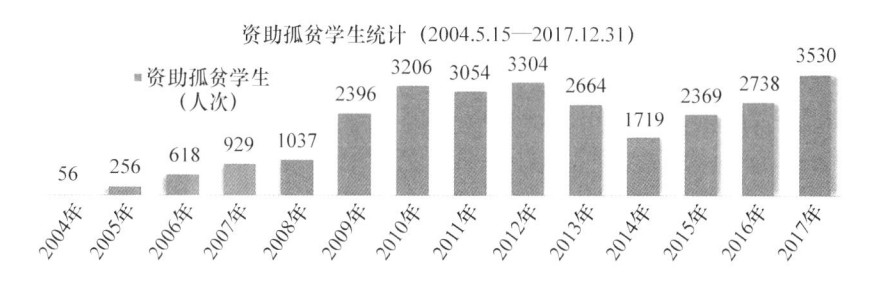

资助孤贫学生统计（2004.5.15—2017.12.31）

资助孤贫学生（人次）

年份	2004年	2005年	2006年	2007年	2008年	2009年	2010年	2011年	2012年	2013年	2014年	2015年	2016年	2017年
人次	56	256	618	929	1037	2396	3206	3054	3304	2664	1719	2369	2738	3530

年份	2004	2005	2006	2007	2008	2009	2010	2011	2012	2013	2014	2015	2016	2017
资助地区	龙川、东源	清新、东源	清新、云安、连南、从化	英德、新丰、河源、阳春	韶关、云安、英德	韶关、陆河、龙川、信宜	英德、遂溪、连阳、连州及替补等	英德、普宁、揭西、连南、连山、替补等	徐闻、遂溪、信宜、雷州、陆河、英德、阳春	廉江、信宜	和平、连平	英德、徐闻、龙川	信宜、遂溪、雷州	廉江、雷州

在多年的访贫助学活动中，恤孤助学会总结了自己的一套 15 步资助工作流程。确保资助的准确、及时、有效和低成本。

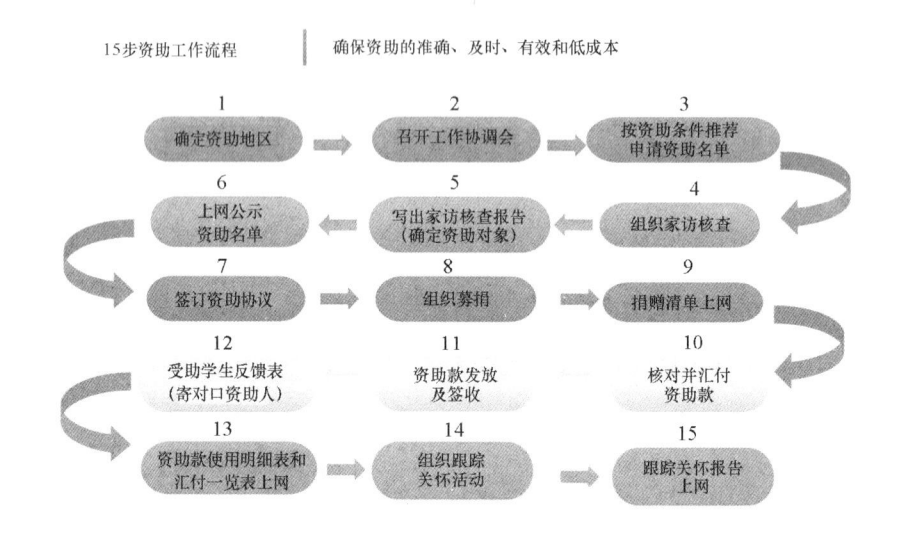

15步资助工作流程　　确保资助的准确、及时、有效和低成本

1. 确定资助地区 → 2. 召开工作协调会 → 3. 按资助条件推荐申请资助名单
6. 上网公示资助名单 ← 5. 写出家访核查报告（确定资助对象）← 4. 组织家访核查
7. 签订资助协议 → 8. 组织募捐 → 9. 捐赠清单上网
12. 受助学生反馈表（寄对口资助人）← 11. 资助款发放及签收 ← 10. 核对并汇付资助款
13. 资助款使用明细表和汇付一览表上网 → 14. 组织跟踪关怀活动 → 15. 跟踪关怀报告上网

2005 年 11 月 20 日，恤孤助学会的助学活动荣获首届全国"中华慈善奖"，是获得这一中国慈善最高荣誉的全国六家慈善团体之一。

2. 举办第一届仲夏夜慈善音乐会

仲夏夜，珠江河畔，星海音乐厅内，乐声回荡，爱心弥漫。音乐会是恤孤助学会助学项目的主要募捐平台之一。

2007 年 7 月 15 日，首届"仲夏夜慈善音乐会"（资助贫困职中生专场）在广东星海音乐厅成功举行，由恤孤助学会主办，珠江电影制片有限公司、广东省星海音乐厅协办，上座率八成多，观众反映良好。这届音乐会，珠影

乐团不仅义演，同时邀请了演员参加义演，星海音乐厅免费提供场地、设备和服务，还得到了广东省民政厅、文化厅及有关部门的支持。

恤孤助学会不断地探索慈善之路，希望以低成本举办专场慈善音乐会的方式开展公益性活动，首届音乐会没有请专业的经纪公司，从策划组织、联系邀请，向友人和社会推介与劝募，到海报和现场设计、布置、接待安排等，主要由志愿者团队全程负责，因此成本支出只有25032元（原询价演出公司约20万元）。

从2007年至2017年，共举办了十一届的仲夏夜慈善音乐会先后有过万人次走进星海音乐厅，音乐会共募集了2835.4万元善款，资助了9453名学生，实现了音乐和慈善文化的共融，也成为了广东知名的慈善音乐品牌。先后有著名音乐人陈明、朱克、主持人梁永斌、陈晓琳等爱心人士支持和参与，提升了音乐会的欣赏性、宣传性。

历届音乐会募捐一览表（2007—2017年）

年份	项目名称	主题	资助方向	募捐金额（万元）	资助人数	亮点
2007	第一届		资助贫困职中生专场	50	200	开音乐会筹款先河
2008	第二届	爱的回响	感谢为此奉献的人们	0	/	/
2009	第三届	奏出心乐章 点燃新希望	资助贫困孤儿专场	130	435	莲慈素食捐款80万元并赞助音乐会的全部费用，来自汕尾市陆河县的150名孤儿参加
2010	第四届	汇聚爱的音符 谱写和谐乐章	资助遂溪贫困孤儿专场	246	800	实现了将音乐成募捐平台的初衷
2011	第五届	幸福广东*以人为本	资助揭阳地区孤贫学生专场	230	770	和政府以及南方台联合主办，演奏水平较高的一届音乐会

续表

年份	项目名称	主题	资助方向	募捐金额（万元）	资助人数	亮点
2012	第六届	爱的奉献 * 心弦和奏	资助徐闻地区孤贫学生专场	340	1120	来自徐闻县的300多名受助学生参加
2013	第七届	圆孤贫儿童的上学梦	资助廉江地区孤贫学生专场	574	1910	历届筹款之最、捐赠人数最多
2014	第八届	感恩十年 续梦助学	资助连平地区孤贫学生专场	267	890	突显本会成立十周年
2015	第九届	爱 * 助力梦想	资助徐闻地区孤贫学生专场	348.9	1163	有陈明、朱克和梁永斌加盟音乐会演唱，报道多
2016	第十届	音为爱 * 乐动十载	资助信直市贫困学生专场	300.3	1001	/
2017	第十一届	一路有你 一直有爱	资助廉江贫困学生第二期专场	349.2	1164	/
合计				2835.4	9453	

3. 与广东狮子会联合倡议为四川赈灾募捐

2008年5月12日下午的瞬间，数以万计的生命消逝了，四川汶川这场大地震是对一个民族凝聚力和生存力的一次考验，是对人类良心的一次考问。

5月13日，恤孤助学会决定立即开始专项为四川震灾孤儿接受捐款，捐款全部用于资助四川震灾孤儿的救助。从当天起就陆续收到爱心人士和企业为此次地震救灾专用的捐赠款，到2008年12月16日止，捐款总计939144.21元。救灾款主要用于紧急援助和灾后重建（与广东狮子会合作进行，共同作为捐赠方）两部分。

时任广东狮子会总监的刘小钢女士，于5月16日到达四川汶川，她发来的短信让大家更真切地感受到了"5·12"大地震给人们带来的震撼，短信内容如下：前天，我们小分队历尽艰辛进入了重灾区汉旺镇，几乎所有的楼房不是倒塌就是歪斜，满目疮痍。我们去了倒塌的东汽中学，工兵们正在挖掘瓦砾，寻找受灾的孩子，对面小山头上坐满了家长，望眼欲穿地等待着结果。看到这个景象，我的心碎了，我作为母亲，对这些孩子什么也做不了，只能满含热泪合十祈祷。我告诉自己，一定要给孩子们盖不塌的校舍楼房，以告慰逝去孩子们的在天之灵，让我们共同努力帮助他们。

在这个过程中，恤孤助学会秉承了一贯的资助原则："符合社会需求，准确、及时、有效"，得到了社会大众的认可和信任。"郭美美事件"之后，中国的慈善事业受到强烈的冲击，人们对于公益慈善抱着极大的怀疑和不信任，甚至捐款数额一度下降。即使在这样的情况下，恤孤助学会的捐款数额依然逐年增加，让人们看到了一个默默无闻、将诚信做到极致、踏实地走着每一步的公益组织。

年份	捐款金额（万元）	捐赠人次
2004	102.91	130
2005	52.69	201
2006	150.50	200
2007	344.87	681
2008	495.23	770
2009	475.39	924
2010	821.46	2623
2011	1384.95	3128
2012	1478.45	1465
2013	1673.70	3014
2014	1745.6	3940
2015	2057.53	6691
2016 年 1—6 月	1720.32	3596
2017	1777.82	10659
总计	14282	27363

4. 会计事务所审计后捐款

诚信，是慈善事业的生命，一种不花本钱的投资，而且回报很高。

2008年7月，在成立四周年之际，恤孤助学会主动聘请了广东省最大的会计师事务所之一的羊城会计师事务所有限公司，对成立以来到2007年末的财务状况进行全面审计。鉴于成立4年来公开信息的实践，恤孤助学会认为只有当事方自己发布信息还不够，应当从社会上引入外部的专业监督，才更客观公正和具有公信力，这样也可以使工作更规范完善。

会计师进场半个多月，调阅了全部账册凭证并进行资产盘点，给出了审计结果：认为恤孤助学会财务报表在所有重大事务方面按照《民间非营利组织会计制度》的规定编制，公允反映了恤孤助学会2007年12月31日末的财务状况以及2004年度至2007年度经营成果和现金流量。审计结束后，事务所的会计师们纷纷给恤孤助学会捐款并成为志愿者。《人民日报》对此报道的标题"看，这就是诚信的力量"。

十多年来，恤孤助学会一直坚持在官网公布每月财务报表和具体到人次的捐赠明细表、资助清单、助学款汇付清单、救助病童的每月统计和每个个案的医疗诊断书、贫困证明和申请表、救助款签收表等。毫无保留地把一切都公开，让全部工作和过程都透明化。

（二）砥砺奋进（2009—2016）

1. 启动"爱满罐"项目

2010年，恤孤助学会推出了一个专门普及平民慈善的公益项目"爱满罐"，通过一个储蓄罐载体，以聚沙成塔的形式，鼓励更多的人加入到公益事业的行列，把对平民慈善的认识和理念推广普及到日常生活中去。

2010年1月23日下午，"爱满罐"项目在广州假日酒店蓝宝石艺术展馆举行启动仪式，现场有200多个家庭参加活动和领取"爱满罐"。多家媒体报道后，即有广州、东莞等地家庭来电话报名参加此项活动，还有的幼儿园提出多领罐发动小朋友和家长参加。

2010年至今，"爱满罐"项目作为一项时间跨度长、参与范围广的项目一直在坚持做，且每年都会结合一些活动"开罐"。项目也受到了企业、学校、单位、个人及媒体的关注与支持，开罐60多余次，所募善款主要用于助学和重症贫童救助项目。

老会长王颂汤曾说过：希望通过"爱满罐"项目传播一种平民慈善的理念：社会上有很多需要帮助的人，"出多少钱没有关系，这种行为是表达一种态度和心意"。

2. 成立第一个与爱心企业合作的"爱童行专项基金"

人都有做善事的冲动，但做善事不能仅靠意识的冲动，而是需要平台、资源、人才等多方面融合，方能持久发展。

2012年12月28日，恤孤助学会第一个内设的专项基金爱童行专项基金成立了，它是由热心支持孤贫儿童成长的企业、单位、自然人捐赠，实行专款专用，属于非营利性、公益性社会团体的专项基金。

成立之初，共有广州娇兰佳人化妆品连锁有限公司、广州爱帛服饰有限公司、广州市娇兰化妆品有限公司3家企业参与，并分别以企业的品牌命名了"娇兰佳人爱童行"、"MO&Co.爱童行"和"婷美小屋爱童行"项目，5年共捐赠1650万元（每家企业每年捐赠110万元，其中包括行政管理费10万元）。

爱童行专项基金致力于打造一个公益化运作、履行社会责任、关爱孤贫儿童身心健康成长的平台。其管理委员会由企业代表、恤孤助学会代表、社会专业人士组成。负责研讨基金的方向、协调基金的使用、监督基金的管理等。秘书处内设爱童行事业部承担日常执行工作，负责活动的策划、筹备、执行、总结和相关行政工作。

2015年11月1日，恤孤助学会2015年秋季"结善缘·救病童"义拍义卖慈善会活动在花园酒店举行，继第一期5年捐款1650万元成立爱童行基金会后，这3家爱心企业在慈善会上又续签了5年合同，再次捐款1650万元。

3. 试行重症贫童救助项目

"圆生命生存之梦，这是中国梦的第一梦"，如果命都保不住了，其他的一切都毫无意义。

2004年成立以来，恤孤助学会在资助孤贫学生的过程中，不时接触到一些重症贫童的期盼，在疾病痛苦折磨和巨额医疗费用的双重压力下，他们不仅面临着失学的问题，更面临着生存希望的破灭、家庭崩溃破碎的危机。因此，从2012年起决定试点试行开展重症贫童救助项目，与新闻媒体、医院、企业携手合作，探索集合多方社会资源救助重症贫童的途径，并制定了《关于重症贫童实施医疗救助的若干规定（试行）》，明确了病童救助的对象、标准、原则以及救助流程等内容。

救助病童统计（2004.5.15—2017.12.31）

年份	救助病童（人）	病童救助款（万元）
2004	1	
2005		
2006		
2007	1	0.10
2008		
2009	1	1.03
2010		
2011	11	12.85
2012	40	105.58
2013	197	350.63
2014	293	443.98
2015	323	473.31
2016	407	526.69
2017	416	627.15
总计	1690	2541.32

在救助重症贫童的时候，恤孤助学会遇到的最大困难就是资金不足，一个很现实的问题，钱多帮多，钱少帮少。慈善机构的能力始终有限，不可能全包下来，尽数救助，只能给予应急性救助，让病童得到最及时的治疗，以争取时间，争取多一份生存的希望。希望能有更多的力量加入，最终挽救病童的生命，让他们能沐浴在明天的阳光下。

4. 举办首届"结善缘"义拍义卖慈善会

"结善缘"义拍义卖慈善会也是恤孤助学会的主要募捐平台之一。

2012年1月8日，经过3个月的筹备，首届"结善缘童——认捐回赠"义拍义卖慈善会在花园酒店举行，所有认捐回赠的物品皆由海内外爱心人士捐赠，恤孤助学会的理事、会员及志愿者邀请了自己的亲朋好友前来认捐，共募捐到善款 155 万元，主要用于"访贫助学清远行"项目的孤贫学生。

首届慈善会在场租、宣传印刷等方面得到了莲慈素食馆赞助，同时还得到拍卖行、广告公司、广东救援辅助队等支持，运输物资的车辆也是由志愿者联系其公司运送。正是在各方力量的支持下，这届慈善会得到圆满举办，开了个好头。

从 2012 年起，恤孤助学会每年都会举办一届"结善缘"系列义拍义卖慈善会，除第一届的善款用于资助清远地区的学生，之后几届的善款主要用于救助重症贫童。慈善会有义拍和义卖两种形式筹集善款，所有的义拍义卖物品都是海内外各界人士无偿捐赠，包括中国知名书画艺术家、收藏家、青年艺术才俊、娱乐界知名人士或慈善家以及受助的学生和病童（手工艺品）等。

结善缘平台募款统计汇总（2012—2017）

编号	年份	主题	资助方向	金额（元）
1	2012 年	"结善缘·助贫童"	助学	1554876.76
2	2013 年	"结善缘·救病童"	病童	2636996.50
3	2014 年	"结善缘·救病童"	病童	2123455.39
4	2015 年 1 月	"结善缘·救病童"	病童	2313201.00
5	2015 年 11 月	"结善缘·救病童"	病童	2234317.02
6	2016 年 12 月	"结善缘·救病童"	病童	2216658.61
7	2017 年 11 月	"结善缘·救病童"	病童	2815472.64
合计				15894977.92

近年来，亟待救助和关爱的重症贫童人数越来越多，恤孤助学会一直坚持举办义拍义卖慈善会，正是希望能让社会更好地了解、关注病童这个特殊群体，给予人道救助。

5. 与媒体密切合作，或成立专项基金

恤孤助学会成立 10 多年来，先后得到《人民日报》、新华社、中央电视台、南方日报报业集团、羊城晚报报业集团、广州日报报业集团以及广东、南方、广州电视台共 1389 篇次报道（截至 2017

年），作为一个规模很小的民间慈善团体这是比较罕见的，众多权威媒体对恤孤助学会持久的关注和报道，大大增进了社会对恤孤助学会的了解和信任，提高了知名度和公信力，拓展带动了更多慈善捐赠。

恤孤助学会也一直在探索与媒体联合做慈善的模式，媒体发挥其传播、动员作用，慈善机构发挥其管理监督作用，为广大热心观众、读者构建一个可信任的平台，帮助社会底层的人群，达到一加一大于二的效果。

与媒体的合作，包括2013年12月广州电视台在恤孤助学会设立"爱心直达基金"；2014年1月与羊城晚报报业集团签订《关于公益事业全面合作协议》；2014年5月与广州市广播电视台《真情追踪》栏目签约设立"真情追踪专项基金"；2016年6月与广东新快报社签约设立"天天公益专项基金"。

除了"爱满罐"项目、与企业合作成立专项基金、重症贫童救助项目、义拍义卖慈善会、与媒体密切合作，恤孤助学会也一直在积极探索新的公益模式，拓宽公益之路。这其中包括发起和举办"体育欢乐梦"、"乐步慈善健行"（运动筹款）等活动，还参与了腾讯99公益日筹款，推广和发动资源，为各项目筹款。

（三）坚定方向，以工匠精神做精做好做极致（2017年至今）

1. 《慈善法》颁布后获广东省省级社团第一家慈善组织认证及公开募捐资格认证

《慈善法》的实施标志着我国慈善事业进入了法治的新阶段，根据《慈善法》和配套法规规定，所有社会组织要成为慈善组织和具有公开募捐资格都要修改章程和符合慈善组织公开募捐资格后申请认证。恤孤助学会继 2017 年 2 月 15 日获得广东省省级社团第一家慈善组织认证后，3 月 13 日又获得省级社团第一家公开募捐资格认证。

为落实依法办会的原则，王颂汤老会长在 2017 年 3 月召集秘书处专职人员，进行了《慈善法》的学习和培训，逐一讲解了恤孤助学会修订的《关于慈善募捐的若干规定》，明确要求专职人员加强对《慈善法》的学习，提升思想认识，依法开展募捐活动，防范法律风险。为了不断更新自己，恤孤助学会根据《慈善法》和配套的法规、文件，对现有的规章制度进行了梳理，陆续修订和补充制定了一些制度，包括"关于慈善募捐的若干规定"、"关于采购工作的管理规定"、"关于员工薪酬的有关规定"等。

2. 与爱德基金会签订"e 万行动——贫困孤儿助养项目"

"e 万行动"项目是爱德基金会 2002 年启动的全国性的助孤项目，关注中国贫困孤儿的"全人发展"。爱德基金会作为全国性的基金会，总部在南京。经过详细考察恤孤助学会的理念、项目的运作、志愿者队伍建设和管理以及助学项目的开展方式和流程后，决定选择恤孤助学会作为在广东省开展"e 万行动——贫困孤儿助养项目"的合作机构。双方签订了为期 3 年的《合作协议》，每年在广东地区资助 2000 名孤儿和事实孤儿。

2017 年 3 月，在湛江廉江市开展了第一期的"e 万行动"。7 月，又收到雷州市来函"申请在雷州开展 e 万行动项目"。年底，信宜市也来函申请开展"e 万行动"项目，希望资助信宜的孤儿和事实孤儿。

恤孤助学会和爱德基金会的合作，是资源的优化组合和强强联手,恤孤助学会10多年的助学之路为"e万行动"的开展打下了坚实的基础。

三　广结善缘：捐赠人和捐赠单位的故事

在恤孤助学会13周年的时候,机构编写了一本《追梦十三年画册》,留下了众多捐赠人和捐赠单位的故事,我们在这篇文章中也摘录一二,以飨读者。

1. 有一种幸福：捐赠人梁永斌的故事

几年前,一则新闻引人关注：一位父亲,从外地带重症儿子来穗就医,奈何家里弹尽粮绝,儿子命在旦夕,他透过媒体向广州父老借钱救儿,承诺日后打工偿还。儿子也很懂事,对爸爸说：咱没钱,不治了,我从来没有见过海是什么样子,能在我离开世界前带我去看一看海吗……闻者心酸。真心想助力这位有骨气的父亲救他懂事的孩子,但当时各种工作档期排得满满当当,天南地北地满天乱飞,正无从下手惆怅抓狂之际,遇上了在恤孤助学会做志愿者的朋友,经他牵线,和恤孤助学会对接上了,恤孤助学会通晓情况后,立即安排了王颂汤会长和葛晓红秘书长及其他两位工作人员介入援助,迅速与医院和家属接洽,了解孩子的病情,与院方制定治疗方案,把控治疗资金流向……一切都那么细致专业有序,我们双方都安心了！最终,天未遂人愿,孩子还是被病魔带走了……父亲将剩下的钱还回恤孤助学会,恤孤助学会志愿者朋友给我两个建议：一是把钱拿走；一是把钱留在恤孤助学会继续帮助有需要的人。看着恤孤助学会成员们坚定而充满希望的眼神,我毅然选择了后者,从此和恤孤助学会站在一起,走上了慈善事业的大道。相处久了,我发现恤孤助学会就是一个大家庭,每年孤贫助学和救助贫困重症病童项目,来自社会各界善心人士群策群力,我们都感受到了爱的力量！这是一个温暖的团体,一个令灵魂成长的家,在这个家,我学会了更多地去付出爱,幸福快乐在这个时候油然而生,内心充满了欢喜。

2. 善爱相随到永远：捐赠单位瑞齐宁健康国际产业集团董事长侯杰的故事

2008年与恤孤助学会结缘，当时正是瑞齐宁处于艰苦创业的困难时期，广州公司、深圳公司都严重亏损。那时，我们为恤孤助学会的精神所感动，几个人挤在一个小办公室里，经济十分拮据，但是，我们发现有些人比我们更需要钱，便毅然选择了帮助他们。当年捐款15万元，资助50个小学生读书。时至今日，已坚持9年。

之后，瑞齐宁积极加入到2010年创立的"爱满罐"项目中来。这个项目以储蓄罐为载体，以聚沙成塔的形式，将爱储存起来。正可谓，储蓄爱，才能储蓄美好未来。

这种充满爱心的小小罐子在瑞齐宁各地公司比比皆是。它们种下了爱的种子。无论男女老幼，大家都将善款放入其中，累计捐赠60余万元。积善之家必有余庆，此后，公司捐赠越来越多，发展也越来越好，社会影响力也越来越提升。这正是"财富源于布施，贡献产生价值"。

9年来，瑞齐宁坚持每年在广州、深圳举办"日行一善·扶孤助病公益慈善会"活动，恤孤助学会王颂汤会长每次都参加，给了我们很大的支持。每次活动都有丰富多彩的节目，还有义捐义卖，累计捐善款100万余元。

让我们一起伸出热情的双手，敞开博大的胸怀，凝聚关爱的力量，共同襄助恤孤活动。瑞齐宁与慈善事业永远相依相伴！

四 开花结果：受助学生、病童家庭的回响

1. 受助学生谢江水给恤孤助学会的一封信：

我是谢江水，出生于广东省信宜市池洞镇一户普通的农民家庭。2004年，父亲因病去世，那年我初一；2007年，母亲靠种田养家，劳累过度晕倒在柴堆，被火烧死，那年我高一。从那以

后，我和我妹妹成了孤儿，跟着叔父生活。失去父母庇护的我们骤然感到了生活的压力，在学校时总会莫名突然发呆：下个月的伙食费怎么办？我会辍学吗？未来我要做什么？对未来充满了迷惘与无助。也曾经在被窝哭泣：这个世界上再也不会有人像父母那样爱我了，没人会关心我的死活，我只是一个微不足道的小蚂蚁。

2009年，在我高二升高三时，恤孤助学会来到了信宜。我有幸得到资助，因为我的情况特殊，我获得了每学期500元一共3000元的帮助，为我解决了生活费问题。我参加了恤孤助学会志愿者组织的联谊活动，开阔了眼界；还收到一本卡耐基的书《人性的弱点》，事后我还与志愿者通信，倾诉心情。

事非经过不知难，也许这对大多数人不算什么，但对当时的我却意味着一切。3000元一年，每月250元，意味着我整个高三不用再为伙食费烦恼，还可以适当补充营养和购买更多的学习资料，为我高三复习创造了一个安全稳定的外部环境。恤孤助学会为我撑起了一片晴空，我只需全力冲刺。

最难忘的是2010年由恤孤助学会志愿者在池洞镇组织的活动，我们和大学生志愿者玩了很多素质拓展游戏，他们和我一起聊了生活的苦恼和欢乐，说了上大学后的一些看法。我封闭很久的心扉重新打开，也是从那时我才意识到：世界上还有很多人同样关注着我们，我并不是一个人；人生的道路还很长，哪怕我现在过得很辛苦，但未来仍然拥有着无限可能，不能放弃，不能沮丧，努力和行动才能改变现状。高三最拼搏最苦恼的时候，想着这次经历，仿佛又充满了动力。

2010年，我以675分的高考成绩考入了北京师范大学，是信宜中学高考第十名，获得茂名市英语状元。接受颁奖时，内心却是遗憾和酸楚：一将功成万骨枯，我今天成功了，可我最想分享的那个人却不在了。如果可以，我宁愿舍弃现在的所有，哪怕当一名农民，也要换母亲复活。这是孤儿的悲哀，但我还是幸运的，因为我遇到了你们。没有恤孤助学会，或许我现在会考另一个分数，去另一个学校，在另一个城市工作，成为另一个性格的人。

因为恤孤助学会，我对志愿者有一份特殊的感情。大学期间，我参与了很多志愿者活动，连续两年参加"信宜青春励志营"，在信宜开展励志讲座、宣讲；参加北京师范大学的"农民之子"社团，长期在北京农民工社区支教，辅导作业、讲绘本故事和开展素质拓展活动。当我志愿服务时，总会想起那年恤孤助学会的活动，想起你们分享的知识和见解，带来的激情和梦想。那是一颗善的种子，如今在我心里发了芽，让我如今变得善良而温暖。我相信人世间的美好，相信"我们的努力并不显赫一时，但将永远存在"。

2014年，我从北京师范大学毕业，现在深圳市罗湖区某小学教数学。面对差生，看到他们的痛苦，我总会联想到：他们就像当年的我，需要有人拉一把，度过眼前的黑暗，心总会柔软。如今月薪7000多元，总会感慨：我曾经为一年3000元的伙食费愁眉苦脸，斤斤计较、量入为出。生命的某个阶段，我急需并得到了3000元，我可以全力以赴并改变了我的命运。3000元对现在的我只是半个月的工资，当时却意味着人生的另一条路。富人无意一滴水，是穷人的一片海洋。

社会上还有多少像我这样的孤儿呢？他们在某个角落艰难地努力生存，迷惘无助地活着，也许3000元和一场志愿活动就能改变他的命运。

2. 受助病童家庭：将爱传递

小哲的爸爸是快递员，妈妈是牛奶店店员，租住于天河区东圃石溪村。2014年12月18日下午，小哲跟小伙伴在街上玩耍时，误喝浓硫酸导致口腔、食道、胃部大面积烧伤，一度只能靠仪器把牛奶直接输入胃中维持生命。老会长王颂汤12月21日晚从媒体上看到小哲的报道后，当即启动紧急救助程序，联系家长、记者了解情况后，23日去医院将2万元救助款送到小哲父母手中。经过一个多月的治疗，小哲终于在2015年1月28日出院了。

得到帮助的小哲父母，为感谢曾得到的帮助，在2015年1月29日上午，来到恤孤助学会办公室，将得到社会捐助的余款13.4万元全数反捐给恤孤助学会，希望借助这个平台，用以回报社会，帮助更多需要帮助的病童。

小哲爸爸说："虽然我没钱，孩子后期还在接受康复治疗，但在我最需要帮助的时候，是社会爱心人士、恤孤助学会给了我帮助，现在我的孩子稳定了，后面也用不到这么多钱，我希望用这笔钱来帮助其他更需要这些钱的人。"

3. "头箍女孩"报恩又助人

2015年，9岁的婷婷（患先天性神经纤维瘤脊柱侧弯）和从业清洁工的妈妈来广州就医，面对30万—35万元的高昂手术费，母女俩没有放弃，一起制作彩泥玫瑰花出售来筹款。婷婷的故事经媒体报道后，恤孤助学会和广东电视台"一线兄弟连"在广州中环广场发起帮助婷婷"像花儿一样绽放"的爱心公益活动，200多名热心街坊、爱心人士、志愿者共同在现场做花义卖，王颂汤老会长第一时间将善款送到医院，让婷婷进行第一期手术。

2015年11月1日，恤孤助学会举办"结善缘·救病童"义拍义卖慈善会，刚做了手术的婷婷执意坐轮椅赶到现场，把亲手制作的玫瑰花送给王会长，王会长当即决定把它作为0号拍品，这件拍品最后共拍得7.08万元善款，全部用于救助其他的重症贫童。

在这些病童家庭最困难几乎绝望的时候，社会上不认识的陌生人纷纷来帮助他们，感动了他们。而他们渡过困难后，又毫不犹豫地回馈社会，也感动了社会，形成了个体和社会的良性互动和爱的传递。

五　社会影响：致敬志愿者团队

2004年，恤孤助学会成立之初，只有王颂汤、葛晓红两名志愿者，靠着口耳相传的良好口碑，志愿者队伍不断发展壮大，发展到2017年，已注册的志愿者为3049名（截至2017年12月31日）。可以说志愿者是恤孤助学会各项活动的最强主力军。10多年来志愿者的倾情付出，见证了恤孤助学会的足迹，也成就了志愿者的梦想。

恤孤助学会的项目性活动，需要许多人同心协力才能完成，比如访贫助学行、仲夏夜慈善音乐会、爱满罐开罐、义拍义卖慈善会等，每次出动少则几十人、多则百人，无私奉献的志愿者们就是主要力量。恤孤助学会秘书处部分内务后台的工作，也要靠志愿者的支持才能做好。如每年约1.2万份受助学生反馈资料的校对、统计、归档、复印并转给对口认捐方；每年约3000份资助申请表的初审、家访后整理录入和归档，面对这些繁杂又细致的工作，志愿者们总是任劳任怨地付出，不求回报地默默耕耘。

在恤孤助学会做志愿者，不仅要自己负责市内交通、下乡干粮，还经常捐钱资助贫困学生、救助贫困病童。志愿者来自各行各业，大家聚在一起只有一个目的：把好事做好！只要穿上绿色的志愿者服，就是一样的志愿者，大家一样坐大巴、吃干粮、走泥路，住乡村旅店，完全平等，回归最纯粹的自己。

恤孤助学会关于志愿者的注册、管理和培训工作由志愿者培训团队负责，专门建立了志愿者档案和服务需求档案，注重志愿服务理念、知识和有关技能等方面的培训。正是因为有严格、规范的培训，这支"绿色军团"才分外吃苦耐劳，一次次出色地完成家访、探访、夏令营、音乐会、慈善会等大型活动。同时也在宣传慈善理念、扩大社会影响、争取捐款等方面发挥了重要作用。

每年5月，恤孤助学会都会举行周年联谊会，对志愿者进行表彰；年底举办志愿者感恩联谊活动，各个团队会呈现活动成果，感谢志愿者一年来的辛勤付出。这两项年度活动已成为志愿者的节日，共同的追求与爱的奉献，将大家的心融化在一起，资深志愿者王颂汤在身体条件允许的情况下依然喜欢跟着大家下乡去家访，他说自己曾一次

志愿团队架构

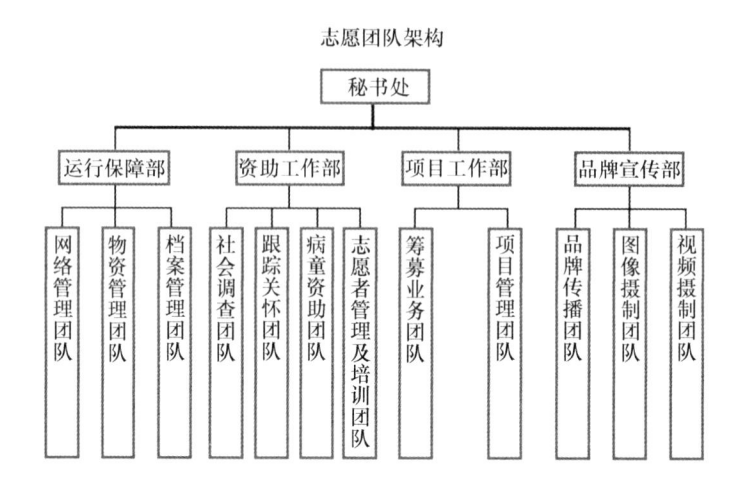

```
秘书处
├── 运行保障部
│   ├── 网络管理团队
│   ├── 物资管理团队
│   └── 档案管理团队
├── 资助工作部
│   ├── 社会调查团队
│   ├── 跟踪关怀团队
│   ├── 病童资助团队
│   └── 志愿者管理及培训团队
├── 项目工作部
│   ├── 筹募业务团队
│   └── 项目管理团队
└── 品牌宣传部
    ├── 品牌传播团队
    ├── 图像摄制团队
    └── 视频摄制团队
```

次被志愿者们感动,"他们追求公平正义,无私地付出,是一群充满理想色彩的、真正有情怀、纯粹的追梦人,用行动诠释为人民服务"。

六 未来展望:不忘初心,好事做好

公平正义,是人类千百年来不变的追求和梦想,具有超越时代、民族、宗教和社会制度的共同价值和最大公约数的认同。而慈善事业、慈善组织、慈善行为的核心理念就是在现实生活中一点一滴地努力实现公平正义,让处于困境中的人们得到雪中送炭的关怀和帮助,在不同时代不同地域以最符合社会需求的方式加以实现。从2004年成立至今,恤孤助学会一直在为此而奋斗,10多年或许在人生的旅程中,说长不算长,说短也不算短,但这么多年风雨兼程走过来了,便无怨无悔。

成立时确立了创会宗旨:"为社会善良的人们构建一个可信任的平台,协助他们实现帮助弱势群体的愿望。给孤贫学生在人生的起跑线上有一个公平的机会去接受教育和生活,再通过自己的努力来改变一个人的命运,不再重复祖辈的艰难人生,防止贫困代际传承。""建设一个可信任的平台"是初心,"防止贫困代际传承"是使命,为此明确指导思想是"好事好做"。"好事做好"是在恤孤助学会反复强调和已深入人心的习惯成自然了。

"好事做好"是在恤孤助学会反复强调和已深入人心,习惯成自然了。慈善的本义是做好事,但好事不一定能做成好事,这样的例子比比皆是。是不是好事,不是看动机,更不是看你自己说的,而是实践检验的效果。所以恤孤助学会这些年来一直强调只做有能力做好的事,不做没有把握好的事,一直强调和刻意追求"好",而不提"大",对"大"是顺其自然。这样也有利于防范法律、财务和道德风险,立足于不败之地。

　　未来,恤孤助学会将沿着慈善这条道路继续坚定地走下去,朝着历史必然要求的方向走下去,今后新里程的使命,依然是不忘初心,把好事做好,建设有中国特色的健康可持续发展的现代民间慈善团体,还要再努力第二个10年,甚至更多个10年。

　　对于王颂汤而言,正是这样一种追求公平正义的使命,令他倾情付出,他说自己老了,剩下的时间不多了,要抓紧把自己的人生句号画好!

　　时代在飞速发展、不断变化,后继的人们只有紧跟时代,不断自我革新、审时度势、牢记使命、不忘初心,用创新适应新形势来谋发展,建设符合国情、健康可持续发展的民间慈善组织,同时时刻保持诚信透明,才是长久发展之道。

(执笔:张高原)

全城义剪：公益薪火，点点相传

2012年，广州一名11岁的白血病女童牵动了一座城市的心。这个名叫刘碧心的女孩被查出患上"急性髓性白血病"，她的发型师爸爸刘任能坚持要用自己的双手，售卖剪发卡，"有尊严"地为女儿筹集高额的医疗费。

事件经媒体报道后通过微博不断发酵，越来越多的爱心人士加入到救助行动当中。2月12日，由羊城多家媒体共同呼吁的"爱从头开始，十万火急救碧心"首场全城义剪活动，在越秀区东风西路小学盘福路校区举行。广州城内十多家美发机构的150多位发型师合力帮助小碧心，通过为现场市民剪发筹集善款。截至当日18点，为期一整天的义剪行动筹得38万元，加上之前小碧心获捐款项，手术费用已经筹足。

但遗憾的是，全城行动并没有留住小碧心，2012年8月，她终究还是被死神无情地带走。碧心父亲刘任能说："碧心走了，但她依然是幸运的，希望以后的重症孩子都能像她一样得到及时的帮助。"他将剩余的97676元善款捐出，在广州市青少年发展基金会成立碧心基金。

经过多年发展，碧心基金会最终发展成一家独立的公益组织——碧心公益服务中心，并于2014年在广州海珠区民政局注册成立，致力于让重症儿童及家长获得有尊严的救助及有效治疗。

全城义剪结束后，有媒体刊发评论，认为以往社会的救助行动基本由政府进行动员，这一模式在规模上当然堪称庞大，但在这种强力意志下，救济别人本身却变成了一种义务，容易使人产生反感情绪。而全城义剪由媒体发动，NGO和民间热心人士积极介入，其规模和效率上都不输于以往的政府动员模式。在可持续性上，这一民间的动员模式显然较之以往的模式更为优越，在未来也必然更值得预期。

2012年底，"全城义剪"获得《南方都市报》发起的"责任中国"公益评选的"公益行动奖"。主办方写下的颁奖词是：整座城市，为一次尊严的求助开启修行。媒体奔走、街坊守望、动情动义、善始善终。虽筹款百万，未能挽碧心一命，却催生羊城大爱，绵延不绝。悲悯之外，更见公益薪火，点点相传。

靠剪发为女儿筹款医疗费

小碧心于2000年10月出生，被检查出患有白血病时还在东风西路小学念小学四年级。刚开学一个月，她在上楼梯时总感觉头晕脚软，后来送往医院检查，没想到竟然患上了白血病，只好退学。小碧心和她的家人，瞬间失去了所有的欢乐。

小碧心并不是她家里唯一的病人，她的妈妈张梅芳是韶关客家人，因为16岁时的一场高烧导致了重度癫痫病。她的爸爸刘任能也因为长期的腰椎间盘突出而不能打长工，全家人靠每月低保1300元过日子，可单维持小碧心妈妈的癫痫病诊疗，一个月的费用就要过千。

小碧心非常懂事，得病前，她还获得过学校书法比赛二等奖，英语也获了很多奖。"孩子是我们最大的希望，她身体好家里就没问题，现在身体出问题，家里就像大地震一样。"刘任能说。

刘爸爸开始带着小碧心接受治疗，但每次化疗的费用都以万计算。为了给孩子看病，刘家向亲戚朋友都借遍了，一家人的日子过得愈发困难。2011年5月，好消息传来，中华骨髓库里找到了和小碧心完全吻合的骨髓，但坏消息是，治疗费用高达60万元，让全家一度陷入绝望之中。

为了救女儿，碧心爸爸刘任能竭尽所有，因无法全职工作，只好在照顾女儿之余，见缝插针地给热心人士剪发赚钱。他坚持要通过自己的双手，靠剪发为女儿筹集医药费。

"我有一门手艺，可以通过自己的劳动换取这些钱。我宁愿他们给我'筹人'，就是帮我介绍客人，我凭自己的劳动，帮他们剪发，这样的钱我就收得有尊严。"刘任能说。女儿治疗期间，他一直没有停止工作，早上给孩子送完汤，就立刻出去剪头发。

这种精神打动了很多人，广州媒体也在第一时间介入，纷纷做了报道。有关事件报道的微博更是不断被转发、评论，许多市民纷纷相约一起去刘家剪发捐助。一时间，"你剪咗未"更成为微博热语。

广州电视台记者刘颖婷在微博上发出招募：紧急招募！我们急需发型师或发型学校帮助，另急寻活动场地，请爱心场地留言或私信；有意做志愿者的亲们，也欢迎报名！爱从头开始，十万火急救碧心。

这个提议在微博上引发强烈反响，很多媒体人和公益热心人士纷纷赞同，随后的几天里，广州电视台刘颖婷、南方电视台阿栋、信息时报袁建彰、新快报邓毅富、南方都市报郭媛等热心媒体人士组织各方策划发起，聚集起来商讨全城义剪的行动方案，并将义剪日期定在2月12日。

救助碧心从"头"开始

在媒体的报道下，"救救小碧心"的呼唤在微博上广泛传播，广州乃至全国各地的热心人士都行动起来。

2012年2月9日，微基金加入进来，这是一个由热心公益的微博志愿者与贵州省青少年发展基金会一起成立的专项基金，旨在通过互联网平台策划公益活动帮助困难人群。他们为了帮助碧心爸爸，在微博上发起了"剪爱行动"，号召网友通过认购微基金淘宝公益店内20元一张的"剪发卡"来帮助小碧心。网友认购后如需到场剪发，凭两张剪发卡即可剪发一次，一年内有效。

"剪爱行动"一经推出就受到广泛关注，那时的微博女王姚晨在"剪爱行动"发起第一天即捐款1万元认购500张"爱心剪发卡"，并且转发，迅速在微博上形成热点。24小时内，微基金淘宝公益店即认购爱心卡超过1万张，募款20万。

2012年2月12日那一天，"爱从头开始，十万火急救碧心"全城义剪筹款活动在广州举行。

广州多间发廊都组织了旗下理发师集体参与，还有不少发型师是见到微博信息后以个人身份自行报名，甚至还有人是临时来到现场助阵。最终由150名发型师集体出动，参与了这次帮助小碧心的义剪行动。

那天早上8点，志愿者便陆续到主会场东风西路小学盘福校区的小操场布置。9点开始，陆续有市民到达现场。义剪活动不设捐款限额，市民在入口处的捐款箱放入善款，便获得一张爱心纪念卡。有需要剪发的市民由志愿者带到休息区等候。

碧心父亲刘任能一早便来到了义剪活动主会场，他显得有点疲惫，自全城媒体对碧心的报道引起全社会的关注以来，他每天都会接到大量热心市民的电话，或预约剪发或为碧心加油鼓劲，他则在医院和家中来回奔波。

义剪由刘爸爸带头为首位入场的市民剪下慈善第一剪，随后他和150名理发师分三批以轮换的方式为市民义剪，有的发型师还坚持要剪完全程拒绝轮换，从上午活动开始一直剪到下午5时才收剪，中途连饭都顾不上吃。

潘婆婆一早从赤岗过来，进门就往捐款箱塞了400元。平时她两个月剪一次发，而且每次只花10元左右，这次是平生最"奢侈"的一次剪发，她却吩咐发型师随便剪一剪就行了。"人家咁艰难（粤语，意为'这么困难'），当然要帮啦。"她说。

不少出租车司机从交通电台得知义剪的消息后，深受感动，加入了爱心送客的活动：街坊凭主办单位发放的爱心卡，可免10元起步价。还有的司机，下车捐款后没剪发就走了，回到车上，继续加入爱心送客团。

当日义剪，共有2700多名市民前来剪发、捐款，共筹得善款人民币39.3万多元、港币1102.4元、美金20元。到2月14日，社会各界对小碧心的爱心善款总额已超过92万元，比预计筹款目标数字多出30多万元。

次日，《南方都市报》发表社论，提到"纵观救助小碧心行动的来龙去脉，从被媒体报道到整个救助行动初步完结，所费时间不过十余日；整个过程在非常温暖的气氛中进行，所有人都以非常自然的状态嵌入这次救助行动。总之，这次民间救助行动似乎可以引为一个典范，其中不乏诸多值得深思之处"。

全城义剪还吸引了官方注意，在义剪结束后一周，2月18日，时任广州市市长陈建华来到南方医院看望小碧心，并鼓励她不用怕，要开心一点，早日回到课堂！据媒体报道，陈建华还给小碧心派利是。

碧心离去，留下碧心基金

医疗费用解决了，但小碧心的情况仍然不容乐观。因为抵抗力较常人弱许多，她经常会出现肺部感染，发烧并伴随咳嗽、生痰等症状。"非常严重。"刘爸爸说。有一段时间，刘爸爸尽量避免媒体及好心人到医院看望女儿，希望她能静心调养。

不幸的是，2012年8月29日，小碧心最终不治身亡。其主治医师在接受媒体采访时说："这半年来，碧心反复出现感染、高烧、败血症等症状，但碧心很勇敢，一直撑了过来，而这次因染泛耐药性病菌，病情急转直下，终未能渡过难关。"

在那大半年中，小碧心的病情牵动着广州全城爱心人士的心，不仅引发了"全城义剪救碧心"等大型爱心筹款行动，还推动了社会各界对于重症儿童医疗救助机制的反思和探索。碧心走后，刘爸爸说："碧心走了，但她依然是幸运的，希望以后的重症孩子都能像她一样得到及时的帮助。"

2012年9月8日下午，刘任能实现捐出剩余善款的诺言。他说，自己有手有脚能养活自己，经过这件事后，"我已经变得更坚强"。这一天，刘爸爸带来了用黑色塑料袋包得紧紧的一沓现金，共计27015元，交到碧心行动成员手上，由他们核对金额。

随后，碧心行动成员按照票据将刘爸爸此前垫付的3103元住院伙食费退还给他，最后的现金余额为23912元，加上医院账户里的善款余款73764.22元，刘爸爸捐出的剩余善款达到97676.22元，接近10万元。

在媒体的陪同下，医院账户的余款通过对公汇款，现金则通过银行转账，全部注入了广州市青少年发展基金会"碧心行动"专项基金，用于救助有需要的重病儿童。

小碧心走了之后，碧心爸爸刘任能萌生想法，"继续参加义工工作，在自己力所能及的范围内，发自内心地帮助有需要的人，也是将街坊对女儿这份心意延续下去。"此后，碧心爸爸和碧心基金又组织过好几次全城义剪，帮助了很多重症病的患儿。

16岁的钟宝瑶是六中高一学生，自小学二年级就过上了单亲家庭生活，与妈妈相依为命。由于热爱学习，成绩一直很好，却确诊不幸患了脑干胶质瘤。宝瑶妈妈是一名会计，月薪不过3000多元，在女儿病后，总共花了近10万元，只能靠亲戚、朋友给女儿的支持过渡，根本无力支付女儿的手术费用。广州市青少年发展基金会专门从"碧心行动"专项基金中捐出10000元，作为慰问金帮助宝瑶。

5岁的何乐贤，5年前父亲因肝癌去世，做制衣厂工人的妈妈谭爱金以每月1000多元的工资，与5岁的女儿相依为命。2012年7月，常常脚痛跌倒的小乐贤被确诊为骨肉肿瘤，面临着右小腿的截肢、换肢。为父亲治病已经耗尽了所有积蓄，乐贤妈妈还是筹不出手术与化疗的20万元救命钱。

2013年1月20日，为了给两位单亲妈妈身患重疾的女儿筹集治疗费。刘任能与碧心基金团队发起"1·20"要爱你全城义剪公益行动。

当天，大约30名爱心发型师报名参与当天的全城义剪爱心筹款活动。同样为爱剪发，但这次的形式除了邀请发型师进行常规义剪之外，刘任能还将在现场特别设置的"学徒义剪区"亲自"授课"，呼吁市民一家人前来参与，有爱的中学生可在刘任能等发型师的指导下，尝试为父母剪发，传递孝心。现场设捐款箱，参与的市民可现场捐款。

简单的一次爱心行动，既可回报亲恩，又能积极影响身边的朋友。在活动筹办阶段，也得到了诸多发型机构的支持，有发型机构甚至表示，将在1月20日当天在店面贴出告示：是日不设剪发，请移步"六中爱心义剪课堂"。最后，义剪当日共筹款15万多元。

到2014年12月，广州市海珠区碧心公益服务中心正式注册成立，具有独立的法人资格，传承碧心基金的愿景和使命，关注和关爱重症青少年群体，致力于让重症儿童及家长获得有尊严的救助及有效治疗。截至2017年12月，碧心筹款1000多万元，为超过600名罹患白血病、早产等重症儿童提供援助。

碧心公益服务中心总干事马锦洲认为，从个案救助到成立碧心基金，再到登记注册为独立法人机构，碧心行动从点到线再到面，可谓诠释了爱心何以持久流动这一公认的社会难题。

行业互助全城义载

全城义剪之后，这样的行动已经成为了广州的一种温暖的习惯。在2015年1月底，广州的哥陈春景的3岁女儿美静突然患重型再生障碍性贫血，要治愈就必须进行骨髓移植，起码要准备50万元。但陈春景家庭无力支持，缺口巨大。

在陈春景一筹莫展时，广州的一群爱心司机得知此事后，捐血捐款，并多方奔走为小美静筹款。

出租车司机们每天在外辛苦跑活，有时收入也就一两百块钱。很多司机和他们的家庭都租住在十多平方米的小房子里，每月四五百块的房租。如果遇上大病求医，几乎都是无能为力。为了帮助困难的的哥的姐，电台主持人路路通等媒体人策划发起"全城义载"行动。

全城义载在2015年4月29日举行，从形式上看主要有两个标志：一是出租车后视镜上系有黄丝带；二是车内后窗下贴有二维码贴纸。乘客可以扫码捐款，广州市青少年发展基金会是善款接收方。

最开始主办方只准备500辆出租车参与义载活动，但是小美静的故事感染了广州全城，众多的哥的姐纷纷报名参加活动。截至4月28日晚上8点，报名的出租车数量超过千台，到了29日，活动现场参加的出租车数量突破2000台，还有400多台公交车也加入了"黄丝带"队伍。

据参加启动仪式的出租车司机唐师傅介绍，参加义载的出租车当天收入的一部分将作为善款，但是捐款金额并不统一，而是看个人的心意进行捐款。"大家参加这个活动，都是为了帮助小美静。我和很多司机师傅一样，并不认识陈春景师傅和他的女儿小美静，但是作为同行，希望大家都能为小美静出一份力。"

在仪式启动现场，有不少热心市民主动乘坐黄丝带出租车捐款。陈小姐扫描二维码捐款500元，而自己的车费其实只需要10元。她说，能够献出一点微薄之力，帮助到小美静，自己觉得挺开心的。

当天中午12时，在体育西路上，一位乘坐出租车的大叔看到黄丝带就问司机："是不是义载？"确认后，大叔扫了二维码捐了100元，并立即把二维码发到朋友圈助捐。也有一些乘客是不找零的，交100元，其中20元是车费，80元直接捐了。

当日，广州市交委和广州市出租车协会伸出援手，号召全市60多家出租车公司为小美静捐款，最终有40多家出租车公司派代表到现场捐款。除了出租车公司之外，市内公交公司也被小美静的病情所牵挂。一汽巴士公司向属下各单位员工发出倡议，约有100位员工为小美静捐款。

截至29日中午5点，不到24小时，小美静治疗所需的50万元已经凑齐，但善款仍继续从各个渠道涌向捐款基金的账户。这一次出租车成为募捐平台，其作用除了可以直接带来捐款，更重要的还在于，它充当了活动传播的媒介，有效地扩大了活动的影响。

小美静的父亲陈春景表示，对于广州全城的厚爱，他们牢记在心，感激不尽。此前他也承诺，如果此番募捐善款有剩余部分将捐赠给更多需要帮助的孩子。为了倡导行业内互助精神，多出来的善款全部用于在碧心基金下设立"的哥的姐子女重症救助基金"，将这满城的爱意传递下去。

而在2015年参加"全城义载"的的哥的姐，不少在3年前就参加过全城义剪——自发来到义剪现场，免费接送理发捐款的爱心市民。

3年前，"全城义剪·爱从头开始，十万火急救碧心"，依托150名发型师和美发行业完成一次大额筹款行动，推动了广东儿童大病救助的各方热议和相关制度出台。3年后，"全城义载"行业救助小美静，从出租车司机的自发行动，到媒体人、政府、NGO共同倡议，成为"个案救助"走向专业"行业互助"的参考样本。

有媒体认为，从全城义剪到全城义载，这是慈善创新的魅力，也是社会联合的实力，更是人人公益的行动力。

（执笔：吴一钒　蓝广雨）

中大公益集群：凝聚 NGO 力量，散播公益种子

2017年初，广东省千禾社区基金会（以下简称"千禾基金会"）搬进海珠区怡乐社区办公。不同于CBD的商务大厦，千禾所进驻的是一座保留着红砖琉璃瓦、壁炉拱窗的民国老宅。事实上，在几年前，这些一度荒废破败的老房子就迎来一批年轻人，他们修缮老房，将之变成公益组织办公或聚会的空间。

以中山大学广州南校区（海珠校区）为圆心，辐射方圆数公里的怡乐路、新港西路一带，学者朱健刚将驻扎在此或发源于此的几十家公益组织所共同形成的生态圈称为"中大公益集群"。

从早期的中山大学公民与社会发展研究中心（ICS）创新空间，到后来推动社区公益的千禾基金会、倡导绿色出行的拜客广州等，这一片区的公益版图一度扩大，曾有"新港西路NGO一条街"的说法。

"我们称之为中大公益生态圈，也可以叫集群，或者说它在形成一个价值链。"朱健刚表示，不同功能的公益组织们在一个地域空间内可以密切合作和形成联盟，产生规模效应和集体行动，这就是集群理论。

朱健刚教授举例称，ICS的"社会创新实验区"是"集群理论"的一例。它由公民与社会发展研究中心负责培训、中大公益慈善研究中心提供研究支持、千禾基金会资助。组织相互支持给力，减少交易成本，形成典型的公益联盟。这么做的好处在于，集群规避垄断的风险，又促进合理竞争，保持创新动力。

据朱健刚总结，中大公益集群有两大特点：第一，有规模，最多时有50多家公益组织（不包括学生社团）在这个地域空间诞生或长

期活动；第二，有集体行动，各家公益组织联合办论坛、参加培训、搞活动等。

从时间维度上来说，2004年前后可以视为中大公益集群萌发的一个重要节点。

2003年，中山大学华南民间组织研究中心成立，致力于非营利性学术研究、教学与传播。后来，该机构更名为公民与社会发展研究中心（简称"ICS"），支持了一批NGO的发展。

2004年，中山大学中国公益慈善研究院在中山大学开设公选课《公民、社会与发展》，作为一个开放的社会课程，给学生和社会各界人士带来了对公益事业的新认识。

据深圳市社会科学院研究员徐宇珊观察，2005年之后，NGO的组织网络出现萌芽，一向习惯单打独斗的NGO频频出现交流合作的动向。

就在这年年底，ICS提出"NGO孵化器"概念，并在次年启动运作。其后来开展的黄埔公益领导力协力营培训，培养了一批NGO——例如千禾基金会、麦田计划、灯塔计划等机构的中坚力量。

到了2009年后，刘小钢、朱健刚等人推动创办千禾基金会、中山大学中国公益慈善研究院、广州公益慈善书院等有着浓郁学术背景的公益组织。"中大系"逐渐成了广州公益的思想策源地，本地活跃的公益人士，泰半在此完成了启蒙。

值得一提的是，2010年，中山大学获得2010年"责任中国"年度致敬大奖。其颁奖词如是描述：中山大学以深厚的人文底蕴，开放的探索精神，自觉的思想担当和可贵的实践能力，为公民社会探路，为公益事业加油。无论是学术前沿的建树，还是青年学子的作为，中山大学堪为公益师表。

在往后几年间，中山大学众多学生社团正式注册为民办非企业单位（现称"社会服务机构"），如广州市越秀区微乐益公益成长中心、广州市海珠区蓝信封留守儿童关爱中心等。此外，早在2008年，中山大学教授罗观翠率领其第一批社工系毕业生创立了广州第一个社工类NGO组织"广州市海珠区启创社会工作发展协会"。

除了上述生发于"中大系"的公益组织，在2013年前后，拜客绿色出行、广东省绿芽乡村妇女发展基金会等公益组织亦选择到中大周边驻扎办公。朱健刚教授认为，这些公益组织有的做倡导，有的做智库，有的做支持，有的做服务，有的做传播，相互连接，相互合作，相互支持，久而久之就形成一个有机的集群、一个能自我运转的功能系统。

在朱健刚教授看来，中大公益集群的良好氛围在2013年达到顶峰。其时，ICS推出"全民心探"慈善季活动，在4—6月内，组织开展枢纽性组织高峰论坛、佛山公益慈善大赛以及"社会建设的中国道路"等多项活动，吸引众多公益组织参与。朱健刚教授表示，正是通过一场场互动、一个个连接，这些公益组织才能建立信任。

一　基于ICS的社会组织支持网络生发而成

2003年，香港中文大学与中山大学共同发起成立中山大学华南民间组织研究中心。2007年，该中心挂靠中山大学人类学系，更名为"公民与社会发展研究中心"（The Institute for Civil Society，简称"ICS"）。其时，ICS下设紧密互动的三大平台：研究、倡导、实验，主要从资金、人才培养、研究上支持NGO发展。

外界曾评价ICS为"NGO的黄埔军校"。这个名称缘于它开展的黄埔公益领导力协力营培训，培养了一批NGO的中坚力量。（注：ICS后来脱离了中山大学，并更名为广州市恭明社会组织发展中心。）

黄埔公益领导力协力营是由香港乐施会提供资金支持、广东人文学会主办、ICS支持协办的针对民间公益组织领导人的领导力提升项目。第一期协力营于2009年7月至2010年4月实施，时任千禾基金会秘书长胡小军、广东省麦田教育基金会（简称"麦田计划"）创始人莫凡、灯塔计划秘书长卢思歆等公益组织领导人曾为第一期学员；麦田计划秘书长詹敏、时任广州市启创社会工作服务中心社工主任陈敏仪、前绿点青年环境教育中心总干事张立凡等为第二期学员。因ICS构建的社会组织支持体系，这些学员所在的机构逐渐成为中大公益集群的重要组成部分。

千禾基金会是中国最早的一批社区资助型基金会之一。2009年9月，卸任了广东狮子会会长后短暂"归隐"的刘小钢重整旗鼓，与朱健刚教授成立了"广东省千禾社区公益基金会"。这家有着浓郁学术背景，且颇具 NGO 气质的基金会在思想上启蒙了许多民间公益人士，并为草根公益组织提供了一些资助和支持。

据了解，2009 年，全国只有不到 100 家基金会专注于做资助，"支持社区项目"更是寥寥无几。当时，大多数草根公益组织都还处于初创期，甚至只是松散的志愿者团体。在这种情况下，千禾基金会的理事会认为，首先要做的，是培育更多的公益领袖，给予他们最初的"天使基金"，帮助他们"活下去"、扎根社区。

因此，在 2009—2011 年间，千禾基金会以"千里马基金"（公益人才行政费用资助）、"过桥基金"（为项目即将结项而未获得新资源支持的组织提供过渡期的行政支持）和"种子基金"（为有使命感和潜力的草根组织提供最早期的资助）等方式，为草根公益人和组织提供资金支持。同时，千禾基金会还支持了一批公益慈善研究项目、平台型组织和公益人才培养项目。其资助机构包括拜客绿色出行、麦田计划、满天星青少年发展中心、蓝信封留守儿童关爱中心、恩友财务等。

2012 年，千禾基金会开始尝试"联合资助"，链接各方资源。自 2012 年起，千禾基金会发起一个代表性项目"益动广东"公益徒步活动，打造"运动+公益"的社区公益项目联合劝募模式。该活动颇受欢迎，是广州的一大品牌公益项目。

如今，千禾基金会以珠三角地区为重点，主要关注社区生计、儿童教育、社区环境、社区参与等议题，并向长期扎根在社区或社群中开展服务的公益组织提供支持。

黄埔公益领导力协力营第一期学员莫凡是一名自由设计师和画家。因被大山里渴望读书的孩子所触动，2005 年 6 月，他发起麦田计划。2010 年 9 月，麦田计划在广东省民政厅注册为广东省麦田教育基金会。

通过建立全国的志愿者团队，麦田主要开展捐资助学、兴趣课程、素质拓展等项目，旨在改善贫困山区儿童及城市流动儿童的教育生活状况。

作为一个注册资金仅 200 万元的"小型"教育基金会，麦田庞大的志愿者队伍让人吃惊。截至 2018 年 3 月，麦田志愿者达 1 万人，注册麦友超过 11 万人。截至 2018 年 11 月，麦田在全国成立了 83 个麦田志愿者团队，建立了 52 个资助点，服务社区 100 多个。

朱健刚教授在多个场合将麦田称作"一个神奇的组织"，并邀请莫凡到中山大学为广东的基金会与民间组织作了一次"文化善治"的演讲，分享如何治理志愿团队。

2005 年，麦田在昆明创立 NGO 发展交流网；2013 年，在广州注册成立广州市海珠区益友社会组织信息中心。深圳市社会科学院研究员徐宇珊撰文称，包括 NGO 发展交流网（NGOCN）在内的，以 NGO 信息交流为主要内容的网络平台在相当程度上担当起了第一代支持型组织的重任，为中国的民间组织、特别是草根组织提供了信息支持。

值得一提的是，2013 年 12 月，NGOCN 与广东省绿芽乡村妇女发展基金会、麦田计划、广州市恭明社会组织发展中心、北京瓷娃娃罕见病关爱中心等多家机构共同发起设立了益人义助基金，为遭遇重大困难的全职公益人及公共利益行动者，提供救济金等人道主义援助。

对于这些公益组织而言，新港西路中大科技园 A 栋 807 室一度是他们的一个活跃的公共空间。这是 ICS 的一个独立项目——ICS 创新空间的办公空间。2006 年初创时名为"木棉花开"，在 2012 年底改名为 ICS 创新空间。

据项目负责人贾蔚回忆，马丁堂学社、灯塔计划、青年实验工场等本土学术和公益组织是 ICS 创新空间的重要伙伴。在这个空间，慧爱公益机构开展支教志愿者培训课程；NGO 发展交流网（NGOCN）举办公益媒体人沙龙；中山大学公民课的实践小组也会过来进行主题活动的策划工作。

除了为个人和组织提供办公、活动场地外，ICS 创新空间的另一项重要任务是扶持初创型草根 NGO 的发展。贾蔚指出，空间能提供各种资源支持，是因为"在这个联盟中，中山大学公益慈善研究中心提供专业指导，千禾基金会提供资金帮助，30 多家民间公益组织负责提供信息和社会网络支持"。贾蔚说，空间就如一个枢纽，各方资源在此汇聚，然后输送给需要扶持的项目。

在朱健刚教授看来，那时，空间里的丰富活动对他在中山大学开设的选修课程起到了很好的补充作用。"课程偏重理论讲解，且涉及的话题比较有限，学生若想深入了解某个领域（如环保、扶贫），还得与相关的个人或机构接触。"

如今，该空间更名为广州市越秀区捌零柒社会服务中心（简称"807创新空间"），定位为一个以文化艺术、创意行动为主体的跨界协作平台。其品牌项目包括807图书馆、807社区实验室（社区公共空间运营）、"木棉花开"广州社会创新家培育工程、召集联合传播官计划（能力建设与同行培育）等。

二 由中山大学学生/教师发起成立的公益组织

对中山大学的学生而言，他们对公益慈善的深入了解可能始于一节选修课。

2004年，中山大学中国公益慈善研究院开设公选课《公民、社会与发展》。据朱健刚教授回忆，除了理论知识的授课，教师们还会邀请灯塔计划、麦田计划、狮子会等本土或国际社会组织到课堂上来分享组织经验，也会邀请梁晓燕、巴索风云等活跃在公共领域的知识分子和行动者分享个人心路历程。课下亦会创造机会，让学生到NGO走访、调研。朱健刚称："同学们光是听到公益人的故事难免怀疑，真有人在做这样的事么？可当他们亲眼所见后，便能相信了。"

除了公益慈善相关课程的开设，中山大学还联合各方成立了多家非营利性学术机构，专门研究公益慈善。2011年5月，中山大学公益慈善研究中心成立，这是华南地区首家公益慈善研究机构。2014年，广州公益慈善书院成立，这是由中山大学中国公益慈善研究院、千禾基金会、广州市慈善会联合发起的华南地区首家公益书院。2016年，中山大学中国公益慈善数据档案馆成立，把研究院多年来收集的各种资料进行整理并上架，为更多公益组织的互动交流与资源共享提供平台。同年，公益慈善战略人才研修班（2016MPS）开班，该课程由广州公益慈善书院联合中山大学中国公益慈善研究院举办。

在此背景下，"中大系"逐渐成了广州公益的思想策源地。许多公益人士在此完成了启蒙。

2008年，周文华还是中山大学硕士二年级的一名学生。那时他也是学校论坛心情版面的博主,喜欢在论坛上帮助别人解决力所能及的问题。受"留守儿童因思念父母自杀"的新闻报道触动,周文华发起蓝信封留守儿童书信陪伴项目,希望用手写书信的方式帮助留守儿童找回安全感和归属感。该项目成为一个大学生公益创意大赛获奖项目。

2012 年,蓝信封正式注册登记为民办非企业单位,名为广州市海珠区蓝信封留守儿童关爱中心,专注于留守儿童心理陪伴领域。

从满足留守儿童心理倾诉需求出发,蓝信封通过大学生等群体和留守儿童的一对一写信的书信陪伴项目,在当地学校派驻人员开展社工课堂和个案辅导的驻校社工项目等方式,关注留守儿童在成长过程中面临的困惑及问题,引导留守儿童健康快乐地成长。

截至 2018 年 3 月,蓝信封聚集了 1 万多位正式通信大使,给 1 万多个留守儿童寄出了超过 10 万封信。

正式注册后的蓝信封一直在往专业化方向发展,但资金来源始终是个老大难的问题。周文华感慨,现在越来越难找到资方了——"总之是资源匮乏。很多像我们一样的一线服务机构,现在都在收缩,准备冬眠。"

与蓝信封类似,微辣青年也是由中山大学学生创立,从学生社团发展注册为民间非政府机构。

刘海庆,中山大学 2006 级生物科学本科、2010 级岭南学院硕士毕业。在校期间,他曾加入学生社团爱心助学协会并连续 5 年到西部山区助学考察。2010 年 11 月,刘海庆牵头成立"微乐益公益成长中心",希望做一个平台型支持性的组织,让大学生能够认真参与公益。

2014 年 1 月,微乐益公益成长中心在广州市越秀区民政局注册登记为民办非企业。后来,微乐益改名"微辣青年",专注于支持青年社会性成长,工作主要包括支持高校公益发展、陪伴青年公益人才成长等。其品牌项目包括微辣学院——针对大学生公益骨干的公益成长学校;SUPERCLUB——针对青年公益践行者的成长探索俱乐部。

截至 2018 年 4 月末,微辣青年累计为青年举办超过 5000 小时培训工作坊,覆盖 77 所高校,累计服务大学生超过 1 万人次,深度支持 700 名青年。

成立数年，微辣青年多次面临财务危机。刘海庆说，2016年12月26日，他们对外发出公告，宣布暂停微辣青年的一切活动事宜。转机出现在2017年4月，微辣青年开始调整思路，通过"未来支付"的方式开启"共创者计划"，让那些曾经参加过微辣青年的培训营、如今已经毕业找到工作的"营员"，以月捐的方式来支持后来者的成长计划，加上数家基金会的支持，微辣青年获得了喘息之机。

此外，在2008年，中山大学社会工作教育与研究中心主任罗观翠率领中山大学的第一批社工系毕业生创办了广州市海珠区启创社会工作发展协会（以下简称"启创"）。

其时，广州市启动社工人才队伍建设及政府购买社工服务试点探索，采用"走出去"、"请进来"的方式，以香港经验辐射广州。启创在这样的背景下诞生，响应先行先试的"政府购买服务"，开展前线社工服务。这是广州第一个专业社工组织。

经过10年发展，启创的规模明显扩大。目前，"启创社会服务团队"由8个核心机构组成，服务分布在广州、南海、顺德、中山、汶川、绵阳、香港等地。截至2017年3月31日，启创员工人数达268人，服务领域囊括青少年服务、长者服务、妇女儿童服务、社区戒毒康复服务、医务及康复服务、留守儿童服务等多个领域，以2016年为例，资金规模达2655万元。

三 受中山大学公益氛围吸引而加入的公益组织

按朱健刚教授的说法，不同功能的公益组织在中山大学周边密切合作和形成联盟，产生规模效应和集体行动。最热闹时，曾有"新港西路NGO一条街"的说法。

除了ICS网络和"中大系"发端的公益组织，也有一些机构因受到这个生态圈良好氛围的感染而加入。

广东省绿芽乡村妇女发展基金会（下称绿芽基金会）于2013年3月6日在中山大学成立。据了解，绿芽基金会是中国最早关注打工妹的公益组织"农家女"的"南方注册版"。现任绿芽基金会理事的谢丽华，早于1993年便创办了全国第一本面向农村妇女的综合性月刊《农家女百事通》，后因缘际会落地广州。一个政策背景是2012年

7月，广东在国内率先全面放开社会组织注册登记。

据绿芽基金会理事长蔡文方介绍，扎根广州后，绿芽基金会选择的第一个办公点是在千禾的办公空间。按蔡文方的说法，找办公室的时候就不想离大家（千禾及其他公益机构）太远。"大家在一起，经常搞沙龙、办论坛、互动、互相借力。"令蔡文方印象深刻的是到中山大学公民课交流，与其他公益机构分享注册经验，等等。

值得一提的是，在2018年的99公益日活动上，绿芽基金会取得了不错的筹款成绩。据蔡文方介绍，他们在自己资助的村庄通过海报、培训等方式进行动员，还找到了8个企业进行配捐，共筹得100余万元。

拜客绿色出行是一家致力于倡导自行车友好城市的公益组织。取名于英文的"bike"，成立于2012年，前身是发起于2010年的"拜客广州"志愿者行动小组。2015年，时任拜客总干事陈嘉俊把怡乐九巷11号的一栋民国老房子租了下来，将二楼打通，重新修缮，变成了一个大的联合办公场所。

从2010年给市长送单车，到2012年推动广州公开PM2.5数据，再到2016年推动自行车出行安全，拜客曾算得上广州最具知名度的NGO之一。然而，2017年，因筹资不到位，这个广州的明星公益机构不得不面对转型甚至大幅度的人员调整。按相关负责人的说法，他们需要"过冬"，未来也变得"扑朔迷离"。有评论说，"东江水暖鸭先知"，做倡导的机构，更能比较敏锐地看到资方的变化。

结　语

据以上机构的发展经历可以看到，这些年来，"中大公益集群"散播了一些关于公益精神的种子，承担了培育积极公民的社会责任，有效支持了一批在地NGO的发展，也为社会创新，解决公共议题，在广州公益发展史上写下了独特的一笔。

在朱健刚教授看来，这个社群的可贵之处在于其有着共同的精神气脉——公益精神、公益社会。"它不是传统慈善，扶贫济困，而是为了一些公共利益聚在一起，然后用一种和平渐进的方式来表达自己的观点。"

不过，对于这些公益组织而言，挑战也是显而易见的。2015年后，中国公益行业重新调整，资本与价值孰轻孰重的争议此消彼长。中国主流基金会的资助逻辑悄然转变，从基于价值观的支持，变得更像是一次面对社会领域的投资。此前，人们在筹款时主要谈理念、参与、陪伴，现在，人们开始如商业路演一般，谈业绩、晒团队，或者推销独有的资源与技术。对于许多以价值观为旗帜的NGO来说，他们正在丧失自己原有的优势。

"中大公益集群"同样面临这些挑战，因而不得不面对巨大的竞争和生存压力，有些机构甚至表示，他们正在"过冬"，希望寻求新的转型方向。

朱健刚教授表示，从无到有，"中大公益集群"有过一段辉煌的历程，期待它下一个高潮的到来。

（执笔：罗苑）

赋能麻风康复者：汉达的故事

挂在中山大茅麻风康复村的宣传展板引来了很多康复者的围观，康复者欣喜地发现自己是照片中的主角后，害羞地遮住脸庞，但又按捺不住内心的激动，还想继续看展板上的照片。在这些老人脸上，洋溢着的是笑容。不过，更让他们开心的是，汉达康福协会（以下简称"汉达"）很快就要来大茅村举行2014年品荔公益游的答谢采摘活动了。大茅村里现在还住着56位麻风康复者，他们的平均年龄都在60岁以上。当他们知道汉达要在自己的村子里举办答谢活动后，都纷纷前来帮忙，他们和志愿者一起张贴海报、挂横幅。虽然他们的手因为麻风后遗症而有些不便，但仍能灵活地把细长的绳子穿进横幅上的洞眼里，然后在墙上钉上钉子。布置好场地之后，老人家们仍驻足在展板前看着那些照片，迟迟不愿离去。

汉达为了给麻风康复者假肢项目筹款，从2011年开始举办品荔公益游活动，该项目是他们一年中最重要的活动之一。一个2500元的义肢，就可以让一名截肢麻风康复者重新站起来，为此，汉达创办了品荔公益游这一新公益项目。在这个活动中，汉达举办了慈善拍卖会，邀请社会各界爱心人士前来参加，拍卖所得善款全部用于为麻风康复者制作假肢。经过汉达和康复村沟通协商，在拍卖结束后，汉达会邀请捐款的爱心人士前往种有荔枝树、龙眼树的康复村中，品尝、采摘荔枝和龙眼，并和麻风康复者聊天、做游戏，以此来增进大家对麻风康复者生活状况的了解。

2014年是品荔公益游的第四年，公众的热情依然不减。拍卖会现场认捐额达到了225000元，善款金额可制作90个义肢，距离2015年105个义肢的目标仅差15条。答谢捐款人的采摘活动在风景如画的中山大茅村举行。进入大茅村需要在村口的码头乘坐快船，15分钟后便可到达。河两岸的芦苇、满塘的荷花、荡漾的微风让公益人士暂时忘记了这些老人曾是被隔离而到这里生活的。也正是这个美丽的村子和开朗的康复者感动了来到岛上的每一位爱心人士，在答谢活动当天，汉达又筹集到了余下15个义肢的经费共计37500元。这意味着2015年将有105位麻风康复者能够重新站立起来。

1. 创立

汉达是一个有着将近20年历史的慈善组织。杨理合先生从20世纪60年代开始研究麻风病领域，从那时起，他的一生就和麻风病患者交织在了一起。杨理合先生一直奔波在各地的麻风村中，从事麻风病治疗和科研工作。

1994年9月12日，杨理合先生在巴西参加了一个由韩森氏病（麻风病）康复者组织的研讨会，近50名与会代表分别来自美国、韩国、中国、古巴、印度和巴西等国家。会议着重讨论了如何帮助麻风康复者建立自信，使他们自立、自强，重获作为一个正常人应有的权利，这给杨先生很大的启发。会议决议成立了一个国际组织，以帮助世界各国的麻风康复者回归社会，过上有尊严的生活。值得一提的是，该组织的主要领导人全由康复者来担任，这就是后来的"国际理想协会"（IDEA：International Association For Integration Dignityand Economic Advancement）。同年9月16日，国际理想协会正式成立。巴西会议结束后，参加会议的杨理合教授、沈望阳医生与3位康复者代表周鸿禄、孔豪彬、陈冠洲一起，立即将会议情况向国家卫生部和广东省卫生厅汇报。经审核，国家卫生部和省卫生厅一致同意筹备成立"广东省汉达康福协会"。汉达康福协会既是一个独立的本土机构，同时也是国际理想协会的一个分会。协会希望立足广东，放眼全国，为麻风患者提供生理康复、社会康复、经济康复服务，帮助患者恢复健康，重获希望和尊严。

一个以麻风康复者为主体的组织的发展，最重要的是得到麻风康复者的支持。杨教授为此深入到广东各地的麻风康复村，将自己关于成立"汉达"的想法及巴西会议的精神与康复者进行分享，出乎他意料的是：康复者纷纷表示支持，也很有热情。康复者的热情坚定了杨教授筹办康复者组织的决心。

在夫人张月玲的支持下，杨理合将自己的客厅和阳台腾出作为办公室，将自己的退休工资作为办公经费，电话机公私合用，开始了长达两年的筹备工作。当时的卫生厅防疫处处长池银庆非常敬重杨理合医生，在卫生厅的支持下，1996年8月19日，国际理想协会中国分会正式成立。协会在广东省民政厅注册，由省卫生厅主管，是一个具有法人资格的非政府、非宗教、非营利的社团组织。组织取名为"汉达"（HANDA），这个名字是为了纪念发现麻风杆菌的汉森（HAN）教授和奉献终生照顾麻风病人的达米恩（DA）神父，以表示要以这两位先驱作为榜样，这便是中国最早致力于服务麻风康复者的NGO组织。

2. 围绕四大康复开展的项目

汉达的服务内容主要是针对麻风患者开展的社会康复、心理康复、生理康复和经济康复。这是在1996年汉达成立之际，杨理合提出的四大康复理念——"社会康复"即倡导反麻风歧视的宣传和教育；"心理康复"即康复者心理疏导和自信心的培育；"生理康复"即防止残疾的发生和发展；"经济康复"即鼓励康复者用自己的智慧和双手开展生产自救，其中经济康复是汉达工作的重点。杨教授认为孩子的未来是康复者最忧心的问题，绝大部分孩子因受麻风病的影响而失去了上学或继续升学的机会，并严重影响到他们将来的求职就业能力。因此，针对这些孩子的就业问题，汉达创办了缝纫培训班和小被子制作项目。在这里，孩子们除了学习技能之外，还能够学习如何与人沟通，如何参与社会活动。

除此之外，在国际理想协会和闻路得女士等人的帮助下，杨教授还筹得部分项目资金，在清远杨坑医院、广东省泗安医院等地开展养鸡、养鱼及芒果种植等工作，除了经济康复，生理康复、心理康复和社会康复的工作也相继开展起来。汉达目前的主要项目有：流动视力保护项目、流动假肢制作项目、社会心理康复项目、社区发展项目、医疗互助项目以及乡村公益之旅项目。

流动视力保护项目是汉达和广州爱尔眼科医院一起合作的项目，合作优化了成本，使得项目可以为有需要的康复者提供帮助。项目配备有流动手术车，可以到边远地区为有需要的康复者及贫困人群提供免费的眼疾手术治疗，帮助康复者及贫困人群摆脱失明的困扰，让他们能照顾自己甚至照顾家人。

汉达有一辆流动假肢制作车，车上配备假肢制作所需的工具、仪器等设备，可以随时随地为康复者提供更便捷的服务，为麻风康复者制作假肢，以及提供假肢维护等服务。目前汉达负责假肢项目的工作人员一天最多能完成6条假肢的制作，从清理康复者残端，到制作假肢，再到最后穿上假肢，有时甚至能在一天之内就完成。

让康复者融入社会一直是汉达服务的宗旨之一。社会心理康复项目运用专业社会工作的理念，社工根据麻风康复村不同需求开展不同类型的活动，致力于提高麻风康复者的自信心，并提高社会对麻风病的科学认识，促进康复者与社会的沟通，竭力消除麻风歧视。

社区发展项目则是遵循参与式发展的理念，结合专业的社工手法，为康复者提供发展平台，动员及鼓励康复者通过自己的劳动改善经济状况，推动康复村综合发展。

医疗互助项目则是为了减轻康复村的老人们因疾病或意外事故住院治疗产生的医疗开支负担，并为康复者的身体康复提供帮助。

为了帮助家庭困难的麻风康复者并协助其子女接受良好的教育，汉达还开展了助学项目，帮助他们增强融入社会的能力，从而提高康复者的整体社会地位。

看到汉达一步步成长，杨理合有一种成功的喜悦，他特别满意汉达所坚持的理念："助人自助"。这个理念倡导给麻风康复者"鱼竿"，鼓励引导他们"钓鱼"，而不是直接"给他们鱼吃"，使得麻风康复者可以不再依赖外界资助，而是靠自食其力生活。2003年11月，日本财团将"社会贡献奖"颁发给杨理合教授，以表彰杨先生的杰出贡献。杨先生是当年25位获奖者中唯一的华人。

杨先生的工作也得到了麻风康复者们的尊重。2005年1月，杨理合教授被诊断为主动脉弓血管瘤，手术需要20多万元人民币。消息传出，各地的麻风康复者纷纷为他捐款，表达心意。杨先生的善行也深刻影响着他的团队，汉达现任秘书长陈志强说："杨教授是我人生的引路人，从一个医生到汉达管理人员。如果不是他的影响，我可能还是医院里的一名医生。有人问我是否对这一选择感到后悔，我想我会对这一选择感到骄傲，因为我看到杨教授的付出为麻风康复者所带来的改变，更看到了汉达在'追求真、奉献爱'精神影响下将不断进取发展的未来。"副秘书长张燕也说："他像父亲一样陪伴着我们工作。"而最典型的是汉达流动假肢项目的负责人袁亚华先生，在他还是孩子的时候患了麻风病，杨教授把他带出麻风村治疗，康复之后，培养他学习假肢制作技术，现在袁亚华先生已经从当年的技术人员成长为整个项目的主管，也组建了自己的家庭。他激动地说："没有杨教授，就没有我的今天！"

3. 康复者主导的治理结构

为了提高康复者参与社会活动的积极性，使康复者通过综合康复项目得到自我认同，机构强调自己是麻风康复者自治的组织，以会员代表大会作为最高权力机构，通过选举产生理事会和常务理事会。

汉达康福协会的组织架构详见下图：

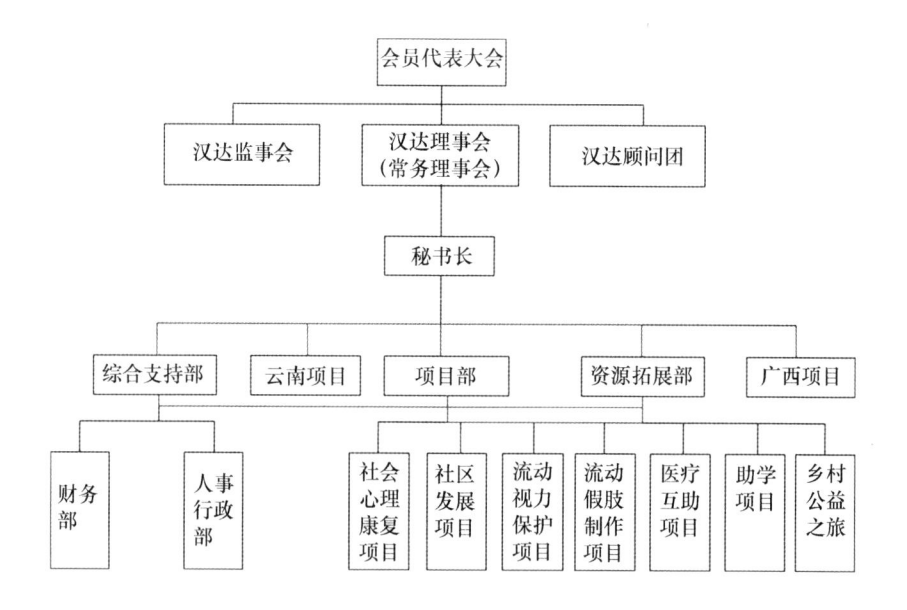

```
                    会员代表大会
                         │
      ┌──────────────────┼──────────────────┐
   汉达监事会         汉达理事会          汉达顾问团
                   (常务理事会)
                         │
                       秘书长
                         │
  ┌──────────┬──────────┼──────────┬──────────┐
综合支持部  云南项目   项目部    资源拓展部  广西项目
  │                     │
 ┌┴┐        ┌──┬──┬──┬──┬──┬──┐
财务 人事    社会 社区 流动 流动 医疗 助学 乡村
部   行政    心理 发展 视力 假肢 互助 项目 公益
     部      康复 项目 保护 制作 项目      之旅
             项目      项目 项目
```

会员代表大会是汉达的最高权力机构，每届任期5年。会员代表大会须有三分之二以上会员代表出席方能召开；决议须经会员代表半数以上表决通过；会员代表大会提名和选举理事会及监事会成员，每届选举15名理事会员及3名监事，从理事会成员中再选举出理事长、副理事长及常务理事。

理事会由会员代表大会选举产生，理事会是会员代表大会的执行机构，在闭会期间领导本会开展日常工作，对会员代表大会负责。理事会不超过15名理事，其中至少有3名是女性，非康复者理事不超过5名，任期5年。每年至少召开一次理事会会议，会议法定出席人数至少占在任理事会成员总数三分之二方能召开，决议经理事会三分之二以上表决通过方能生效。

监事会成员由会员及理事会成员推荐，由会员代表大会审核表决通过。监事会是协会的监督机构，负责对协会的财务状况、财务管理以及有效贯彻执行相关法律法规制度并进行监督，维护协会的权益。汉达康福协会设立监事3名，监事任期与理事任期时间相同，任期届满，可连选连任。

经第四届理事会决议，由康复者组成的单一治理结构转变为以康复者为主体、吸纳非康复者理事加入的多元化治理结构，为机构有效治理打下了基础。为了增加理事会中的非康复者理事的数量，让非康复者理事发挥更大的作用，陈志强被选为秘书长，成为理事会和执行层之间的桥梁。

这样一来，汉达的理事会成员除了麻风康复者的参与，还有来自社会各界的非康复者理事。非康复者理事更是最大限度地为汉达连接资源，提供全面的支持。汉达现任非康复者理事樊嘉欣在访谈中说道："汉达在选择非康复者理事的时候都会从不同的方面去考虑，就是为了全方位地为麻风康复者服务。不同的非康复者理事来自社会的不同阶层和职业，有眼科的医生，有法律上的专业人士，也有媒体人，财务的专业人士，大家各尽所能为汉达作出贡献。如果把汉达比作一个大家庭的话，那这样的组合就是最好的了。我个人觉得如果每个成员可以多抽出些时间多交流，这个家就能运营得更好了。"从汉达的组织架构可以看出，汉达既是康复者群体自己的利益代表，也是为他们服务的社会机构。

4. 全国的扩展与挑战

汉达的服务并不仅限于广东，目前的服务范围覆盖广东、广西、云南、四川、江苏、山东等12个省份，还在广东、广西、云南分设区域办公室。

汉达从2000年开始在云南省开展工作,在国际助残及文山州卫生局的支持下,汉达于2004年4月设立汉达云南办公室,以帮助解决当地康复者所面临的生活及社会问题。项目点由2004年的1个地州9个康复村,扩展到2014年的8个地州44个康复村,开展项目亦逐步扩展到社会、心理、生理、经济等方面。此外,汉达还结合云南特殊环境需要,协助康复村开展基础设施建设和助学项目等工作。

2003年1月5日,汉达广西办事处成立;2004年2月12日,汉达文山办事处成立;2004年1月3日,汉达参与四川凉山项目的运作;2008年,汉达四川办公室成立(2010年终止)。其余省份的服务均以单个项目运行为主,详情见下表:

项目	项目时间	项目覆盖区域
社会经济康复项目	1996年至今	覆盖广东、江西、湖北、广西、云南,2010年起仅云南有此需求
基础建设重建项目	1999年至今	覆盖广东、广西、云南,逐渐仅云南有此需求
助学项目	1997年至今	广东、广西、云南、江西
综合生理康复项目	2000年至今	广东、广西、云南
流动视力保护项目	2001年至今	广东、广西、云南、福建、湖北、江苏、四川
假肢项目	2002年至今	广东、广西、云南、福建、贵州、四川
医疗互助项目	2003年至今	广东、广西,云南2013年开始启动
社会心理康复项目	2003年至今	广东、广西、云南
机构能力建设	2008—2010年	整个机构
社区发展项目	2011年至今	广东、云南
社会工作服务中心	2012年至今	广东、广西

但是,汉达的发展仍然面临着严峻的挑战——麻风康复者的减少。"麻风是一个夕阳领域,康复者会越来越少,这个群体的范畴也慢慢在萎缩,汉达服务一段时间之后是不是就要关门了呢?"秘书长陈志强常常被问到此类问题,他的回答是——"麻风康复者是会随着

时间的推移而不断减少,这是大家都无法否认的。协会将来怎么发展?这个问题其实很早就在理事会上讨论过,但这并不是一个简单的决定,这必须是理事会所有成员都深思熟虑之后才会有结果的问题。还有就是麻风康复者他们的心声,协会始终以他们为中心,他们的想法、意见都非常重要。"

在第四届理事会的工作会议中,大家讨论出两个关于汉达未来的发展方向,一个是朝着残疾人领域发展。因为汉达为康复者服务了很多年,积累了很多残疾人工作、服务的经验。同时汉达也有一些专业方面的能力和设备,例如假肢、防护鞋、器具等。在这些方面,汉达的技术并不比残联等机构差。而与其他成批生产服务器具的商业机构相比,汉达工作做得更细致,更人性化。另一个方向是老年人服务领域。因为汉达这么多年一直在服务老年人群体,而且是情况更特殊、服务难度更大的残疾老年人群体,尤其是义肢服务这个领域,汉达发现不仅仅是康复村,中国很多乡村里的残疾人其实都非常需要义肢服务,而汉达的流动义肢项目恰好能够实现贫困残疾人安装义肢的需求。

但麻风康复者仍然有许多方面需要帮助。2012年,媒体报道了被人遗忘的云南鲁夺麻风康复村。村里没有照明设施,已经残疾的康复者只能在山坡上种地,粮食常常短缺。这样的报道让汉达理事会意识到,还有很多他们没有发现的康复村,很多康复者依然生活艰苦。汉达目前最紧要的任务就是寻找那些没有被发现且生活艰难的麻风病康复者。关于鲁夺麻风康复村的报道让汉达警醒,他们不能满足于已在服务的康复村,还需要付出更多的精力去寻找新的康复村。秘书长陈志强说:"可能其他领域的服务我们可以推迟,但是这些老人家(指麻风康复者)是没法等的,所以说我们应该抓紧,赶快去那些真的很需要、但是目前还没有得到一些相应的帮助和服务的地区,现在我们应该朝着这个方向走。"

5. 调整与创新

对于已有的麻风康复者的服务,汉达也在根据不同地区的情况开始调整他们的重心,探索创新。例如在广东地区,有些康复村的老人残疾程度较轻,身体还很硬朗,汉达就着重在这样的村子大力开展社区发展项目，创造更多机会让这些老人与社会接触，提高他们的自信。目前汉达在努力运营一个叫做"康福工坊"的社会企业，它致力于推动麻风康复者的自我发展能力，搭建起康复村产品销售网络，康福工坊一方面可以改善麻风康复者的经济状况，另一方面也可以消除社会对他们的歧视，最重要的是它帮助麻风康复者重新融入社会。负责人黄彦嘉说："我们希望这些老人家在身体状况允许的状况下，通过自己的劳动，收获喜悦，改善经济状况。而城市里的人通过老人们的劳动成果，认识麻风，从而开始关注麻风康复者。"

这个康福工坊在博罗上坪康复村获得了成功，这个村庄远离都市、坐落在群山环绕的地方，有许多特色的农副产品，如蜂蜜、芝麻等。这些产品具有天然、生态、健康的品质，却因为地处偏远大部分只能由康复村中的康复者们自己消化或贱价出售给村附近的商贩，销售不出去的，便只能积存在村中任由其腐坏。即使是卖出去的产品，一些收购商贩也以麻风康复者的产品为由，刻意压低农产品的价格。为了给康复者增加一定的经济收入，同时提升康复者的社会价值感与自信心，2011年，汉达社区发展项目团队开始协助康复村中5位养蜂村民的蜂蜜推广工作。

通过项目团队的市场开发，现今，博罗上坪康复村的蜂蜜成了康福工坊的畅销产品，城市的消费者通过购买蜂蜜来支持这些麻风康复者，这也是社会接受麻风康复者的一个好的开始。康复者得知他们的蜂蜜卖到了各地的城市，更是感动不已，他们也开始变得开朗、自信起来。

康福工坊在广东地区的成功，鼓舞着团队在云南的康复村中复制社区发展项目。云南得天独厚的自然条件下生长着很多野生菌，还有许多特色的农副产品；生活在云南康复村里的除了麻风康复者之外还有康复者的子女，他们身体健康，这是发展社区项目最需要的两个条件。

而在广东、广西地区，麻风康复者的生理服务需求开始萎缩，新做假肢的需求越来越少，已安装假肢的康复者只需要进行维护、修理假肢的工作，为康复者定制的防护鞋发放数量也越来越少，生理康复这部分需求的减少意味着康复者能够自助护理自己的溃疡处，懂得更好地保护自己。因此，汉达开始侧重于关注康复者在社会康复、心理康复方面的需求，康复者希望看到年轻时因疾病而错过的风景，他们渴望和更多的人交流。针对这样的状况，汉达开始开展带康复者去外地旅游，带康复者重回故乡和家人团聚的社会心理康复项目。

而在云贵地区，康复村的经济状况远不如两广地区。近几年媒体对云南地区康复村的报道，让汉达决定将服务的重心转移到云南、贵州那些经济困难、交通不便的地区。在云南地区的麻风康复村，汉达除了开展"四个康复"项目之外，还根据当地状况，开展助学、小额贷款等项目。

不过汉达在工作中也遇到许多挑战，首先就是人才的缺乏，康复村的工作条件艰苦，对专业能力要求较高，因为机构常常无法在短时间内招募到合适的工作人员，只能采取招募志愿者下村活动的方式。

对于一个成立十多年的公益组织，汉达逐渐意识到它需要的不仅仅是项目的调整，而且还需要进行战略的调整，才能解决中国的问题。2006年，经过战略评估，他们意识到协会的核心挑战是本地发展能力不足，单纯依靠国际资金。于是在2007年，汉达成立了公共事务部，针对本地资源筹集开展工作，但是收效不大。通过反思，汉达发现用申请国际基金时的方式在本土并不适用。

于是，他们开发出"品荔公益游"，倡导"边吃边玩边公益"的公益体验模式；打造"汉达康福工坊"品牌，连结康复村与城市资源；并相继成立广州市汉达社会工作服务中心、广西汉达社工中心等社会工作机构，这些机构可以承接政府购买服务，为汉达"造血"。

社工机构是中国NGO的一种新形式，它由社会工作专业人士组成，开展社会服务，中国政府的服务合约主要是由社工机构执行。广州市汉达社会工作服务中心不仅服务于麻风康复者，而且扩展到更广阔的社会服务。广州市汉达社会工作服务中心注册于2012年6月，集成该组织17年的项目管理、组织管理、项目运作、评估经验，为社会工作服务提供专业评估、培训、研究与咨询服务，为社工人员及社工实习生提供督导服务，承接社会工作专业服务项目，为有需要的社群提供专业社工服务。社工中心以评估为方法，帮助社会组织明确自身的优劣势；以培训为内容，推动社会组织的能力提升；以咨询为辅助，协助社会组织的整体成长。

　　2009年，汉达进行了一次剧烈的内部管理改革，包括项目管理和行政制度。例如在项目管理上，协会转变了眼部流动护理项目的运作方式，改为与爱尔眼科合作，使资源整合和利用最大化；假肢项目采用承包制，以调动工作人员的积极性；在行政制度上则采取了企业化管理方式，把每一个人的付出指标化，不再是依靠自觉、自律进行工作。最重要的改革是引入了项目监测制度，它渗透在项目周期的每一个环节当中，协会希望建立一套监测系统，从数据上、成效上、质性的变化上来监测团队的项目成果。通过这些监测得到的数据、信息，协会可以随时随地向资助方、公众汇报项目的情况。这种企业化的管理模式对于公益组织来说一时半会还很难适应，部分老员工觉得汉达从一个人性化、温暖的机构变成一个讲究绩效、效率的"公司"，一时无法接受。办公室氛围曾一度十分紧张和压抑，也有员工选择离开，但是新的行政制度和机构磨合到现在，已经开始初见成效，员工们慢慢适应新的制度，改革也走出了阵痛期，机构开始走上正轨。

　　目前汉达的一线服务团队是由新人和经验丰富的老员工组成，他们之间还需要更多的沟通和磨合，对于刚加入汉达的新员工来说，这份工作无疑是一种挑战，但是这些年轻人并没有退缩，一线团队的成员梁静宜在接受访谈时说道："我从大一的时候就开始接触麻风康复者这个群体了，大学这四年没有间断地探访麻风康复村，已经和这些老人家们产生了感情，他们像我的爷爷奶奶一样。我当时就打算毕业了之后去相关的机构工作。"她在结束了汉达为期一年的实习之后成为了汉达的正式员工。

　　正是年轻员工的热情和活力让康复村充满了欢声笑语，但是他们还缺乏经验，不仅仅是从事项目时的专业性抑或面对服务群体的心理承受能力，他们都还需要更多的锻炼和支持。

　　近年来，随着机构影响力提升，汉达一线工作也得到了专业社工人员的青睐。员工逐渐趋向专业化，相承着机构管理的专业化，让汉达在迎接未来的挑战时，多了一份自信和底气。

6. 面向未来的能力建设

汉达正处于中国公益慈善日新月异的环境之中，对于汉达的项目官员来说，现在的项目越来越难——基金会的要求越来越高，民众的要求也越来越高。人们不仅仅会关注汉达是否用心在做项目，他们还会关注汉达有没有严谨的体系来保障项目的执行，这就对汉达的机构能力提出了鲜明的挑战。

意识到了能力建设的重要性后，汉达的早期资助方为汉达提供了培训的资金，让他们可以开展丰富的培训活动。2008年，新西兰麻风救济会专门为汉达提供资金以支持他们进行各方面的培训，内容包括项目管理、时间管理、团队建设等。但是新员工更期待老员工能够从繁忙的行政事务中腾出一点时间，将工作经验分享给他们。2018年，汉达秘书长陈志强完成了他在加拿大为期两年的非营利组织管理专业（MBA）的学习，他说："团队管理和组织对我来说，一直都是一个挑战，我需要不断地学习、实践，让汉达的团队更团结、高效，从而才能给公益机构提供更有效，更专业的支持。"

（执笔：朱健刚　薛　腾）

商业向善，穗企公益趋向平台化

企业以其商业思维和管理理念介入社会公共生活空间，同时，企业庞大的上下游产业链使得渠道拓展成本下降，社会资源集聚，参与公益的人越来越多，企业慈善就获得了另一种更大的意义和价值。

最近几年，商业向善正在成为广州企业履行社会责任的新趋势，越来越多的穗企在追求经济效益的同时，关注社会效益，将做好事纳入企业发展战略中。在这个过程中，商业成为解决问题的重要力量，与此同时，这对企业发展而言亦有帮助。

2016年，广州市围绕"聚焦贫困人口，助力攻坚脱贫"的活动主题，广泛发动社会力量积极参与"羊城慈善为民"行动系列和广东扶贫济困日活动，涌现出一大批具有社会责任感的爱心企业。

当2017年广州拉开了创建全国"慈善之城"的帷幕时，"政府搭台，企业推动，社会组织唱戏"的协同机制开始发挥效应。2018年公布的第八届广东扶贫济困"红棉杯"获奖名单上，涉及地产、制造、医药、金融等多个行业，除了大企业的名字外，不少中小企业也投身于扶贫济困的第一线中。

背负着"利"和"义"的企业既在商业思维和先进的管理理念中提供社会问题的解决方案，同时也在寻找商业空间和发展新机遇，当企业介入社会公共生活空间时，此前仅仅是"献爱心"的企业公益行为便有了撬动社会资源的向善力量。

清华大学公益慈善研究院副院长邓国胜认为，企业慈善不仅仅只是简单的施舍的过程，而是一个投资的过程，是树立企业社会责任，提升企业形象，扩大企业社会影响力的一个过程，企业要动员更多的员工，动员更多的上下游产业链，共同去做慈善。

政策撬动商业向善

2017年春天，广州拉开了创建全国"慈善之城"的帷幕，在全国率先把创建"慈善之城"纳入城市整体发展战略，推出"慈善之城"行动方案，计划在未来5年建设成引领国内、在国际上具有一定影响力的"慈善之城"，充分发挥慈善事业在经济社会发展中的作用，使其跟广州作为国家重要中心城市的地位和影响力相匹配，让慈善成为广州的新名片。

一年后，在2018年底发布的第五届中国城市公益慈善指数上，广州表现亮眼，综合指数得分仅仅排在北京之后，位居全国第二，比上一届跃升了两位，继续保持全省第一。特别是政府支持指数和地级市综合指数得分，广州均排名全国第一。

如果将慈善行动比喻成一个零件紧密的机器的话，政府引导与社会力量的协同互动必不可少，政府管理部门就相当于发动机，引导社会组织、企业、民众发挥所长。

体现各方协同的一个样本是刚刚过去的2018年广州汇丰社区节。2018年是汇丰社区项目在广州深耕的第六年。2013年汇丰首次推出国内第一个由企业发起，旨在推动社区建设的资助计划"汇丰广东社区服务成长计划"，适逢广东聚力发展社区建设，汇丰与政府携手支持了广州、深圳等地30个中标的社区公益项目。

此后4年内，"广东经验"走向全国，"汇丰广东社区服务成长计划"向全国范围内的14个主要城市复制生根，形成国内最大的系统支持社区建设项目——"汇丰社区伙伴计划"。

广州市民政局负责人表示，社区节联动政府、公益组织、企业和社区居民各方参与，展示了一大批深耕6年的社区项目，将为推进社区治理提供支持。每年的广州汇丰社区节以社区嘉年华的形式，促进居民深度参与社区事务、广泛关注公益事业、多维展示城市社区建设的共享平台。

"今年广州市公益慈善联合会承办了广州市'深化羊城慈善为民'行动创建慈善之城之寻找'慈善家庭'活动，这次我们将'慈善家庭'融入本次社区节，希望促进两个慈善活动共享社会资源。"广州市慈善会相关负责人指出，社区节和广州"慈善之城"建设联系更紧密，将惠及更多社区，助力慈善社区、慈善街道建设。

广州汇丰社区节是"政府搭台，企业推动，社会组织唱戏"的典型项目，在此之前的"广东扶贫济困日"更是增强了民营企业家对投身慈善的信心。

2010年6月30日，首个"广东扶贫济困日"，星河湾集团创始人黄文仔认捐1亿元，仅在9个月后，他再次捐资1.19亿元，开始全面启动从化吕田镇狮象村的新农村建设。

两年后的广东扶贫济困日的活动上，恒大集团董事局主席许家印再度慷慨解囊，捐资3.5亿元，在2010—2012年间，许家印和恒大在广东的扶贫事业捐赠额已经达10.5亿元，仅在"广东扶贫济困日"已累计捐款7.88亿元。

广州经济以房地产、金融等传统产业为主，当地企业家在参与公益慈善时也偏爱传统的扶贫济困、捐资助学，香江集团的刘志强、翟美卿夫妇，恒大集团的许家印、时代地产的岑钊雄等房地产商人均在政府倡议的扶贫活动中常有大手笔捐款。

商业向善的力量在2017年度广州慈善榜上有了更直观的呈现，当年上榜302家单位，捐赠超过千万元的企业有10家，从捐款额来看，2016年9月—2017年9月间，星河湾集团有限公司捐赠5804.5万元；广州汽车集团股份有限公司捐赠4149万元；广州市长江企业集团有限公司（广州市君杰实业有限公司控股企业）捐赠2507.7万元；广发证券股份有限公司捐赠2323万元；广州珠江实业集团有限公司捐赠1606万元……一组组的数据反映了广州企业对商业价值和社会价值的追求。

此外，梳理榜单也发现，广州企业的务实精神也融入了扶贫济困的行动中，公益慈善项目持续时间较长。广发证券股份有限公司先后5年捐赠"南粤山区优秀教师奖励基金"；东凌控股集团有限公司设立东凌教育基金，积极参与助学帮困、扶贫救灾、文化体育、拥军、环境保护等公益慈善活动；广州农商银行发起设立太阳公益基金会，投身精准脱贫攻坚战，开展大棚种植产业帮扶……慈善基因早已扎根在广州企业的品牌文化中。

捐技能捐时间，企业公益更多元

数字的背后，广州企业参与公益的形式也更加多元。除了捐款外，捐步数、捐技能、捐时间也成为企业公益的重要手段。企业立足于行业属性和企业资源，打造出创新的慈善服务，广州企业也成为互联网公益的先行者。商业向善，不仅是一家企业献爱心，更重要的是构成一条责任链，从而撬动更多的社会资源。

2015年，新世界中国携手广州市金丝带特殊儿童家长互助中心及广州慧灵智障人士服务机构举办"微笑曲奇"公益活动，通过线上绘画"微笑曲奇"和线下义卖，吸引了微信圈中1.8万余人次的参与，筹得2万多元爱心义卖捐款，所得善款全数捐献给广州金丝带慈善机构，用于癌症儿童病区服务项目。

在活动中，新世界中国招募了广大的社会资源：用于绘画爱心的曲奇来自广州慧灵智障人士服务机构旗下的麦子烘焙坊，全部由智障人士亲手制作。义卖活动在新世界旗下多个大型社区，如岭南新世界、新世界凯粤湾、凯旋新世界、广佛新世界、东方新世界等全线开展，近500名市民参与了体验活动，为丰富社区文化和增强邻里亲融提供了平台。

"慈善和关爱一直是社会的倡导，有时候爱心没能很好地表达和传递只是因为缺少一个机会，而我们这次活动就是直接在社区里为大家提供这样的机会和平台。"新世界义工队负责人陈琳总结企业公益项目成功的因素包括：第一，参与门槛低——就在家门口，每个人小小的慈善投入就能获得价值肯定；第二，形式灵活——既可以通过互联网的线上点击，也可以在小区里面轻松加入；第三，有意义——活动的公益成果并非虚无缥缈，能令癌症儿童减少苦痛，民众还可以直接参与监督。

唯品会打造了"唯爱工坊"电商公益平台、"你提名，我资助——唯品会公益助学计划"、"唯爱妈妈+"幸福赋能计划、唯品会APP"我的公益"——"运动+公益"平台等旗舰项目，发挥互联网公司的资源优势，通过"你走我捐"、"消费即公益"等多种创新方式，让会员广泛参与到各个公益项目中，连接爱心的供与需。

除了捐款稳定、参与形式多元、项目可持续外，广州企业关注的公益慈善议题也更加多样化，不仅局限于本地帮扶，其扶贫济困行动甚至产生了全国性的影响。

"绿水青山就是金山银山"，生态环境保护已经成为全社会关注的议题，其中广州企业也不例外。广汽集团旗下品牌广汽传祺早在2016年就与三江源管理局、世界自然基金会（WWF）签署战略合作框架协议，加入我国首个国家公园建设计划，成为中国首家参与国家公园建设的社会化企业。

2017年，广汽传祺又发起了"护源有我"湿地使者行动，提供了传祺产品作为项目及巡护用车，分批次组织员工志愿者、供应商志愿者和媒体志愿者奔赴三江源地区，践行野外观察、野生动物保护、退牧还草、环境保护教育、捐赠巡护物资等志愿服务工作，从源头起实地践行守护使命。

2018年，广汽传祺将持续开展志愿者服务活动，引入更多的社会力量和专业人士加入到保护三江源的行动当中。

经济效益与社会效益相互促进

随着社会创新、技术创新和金融创新局面的形成，商业和公益的边界日益模糊，创新性的"商业向善"也给广州企业带来了意料之外的影响力。

近年不少企业把目光放在了精准扶贫领域，扶贫如何实现从"输血式"的生活救济型扶贫转变为提升贫困地区内生动力的"造血式"开发型扶贫，如何从大水漫灌式的全面扶贫到滴灌式的精准扶贫？在多年的实践中，本土企业在精准扶贫上也积累了一套"广州经验"。

以星河湾集团的扶贫模式为样本，可以看到"既追求扶贫数字更注重品质"的扶贫模式。

2011年以来，星河湾集团在广州从化狮象村进行了定点帮扶、整体帮扶、系统扶贫、精准扶贫，几年来先后投入约2亿元，践行从"输血"到"造血"的扶贫方针。一方面，星河湾集团与当地政府保持顺畅沟通，为解决脱贫问题成立了专门的扶贫项目工作组，与镇政府、村委会制定"造血"措施，根据自然条件、地域特点和市场需求，确定主导产业。另一方面，星河湾集团立足企业资源，安排专业工程管理人员，从项目规划、设计、施工建设到交付使用全面负责，对位于广州从化良口镇的狮象村进行了重新规划，将15个社队的15个农民居住点集中到3个片区，并且将集约土地用于耕作，增加10%的耕地面积，从而提高土地利用率。在良口镇狮象村的扶贫中，星河湾集团投入5100万元捐建的从化良口镇综合农贸市场起到了良好的"造血"作用，农贸市场带来的租金收益帮扶良口镇28个贫困村。为了支持这一农贸市场的持续运营，星河湾集团与当地村委会共同成立了农业发展公司，发展本地畜禽养殖、菜圃种植及旅游产业，调动村民的积极性。

广汽集团采取的则是实行帮扶主体"1+1+1+2"的模式，即每个贫困村明确1名挂村责任领导、1个总部责任部门、1家责任企业和2家支持企业定点帮扶。2016—2018年，广汽集团定点精准帮扶清远连州市九陂镇联一村、白石村和四联村。

明确扶贫目标后，落地之前，规章先行。广汽集团制定了《新时期精准扶贫精准脱贫3三年攻坚及城乡结对共建文明工作实施方案》，集团及责任企业、支持企业共同筹集资金3年预计4200万元。截至2016年底，广汽集团系统共投入1283.8万元扶贫款，定点帮扶贫困户829个，通过举办职业技能培训班，共有206人次接受培训，帮助95名贫困人员就业；投入8.34万元资助45名贫困学生接受教育，投入29.06万元改善当地学校的教育环境和教育设施。

从这些广州企业的扶贫济困实践中，可以看到精准扶贫模式在广州的创新，其共同的特点在于挖掘贫困地区的核心优势，并寻找与企业自身优势的结合点，力求做到资源互补，重点放在"赋能"而非"资助"，对于企业来说，经济效益与社会效益之间相互促进，在农村消费、绿色发展、低碳经济等领域还会有新的机遇出现。

构筑社会化服务平台

近年广州企业越来越关注公益服务的社群渗透性，相较于过去的直接捐赠，构筑社会化服务平台成为思考的方向，并且通过公益创新形成一套可规模化推广的服务模式，在平台化的过程中，跨界开始频繁出现。

这一趋势从2018年9月启动评选的第二届广州社会创新奖中可以看出端倪。60个获奖项目中，包括有"为爱麦跑"等企业主导的社会责任项目，有"蓝信封留守儿童书信陪伴"等社会组织实施的公益慈善项目，还有"智能魔杖"一类由创客团队带来的创业项目，获奖项目横跨了政府、企业、社会组织，逐步凸显了广州社会创新的本土化、多元化和草根性特点。

广州市社会创新中心理事长周如南指出，获奖项目还呈现出创新和跨界的特点，各个项目均拥有清晰的目标以及精准的定位，能够整合不同的社会主体，使用非传统的方式解决社会问题并产生可见的社会效果，项目针对的社会问题具有公共性，在条件类似的领域或者社区有示范和推广价值。

事实上，当谈起公益慈善时，同时也在提供社会问题的解决方案，这需要政府、机构和企业多方联手。在三方力量中，已经有人指出它们各自所扮演的角色——政府做基础保障体系建设、公益组织解决顶层社会问题，在这中间存在着巨大的商业空间和资金空缺，企业需要找到恰当的商业定位、利用商业规模化带来的经济效益补充庞大的资金空缺，实现公益可持续发展。比如新世界中国的"微笑曲奇"和慧灵麦子烘焙坊的结合，国内心智障碍者面临着巨大的就业压力，政府无法马上投入资金去解决问题，对于同时背负着"利"和"义"的企业来说，则存在着商业创新的机会。

广州的慈善传统深厚，尤其是民间色彩浓郁、草根价值凸显，广州商业向善的方向也趋向平台化，企业以其商业思维和先进的管理理念介入社会公共生活空间。同时，企业庞大的上下游产业链使得渠道拓展成本下降，社会资源集聚，参与公益的人越来越多，企业慈善就获得了另一种更大的意义和价值。

（执笔：彭颖）

自营电商扶贫：唯品会的精准扶贫新模式

土族阿妈祁生敏此前从没想过，有一天她会带着自己的盘绣作品，离开她所在的青海互助土族自治县，来到乌镇参加世界互联网大会，并在大会上发言。

祁生敏是"唯爱·妈妈制造青海盘绣合作社"的技术带头人。在唯品会唯爱工坊平台，每卖出一件199元的盘绣T恤，除去原材料、制作成本及合作社营运成本之外，祁生敏的社员们能得到70元的报酬，一个人两天可以绣3件T恤，意味着一个月能有3000多元的收入。

而在此之前，精美的盘绣做工费时又费精力，原始成品缺乏实用性和时尚感，几十上百个工时绣出的绣片只能换来微薄的收入，在当地，不少年轻的土族女子都放弃了这项技艺，在农闲季节选择外出打工，盘绣的传承面临着严峻的考验。

这是祁生敏第一次走出县城。对于这些可能一辈子也不会走出去的土族阿妈们来说，可以通过自己的双手挣到一份有尊严的收入，不仅是一种物质上的获得，更是一份精神上的体面。

2017年，唯品会电商公益平台唯爱工坊诞生，一年的时间里，他们打造出多款非遗产品，盘绣背包、扎染围巾、藏毯杯垫……那些散落在远方的非遗技艺在电商的护航下，成为城市白领生活中的诗意单品，青海阿妈手中的绣线跨越2500公里，成为时尚女郎的盘绣背包。

这是唯品会打造的唯爱工坊电商公益平台的魔术，在商业与公益正处于"鱼和熊掌如何兼得"的疑问中时，唯品会提供了一个新的思考的方向。

古老非遗飞出大山

唯品会"唯爱工坊"于 2017 年 5 月底启动，致力于发掘与打造优质公益产品，为其提供成熟的电商运营支持，包括免费的设计、包装、质检、营销和物流等，以企业的核心竞争力实现公益产品的市场化，"消费即公益"的理念贯穿其中。

至今，唯爱工坊根据受助群体以及产品特点开拓了"非物质文化遗产活化"、"弱势生产者帮扶"以及"特殊群体关爱"3 个系列。其中"非物质文化遗产活化"版块已先后推出"东方盘绣 & 扎染""土族阿妈的盘绣潮牌"和"唤醒千年之美·非遗万物"等多个专场，收获各界好评。

在这些专场中，唯爱工坊以挖掘非遗手工艺为切入点，通过为手艺人提供知识和技能培训，引入设计师资源进行美学重构，开发和孵化出系列非遗时尚产品，实现前端生产与终端销售的打通，不仅让非遗时尚新生，更为非遗手艺人尤其是贫困妈妈们带去持续可观的收入，获得更有尊严的生活。

非遗扶贫是"唯爱工坊"最先探索的领域。以服饰穿戴类产品起家并跻身中国前三甲电商平台的唯品会，用户中 80% 以上为女性，通过整合品牌设计研发、精准组织贫困绣娘制造、高效运营电商渠道、时尚营销等系列动作，可以对纺织服饰类非遗与现代生活场景进行融合和重构，让手工作品真正变商品。

利用质检、物流、营销产业链运营支持体系，定制开发具有市场竞争力的公益产品进行综合赋能，一方面提升受助群体技能与项目管理能力；另一方面将销售收入用于帮扶目标群体，为贫困生产者的产品提供免费的流量和成熟的电商运营，这是唯品会所规划的互联网精准扶贫模式。

在实践层面上，唯品会公益按照"三步走"的战略。前期投入经费建设"唯爱·妈妈制造合作社"，为有传统非遗技艺的贫困妈妈们提供知识和技能培训，帮助她们发挥手工艺特长；同时邀请知名设计师进行浸入式体验和创作，将传统美学进行重构，让非遗产品更具时尚性与生活实用性，设计师与贫困妈妈们共同生产制作；最后，唯品会免费为产品提供包装设计制作、商品质检、线上营销运营、物流配送等支持，在"唯爱工坊"电商扶贫频道上对产品进行零利润售卖，专场销售所得全部用于帮助这些贫困妈妈们。

在唯品会的公益逻辑里，很重要的一点是促进互联网公益生态可持续发展，体现在非物质文化遗产传承与活化上，"唤醒"和"激活"是第一步。拥有上百年历史的非遗手作带着时光的厚重，但同时也显老气，首先要让这些非遗手作"活起来"。

让非遗手作变身商品面临的一个大问题是——保证每一件手作质量的同时还要保证流通的数量。培育非遗手工艺者是非遗传承的核心，唯品会通过捐赠善款建设"唯爱·妈妈制造合作社"，对当地的妈妈们进行知识和技能培训，手艺人以合作社单元的方式进行生产，并从中选择一位技术带头人，在这种生产模式下，既可以让非遗手作的质量持平，同时可以"以老带新"，传承非遗技艺。

"唯爱·妈妈制造合作社"为有意愿学习非遗工艺的当地女性提供全面培训，发掘她们的手工艺特长，培育更多非遗匠人，壮大生产队伍。

"妈妈制造"项目自2016年9月启动以来，已先后在青海、内蒙古、云南、贵州等12个省份建立了40个合作社，覆盖蜡染、扎染、剪纸、京绣、苗绣、盘绣、藏绣、藏毯、蒙古绣、彝绣、鲁绣、巫绣、掇花绣、竹编、红豆银饰、手工皮艺等22种传统手工艺，超过2000余位手工艺阿妈加入手艺之家，开发了100余款兼具东方文化特色和市场潜力的文创产品。

此外，唯品会还与中国妇女发展基金会、北京服装学院、友成企业家扶贫基金会等达成战略合作，持续帮助非遗手艺人参加培训、学习以提高技艺水平、进行产品设计和开发等，保证项目的可持续运营。

除了手艺人，唯品会连接的另一头集结了多位设计师。2017年下半年，在唯品会的牵线下，国际知名设计师张肇达来到青海，与当地的秀娘一起设计手稿，将土族盘绣的元素融入服装、装饰品、箱包等产品当中，随后国内知名的设计师蒋熙、Petros、JEVO大君等也来到非遗所在地进行浸入式体验和创作，对扎染、盘绣、蜡染等多种非遗重新设计构建，日常亦可佩戴和使用的扎染围巾、盘绣背包、蜡染·巴拿马礼帽、蜡染腰封等非遗"爆款"一件件面世。

"指尖绝技"转化为"指尖经济"

"唤醒"和"激活"之后，接下来便是"赋能"，连接着3亿会员消费者的唯品会是为公益项目进行赋能的优质平台。在唯爱工坊售卖妈妈们制作的民族手工艺品，唯品会提供质检、物流、营销产业链运营等支持体系，实现前端生产与终端销售的打通，部分销售所得直接回馈非遗手艺人，做到"扶贫"和"扶智"结合，从而构建"造血式扶贫"的长效机制。

以非遗保护为核心内驱，运用信息网络等现代技术和电子商务平台运营，推动设计、生产、管理和营销模式变革，重塑产业链、供应链、价值链，改造提升传统动能，使得非遗手作更符合当下的审美和生活场景，电商平台的全链条服务推动着非遗手作的市场化及产业化。

唯爱工坊非遗扶贫的产品出售后，贫困手艺妈妈们可以从中获得售价的30%—60%作为劳动报酬。这些非遗商品的销售所得，将帮助有传统手工技艺的贫困妈妈们获得有尊严且持续的收入，同时带动外出女工返乡，有效改善留守儿童和空巢老人等社会问题，这是"造血式扶贫"机制的内在逻辑。

那非遗产品"怎么卖"关注度更高？唯品会为此专门开辟了非遗专场。2018年2月4日立春，唯品会"非遗万物立春公益专场"在电商扶贫频道"唯爱工坊"正式上线，包括盘绣背包、扎染围巾等在内的上万件非遗技艺时尚单品、工艺体验包和文化传承课程等商品，向数以亿计的消费者正式亮相，通过互联网展示中国文化之美。

这也是迄今为止唯品会推出的最大规模的"非遗专场"。唯品会"唯爱工坊"与公益合作伙伴踏访11个省份，精选23种非遗技艺，汇聚学者、设计师和非遗手艺人的力量，打造出多种产品，总货量1万余件，专场的销售所得将用于帮扶贫困地区的非遗手艺人。

唯品会还利用自身作为时尚电商的资源优势，将非遗引入伦敦时装周等全球时尚盛事，让非遗从古村落的田间地头走上秀场，在世界舞台上大放异彩，唯爱工坊助力中国传统非遗文化走出国门，也为非遗传承带来了更大的想象空间。

时尚商业化的产品、成熟的电商运营支持，实现了非遗产品的商品化和市场化，加上零利润销售并全渠道配合营销，到了这里，古老的非物质文化遗产被赋予新的生命，飞入了寻常百姓家。

唯爱工坊所带来的影响，对于手艺人来说，实实在在的体现是收入的提升上。"以前在广东打工每个月有2000元收入，家里婆婆年纪大了就选择回来，现在每个月也可以获得2000元收入；加班的话，甚至可以得到3000元工资。"对于唯爱妈妈制造贵州织金蜡染合作社社员杨光美来说，以前她根本不知道蜡染也可以赚钱，加入合作社之后，既可以就近照顾家里人，还可以拿到和外出打工时一样的工资。

贵州织金蜡染被誉为"世界上最精细的蜡染"、"指尖上的芭蕾"，具有两千多年的历史，但是随着时代的发展，传统蜡染产品因为缺少设计感和生活实用性，以往织金也缺少龙头企业带动，使得蜡染、苗绣难以打开市场，产业水平较低。祖祖辈辈传承蜡染的苗家妇女难以此谋生，渐渐放弃了蜡染手艺选择外出打工。

"传统蜡染、苗绣产业有了长足的发展。但在打开市场方面还存在短板。"织金县委副书记徐开焱指出，一是宣传不够，织金蜡染刺绣"养在深闺人未识"，"世界上最精细的蜡染刺绣"并不被人熟知，没有形成品牌；二是本地公司带动能力弱；三是尚未建立稳定的销售渠道，目前主要是作为旅游产品和农村自用；四是创新不够，没有挖掘出其艺术价值和商业价值。

2017年11月初，唯品会牵手中国妇女发展基金会在贵州织金共同建立了"唯爱妈妈制造苗族蜡染合作社"，唯品会不仅为当地带来千万订单，还为多个奢侈品牌担任设计顾问，创新传统蜡染苗绣艺术设计，让蜡染变潮款。

唯爱工坊的合作社以及大批量订单的输入在当地产生了非常好的激活效应，带动当地的蜡染扶贫从"输血"向"造血"转变。因为有了前期两家合作社社员创收增收的示范，织金出现了越来越多自发成立的合作社或是注册蜡染刺绣公司。短短几个月内，织金已经在32个乡镇里成立了66家蜡染合作社。截至2018年10月15日，在织金已经有1783名绣娘通过唯爱工坊获得持续的劳动报酬。

"今年预计实现产值5000万元以上，带动3280余人增收，其中贫困人口1100余人，人均收入提高1500元以上。"据徐开焱介绍，在唯品会订单的带动下，已经有越来越多原本从事其他工作的绣娘回到刺绣蜡染行业。

当杨光美和其他绣娘一起制作的苗绣和蜡染手工产品，通过"唯爱工坊"电商扶贫频道到达全国各地乃至海外消费者的手中时，一位49岁的藏族阿妈正在四处寻找藏绣的销售渠道，苦心挖掘新的技法和产品，号召同村有手艺的阿妈们参与制作。

藏绣源于公元9世纪，在漫长的历史进程中，藏绣吸收了中原文化、中西亚文化的特点，已发展成为青藏高原特有的文化现象，沙沟乡正是这项手艺的知名产地。沙沟乡的中年妇女们几乎人人都懂绣，个个都能绣。然而由于时代飞速发展，人们的审美理念飞速变化，这项精湛的手工艺正逐渐成为"遗失的美好"，慢慢淡出人们的视野。当地越来越多的年轻女性迫于生计，放弃手艺，离乡谋生。

索南措从13岁开始就跟随老一辈藏绣能人学习辩套等藏绣技艺。索南措在制作民族风格的嘉龙、套龙、索斗等方面积累了丰富经验，树立了独特的艺术风格，在历年举办的藏绣比赛中多次荣获嘉奖。为了让藏绣这门手艺得到传承，同时帮助更多的姐妹摆脱贫困，索南措也曾尝试过让藏绣飞出大山，然而设计图案与时尚脱节、制作的产品不符合当下社会实用性、销售渠道狭窄等一系列问题困扰着索南措，导致帮扶工作效果平平。

"妈妈制造"以索南措为手艺带头人，成立"妈妈制造藏绣合作社"，联合知名设计师进行艺术再造，把新鲜时尚的设计理念融入藏绣文化当中，创作出市场上畅销的实用性产品，并为当地女性提供专业的技术培训，实现从设计到制造的全新升级，通过号召企业、名人等社会资源，让更多的人了解藏绣、喜欢藏绣，让更多当地的年轻女性回归家乡，传承这项非遗手工艺。以市场为导向，因地制宜发展当地非遗特色时尚产业，并重点引进各知名品牌设计师力量，培育上下游龙头企业，唯品会打造的"电商平台＋入驻知名品牌＋时尚设计师＋当地龙头企业"的全产业链帮扶模式，在越来越多的地方生根发芽。

"慈善＋"的生态圈将更多姿多彩

  唯品会在互联网精准扶贫这条路上，也免不了有困惑。"寻找手艺人的过程我们花费了很长时间，年轻人多数不了解非遗技艺，而掌握非遗手艺的阿妈由于要带孙子孙女，很难抽出空来接受培训以及参与制作，而且非遗产品都是纯手工的，一针一线花费时间很长，产量比较少，我们目前也正在寻找更多合适唯爱工坊的非物质文化遗产。虽然过程比较漫长，欣慰的是变化已经发生。"唯品会企业社会责任总监王永庄说。

  和别的企业做公益不同的是，唯品会涉足公益是抱着"中途退出"的目的来的。"可持续发展的公益项目应该是脱离掉某一个企业还是能正常运转的，所以我们带动了唯品会平台上多个品牌参与到唯爱工坊中，共同发现中国非物质文化遗产的文化魅力和商业价值。"王永庄解释说，要实现非遗的产业化，"产、学、研、售、秀"一环都不能少，将非遗整个全产业链打通，政府引导，产学研助力，平台对接，最终从资本、市场，人才等多个维度为非遗提供一个可持续的产业化解决方案，从而实现非遗自身的内生性发展。

  2018年1月，唯品会在北京宣布与中国妇女发展基金会、友成企业家扶贫基金会、北京服装学院等专业机构达成战略合作，构建非遗扶贫新经济生态圈，从行业指导、人才培养、手艺人帮扶、设计师和品牌资源引入等方面，"产、学、研、售、秀"的非遗扶贫新经济链条初步成型。

  未来，唯品会还将在立夏、立秋、立冬等节气推出相应的非遗万物二十四节气专场，通过长期投入运营，汇聚各方力量，助力"非遗扶贫新经济"成长，推动非遗的可持续性落地。

  唯品会公益目前形成了四大旗舰项目，除了"唯爱工坊"电商公益平台外，还有"你提名，我资助——唯品会公益助学计划"、"唯爱妈妈＋"幸福赋能计划、唯品会APP"我的公益"——运动＋公益平台等旗舰项目。截至2017年底，唯品会累计投入公益资金超过1.2亿元，捐建6所唯品会小学、1所唯品会爱心幼儿园和12间山区爱心多媒体教室，累计捐赠物资8万余件，直接帮扶超过21万人。

传统的公益模式是单向的，捐赠者通过援助物资或者慈善款等方式帮助被捐赠对象，一次完成的方式导致双方是割裂的，更谈不上可持续的扶贫的模式。近几年来电商平台纷纷投身公益事业，借助互联网的力量升级公益模式，唯品会打造的"电商平台＋入驻知名品牌＋时尚设计师＋当地龙头企业"的全产业链帮扶模式有一定的参考价值。

唯爱工坊的特点是可持续、全链条、全开放。公益产品商品化后，借助唯爱工坊电商平台零利润销售，专场所得将全额返回给弱势生产者。"唯爱工坊"公益项目的设立，打破了传统互联网公益的思维，构建了慈善闭环，从根本上为公益对象提供持续的造血能力，从而让公益项目具有可持续发展性。如今公益日趋精细化、专业化，这一模式在提高扶贫的效率和准确性上都有积极效果。

在唯品会的公益思维中，无论是当下把时尚品牌连接到唯爱工坊，还是未来期待更多其他企业参与，可以看出，企业的公益思维已经从单打独斗变成追求协同效应的最大化，合作角色正在走向多元。

当下"慈善＋电商"、"慈善＋区块链"、"慈善＋人工智能"等创新的公益模式正在出现，技术变革使得公益的效率正在加快，同时"慈善＋"衍生的姿态也越来越多姿多彩，扎根在广州的唯品会是"慈善＋电商"的一个缩影。近年来，越来越多"慈善＋"在广州发生："慈善＋互联网"，"广益联募"目前已有242家公益慈善组织入驻、482个公益项目上线；"慈善＋体育"，广州马拉松、广州国际龙舟赛等国际赛事均携手慈善；"慈善＋艺术"，慈善电影周、慈善演唱会、慈善拍卖会等精彩纷呈；"慈善＋实体"，151个各类慈善活动基地覆盖全市，让市民零距离参与慈善……公益慈善正在走向生态，以唯品会为代表的广州爱心企业在公益生态化的过程中，也在不断提高自己的市场化运作思维，深化自己的社会责任意识，成为广州建设"慈善之城"不可或缺的力量。

（执笔：彭颖）

媒体公益在广州

公益慈善事业作为社会保障体系的重要组成和补充,在促进社会公平、维护社会稳定中发挥着不可替代的作用。自改革开放以来,尤其是20世纪末21世纪初,广州把发展公益慈善作为社会治理的重要工作加以推进,公益慈善事业取得长足进步。

伴随着公益慈善事业的快速发展,广州媒体也开始加大对公益慈善领域的关注度和参与度。媒体公益在广州的发展经历两个重要阶段。第一阶段,媒体作为传播者报道公益慈善新闻,从早期的求助个案报道,到后期开设公益慈善专版,媒体持续深入的报道,让公众得以了解和关注公益慈善,同时也推动一些实际问题的解决;第二阶段,媒体作为组织者参与公益慈善事业,最近几年,媒体不再局限于单纯的新闻报道,而是主动介入,通过自身的平台与资源推动公益慈善事业的发展,在这个过程中,成立慈善专项基金或者创办民办非企业成为媒体实施公益慈善项目的重要手段。

媒体的公共属性使其天然地具有热心公益慈善的传统,从最初出于工作职责需要,参与慈善活动,报道公益新闻,到后来发起慈善项目、成立慈善专项基金,做公益已经成为不少广州媒体的工作常态。媒体不仅是慈善活动的报道者、传播者,也应该是公益慈善行为的主体,参与、组织和引导公益慈善的发展,这样的转变,正是媒体社会责任的回归。

初创公益组织因媒体报道获得发展

21世纪初,国内公益慈善事业仍处于起步阶段,不少新生的民间公益组织在组织规模、资金状况、社会影响力和专业化程度等诸多方面存在不足,迫切需要获得更多的社会资源。而媒体,尤其是以报纸为首的传统媒体,极具号召力和影响力,能为初创公益组织提供很好的展示平台。

清华大学教授邓国胜认为,媒体报道,一方面,为公益组织的知识普及和迅速发展起到了推波助澜的作用;另一方面,一些自下而上的公益组织通过媒体的频频报道而获得机构生存与发展所需要的志愿者资源、物资资源和其他资源。

这两种作用在公益慈善和媒体环境均较为活跃的广州尤为突出。

以广州市乐善助学促进会(下文简称"乐助会")为例,这是一个在2004年发起的志愿组织,主要在贫困地区开展助学活动。机构最初的成员仅有数人。面对众多的助学需求,如何找到更多志同道合的志愿者,成为创始人李锦文的主要工作。

乐助会创始人李锦文说,那段时间他经常在论坛上发布乐助会的资助情况,故事引起了不少媒体记者的关注,《广州日报》《信息时报》《南方都市报》《羊城晚报》相继报道了乐助会的故事。

那时候,大部分市民跟草根慈善组织并没有直接的接触,他们知晓公益组织的存在并对之留下好印象,很大程度上取决于媒体的报道,而乐助会被媒体传播的故事吸引了不少市民参与。"媒体的报道给我们带来了很大的帮助。"李锦文说。

乐助会在媒体关注下日益壮大,并依靠自身的努力,逐渐发展为华南地区最大的助学机构之一。事实上,乐助会在广州地区并不是个例,很多机构都因为得到媒体的聚焦而获得不少的关注。

不过,当时更多的公益报道记者都是兼任,一般报社或者电视台都有专门跑各线口的记者,比如教育、卫生、体育、经济、民生等,慈善报道只是作为一个偶尔关注的领域,可能是跑民生线的记者去报道,也可能是跑教育线的记者去报道,报道普遍倾向于个人救助方面。

此外,媒体在报道需要帮扶的对象时,呈现方式多以悲情色彩唤醒读者的善心,注重从生活细节出发,叙述方式偏煽情,用"口述历史"的方式报道每一个需要帮助的个体故事,为公众传递正能量和价值观，推动他们加入到公益慈善活动中，将温暖回赠给有需要的街坊，让正能量在社会中有机循环、生长。

基于富裕的家庭有爱心不知如何释放，困难的家庭有需要不知如何求助的现状，媒体的报道潜移默化地改变许多人，既传播了慈善精神，又鼓舞了在艰难中努力生活的人们。对于广州读者来说，购买报纸，为身边的街坊做一些力所能及的小事，已变成阅读例牌。媒体为受助和捐助搭建了一个力所能及、从身边做起的爱心平台，为困难家庭与热心市民架起了一座互通的爱心桥梁。

开辟专版专刊深度报道公益

对于中国公益慈善事业发展而言，2008年是一个重要的年份。那一年，包括汶川地震等一系列重大公共事件的发生，促进民间公益慈善在社会救济中发挥的作用更加显著。业界将2018年称为"中国民间公益元年"。

在2008年后，媒体将更多的资源投入到公益慈善领域的报道中，越来越多的地方日报、晚报、都市报、非公益行业报纸开设公益慈善周刊或专版。据不完全统计，2008年全国有6家报纸开设公益周刊或者慈善专版，5年之后增长到36家。

而作为媒体环境发达的广州地区，其实早有公益专版的源头可寻。2002年，《信息时报》推出公益版面《爱心档案》，以每周固定采访报道广州市内贫困家庭的个案为主，并一直持续至今。

《南方都市报》于2006年在广州版开设了《公益·慈善》专版，随后又陆续在深圳、佛山、东莞、惠州、珠海、江门、中山等城市版开设，形成了8个地方版的公益新闻版块。地方版的公益新闻关注的内容主要是传统慈善意义上的社会救助信息。2011年，《南方都市报》在主报上推出专门的公益版面《公益周刊》，每周8个版，设置了封面、新慈善、深公益、社区社群、企业公民、社会创新、新益思等版面，其口号是"新公民、新公益、新生活"。《公益周刊》更侧重于深度报道，关注公益故事、人物与事件，聚焦行业重大议题，选择对公益领域有重大影响的事件和主题，深入采访报道，形成对选题的深度开掘，以及对议题的聚焦效果。

2011年7月，改版后《中国财富》杂志出版，由《南方都市报》、中国扶贫基金会等机构联合出品。杂志立足于整合公益界、学术界、传媒界，以及企业界、政界、文化界等各种有志于公益慈善事业的力量和资源，在中国社会转型进程中，通过专业的新闻操作手法，打造一个深度关注公益及慈善事业发展、集新闻报道、行业研讨和公众互动为一体的权威传媒平台。杂志的目标是打造"中国公益第一刊"。

此时，广州媒体将公益慈善划为固定报道领域已成为一种趋势，越来越多的媒体开设公益慈善专版。

2009年5月，《南方日报》开辟"南方公益周刊"，并以此为平台展开公益慈善新闻传播，关注公益慈善领域热门事件，通过"企业公民在行动"、"南粤新公益"等栏目发掘社会企业责任行动中的特点亮点，探索广东所涌现的公益创新模式，推崇以创新的公益手段解决社会问题。

2011年1月，《新快报》开创天天公益栏目，将每年200多个版面投入扶贫助困、助医救命等报道选题，至今超过2000名求助者获助。一年后，《新快报》也推出《新公益》周刊，追踪公益事件热点，报道慈善公益人物。

中央人民广播电台华夏之声的《公益华夏》栏目创办于2013年，以"讲述公益故事、传播公益理念、推动公益社会建设、传递社会正能量"为宗旨。节目推出不久，在广州产生广泛影响，于是当年6月改为日播，华夏之声将《公益华夏》作为重点栏目推广，全力报道广州乃至国内公益事业的发展。每天一个小时纯公益类节目，直到现在，在全国广电系统中仍是绝无仅有。截至2018年4月，《公益华夏》栏目已播出近1900期，采访公益界人士超过3000人次。

得益于媒体对公益慈善的议程设置，不少公益慈善组织通过媒体的深度报道，获得了推动解决实际问题的效果，为自身进一步发展获取有利条件。

广州市癌症患儿家长会最早由几个癌症患儿家长发起，是从2006年就开始在广州两家医院开展面向癌症患儿家长的公益活动。但"黑户"问题一直困扰着家长们。而在广州各家媒体一系列深度报道的环境下，引起广州市民政部门的重视。2011年，他们顺利转正，注册为"广州市金丝带特殊儿童家长互助中心"，成为社会组织登记管理改革的典型例子。

时间来到2013年，媒体公益报道在经过几年快速发展后，开始出现转折。中山大学副教授周如南在《公益报道与公益媒体年度观察（2013）》中讲到："就公益传播而言，一方面，传统媒体开办《公益周刊》和公益版面的增速有放缓之势，其身份定位也在新闻专业主义与价值倡导甚至行动倡导之间游移；另一方面，公益新媒体持续高走，但阵地逐渐从微博转向微信为代表的移动互联网终端。"

时任《南方日报·南方公益周刊》主编戴远程则认为："借助公益报道平台，媒体品牌一方面能实现自身媒体品牌价值，同时也有助于媒体各项采编、经营联动事业的提升，媒体公益报道的空间十分广阔。"

成立慈善基金运作公益慈善项目

伴随着公益慈善事业的进一步发展，媒体参与公益慈善的方式不再局限于报道宣传，《广州日报》《南方都市报》《羊城晚报》《信息时报》《新快报》等媒体纷纷与公益慈善组织合作，实施公益项目，设立专项基金筹集善款，致力于多途径打造媒体的公益品牌，输出公益影响力。这种媒体与第三部门的合作形式，成为广州公益慈善事业发展的一大特点。

《信息时报》自2003年开始便与广州市慈善会合作，创立了"信息时报爱心慈善金"，旨在资助新闻报道中遇到的特困个案和特急个案，并对《爱心档案》的每户困难家庭给予300元资助。截至2018年11月初，爱心慈善金总收入7032719.28元，总支出3075550.94元。而在2012年底，《爱心档案》转型，成立公益事业部，仅2013年共输出独家策划的大型公益品牌活动5个："善在车尾箱"、"筑梦"少年游学、"蓝唇跑"关注肺动脉高压群体、"幸福小屋"安居改善计划、"公益小记者"训练营，为其树立公益品牌形象奠定基础。

2012年，《广州日报》在广州市慈善会设立了"广州日报广爱慈善基金"，派出专职的社会新闻记者与医院、基层社区联动，对受助人情况进行客观、全面的采访报道。每周一期在《广爱同行》专版上报道需要受助的重疾个案，为其和社会爱心人士之间搭建起沟通、援助的桥梁。截止到2019年12月底，该项目已报道及帮扶重疾受助个案405例，已拨付2098.22万元，帮助重疾人士重新找回了新的希望。此外，"广爱梦想大舞台"活动项目借助《广爱同行》中的"圆梦"栏目，报道珠三角若干贫困家庭的梦想，同时向社会征集热心企业或人士助其圆梦。按照时间及针对不同的人群范围，这一项目又细分为"念亲恩"、"助学季"、"大团圆"等几大主题活动，贯穿全年进行。

《新快报》与广东公益恤孤助学促进会合作设立"天天公益专项基金"，从2014年开始致力于打造一个公益化运作、履行社会责任、关爱弱势群体的平台，开展扶贫济困、医疗救助、教育促进和社区融合等慈善公益活动，必要时也开展应急救灾的救助。此外，自2006年起，新快报已连续12年携手广州市民政局，为广州市救助保护流浪少年儿童中心①的500多个流浪儿刊登寻亲档案，引领90名流浪孩子回归家庭；自2013年起发起"天天公益·爱心团年饭"，为正遭受苦难的家庭送出一餐有肉、有菜、有温暖的团圆餐，至2018年春节已为近900个贫困、重疾、失独家庭的1000多位家庭成员筵开羊城。

广东广播电视台则着力打造"大爱有声"公益行动品牌，以线上线下互动、融媒传播的方式，举办多个主题多种形式的公益活动，立体多元地传播社会正能量。"大爱有声"于2013年创立，至2016年底，举办了30多个主题的500多场公益活动，播出了1500多辑次的广播节目，通过"两微一端"推送了6000多条次的新媒体信息和网络节目，组织创作了12首原创歌曲。其中，新闻广播的"大爱有声·母乳爱"、"大爱有声·义工行动"；城市之声的"大爱有声·全城义载"、"大爱有声·温暖社群"；南粤之声的"大爱有声·U爱有

---

① 该中心于2019年1月更名为"广州市未成年人救助保护中心"。

声"、文体广播"大爱有声·关爱留守/流动儿童"等主题活动均在社会上形成了较高的知名度和影响力。

《公益华夏》也参与推动了不同公益机构之间的合作。近年来，包括义拍公益广告、为免费午餐公益活动筹得5万元善款；推动彭湃公益基金会与免费午餐活动方达成合作协议，为广东海陆丰地区的小学引入免费午餐；牵线专注于儿童阅读的满天星公益与金融机构的合作，尝试推出金融产品，实现公益与金融的双赢。

不同媒体还尝试联手推动公益。2016年9月，由广州市慈善会、阿里巴巴天天正能量、信息时报社、中央人民广播电台华夏之声《公益华夏》、广东广播电视台新闻广播《大爱有声公益中国》、广东广播电视台南方卫视《人间真情》联合发起"一个故事温暖一座城"公益活动，希望通过媒体定期报道公益组织的故事，让更多市民了解广州的公益组织，继而支持公益、参与公益。

活动每月一次，遴选一家公益组织作为宣传对象，为其品牌项目举办落地活动，而多家发起媒体则挖掘公益组织背后的故事，并同步报道和宣传，"母乳爱"、"绿芽"、"满天星"等广州本土公益机构和项目相继获得报道。截至2018年9月，"一个故事温暖一座城"举办超19场线下活动，线上线下吸引超1200多万人次参与，直播150万人次观看，阅读传播率超900万人次。

创办民办非企业打造媒体公益品牌

媒体与公募基金会合作，通过成立专项基金间接获得公募权从而为项目进行筹款，这是《信息时报》《广州日报》和《新快报》选择的路径。也有媒体选择创办民办非企业来运营媒体公益品牌，《南方都市报》和《羊城晚报》是其中的代表。

2012年7月，由南方都市报社、《中国财富》杂志社和腾讯公益慈善基金会联合发起的广东济德文化公益服务中心（下称"济德"）在广东省民政厅注册成立。

济德是"南都全媒体集群"下属首批省级民办非企业机构，依托《南方都市报》《中国财富》杂志和腾讯公益基金会等公益全媒体传播平台，致力推动"全民公益"慈善理念和文化传播。济德成立之后陆续运营了"南都社区院线"、"南都思享汇"、"南都书屋"、"广东省捐赠换书中心"、"责任中国·公益盛典"等项目。

其中，"责任中国·公益盛典"是南方都市报旗下品牌公益项目。这是媒体为民间公益设立的公益奖项评选，以表彰年度杰出的公益名人、公益践行者、社会热点的公益事件及群体等，奖项包括公益人物奖、公益行动奖、公益思想奖、公益组织奖和年度致敬大奖等奖项。

南都基金会理事长徐永光担任奖项评委会主席，多年来评选出王振耀、杨团、李小云、免费午餐、大爱清洁、阿拉善SEE、真爱梦想等人物、项目和机构。业界评价，"责任中国"是一个被广泛认可并具有持久影响力的媒体公益大奖。

2016年12月30日，羊城公益文化传播中心成立。这是一家由《羊城晚报》和广州市社会组织联合会共同发起的非营利性社会组织，旨在整合羊晚全媒体资源和联合会政策指导，为全市各企业、社会组织、公益项目提供新闻策划、传播推广、资源对接、人才培训等服务。

在成立羊城公益文化传播中心前，羊城晚报已联合广州市社会组织联合会、广州市义务工作者联合会共同发起设立羊城企业公益培育基地，为爱心企业、社会组织和公益机构搭建一个公益项目"孵化"和"创业"的平台，承接了广州市公益创投新闻传播项目、孵化了"天天为爱洗衣"和"文化大篷车社区行"等公益服务项目、成立了羊城晚报学生记者亲子义工队、推出公益农耕体验营活动，等等。

羊城公益文化传播中心的宗旨是"让公益发声，为公益喝彩"，业务范围包括提供企业自主选择公益合作伙伴的平台；为社会组织链接企业资源；承接社会组织、公益项目新闻传播策划执行；出版公益文化相关刊物；举办公益文化传播活动；提供公益传播人才培训课程；提供公益文化传播政策指导；维护行业规范及传播理论研究等。同时接受政府部门的委托，承接政府公益文化传播项目，承接相关交流培训、联络服务等公共服务工作。

中心成立后，联合暨海慈善基金会、广州市义务工作者联合会、"公益资本论"工作室、广州市社会创新中心、和众泽益志愿服务中心打造高端公益沙龙品牌——羊城益企营，在2017年举办5场公益访谈和公益辩论，并通过直播的方式进行传播，吸引了超过5万人次的观看。此外，中心联合"公益资本论"工作室，编印《广州市社会组织公益创投创新案例集》一书，供行业交流和学习。同时，中心还承接企业、社会组织的公益传播策划需求，为它们的公益品牌树立、推广、传播出谋划策，并发挥资源优势，为企业和社会组织双方搭建交流对接平台。

（执笔：苏小星）

结　　语

　　由以上简单的历史回顾，我们尝试总结广府慈善文化的一些特点：

　　第一，平民慈善与扎根社区。广府人的生活品质偏向感性，注重务实优惠和感官体验，不过于追求理论思辨。这就使得广府慈善文化与人间烟火水乳交融，深深浸透在普通老百姓的日常生活之中，市井气息十足。因此，平民化是它的基本特征，顺其自然，真实生动，富于趣味和情节。此间所孕育的公益慈善人士，其形象往往不仅是官吏精英、文人学者或资本大家，而是有着数目众多的普通平民和有志公民。这一特点延伸至当代，则形成了广府慈善文化的又一特点：社区为本。它强调慈善行为从个体的日常生活中开始，因此，普通人基于社区自身的各种需求，以小型多样化的志愿服务的方式来回应社区需求，解决社区问题，进而实现社区本身的社会福祉。这种积极参与形成的社区认同感和归属感是广州区别于北京或者其他城市的关键所在。可以说，志愿精神而非慈善效率是社区公益的灵魂，也是当代广府慈善文化平民特质的重要内核。

　　第二，商人实践与现代特质。基于海洋文化的塑造，广府慈善在近代以来就不断积极吸收和引入西方现代的慈善理念：一方面在原有的善堂架构下建立现代慈善的理事会制度；另一方面大量引入类似博济医院这样依托基督教的慈善实践，形成了极具杂糅特色的广府慈善文化。与此同时，由于连通全球贸易，远离王朝中心，广府文化并不重农抑商，反而非常重商、重利、重海，使得商人常常成为当地慈善的重要推动者和执行者。近代以来，不仅从买办中产生如白纶生、梁云汉等著名的慈善家，且时至今日，更有无数的企业家成为当代广府慈善的重要人物。在这里,不仅商人慈善受到尊重,而且自近代以来,商业伦理便运用到慈善实践并广为接受。在今天,诸如政府购买服务、社会企业和公益金融等跨界实践,皆非常容易在广府文化的土壤上落地生根。

第三,官民携手与多元共治。事实上,这既是中国明清慈善文化的特点,亦是广府慈善自其近代兴起便继承至今的重要特质。早在戊戌变法的第二年,《申报》上便有"粤省善堂如小议会"的报道,清末抗美拒约运动的议事中心在广济医院,辛亥鼎革之际,宣布粤省脱离清廷、接纳共和的决议就在爱育善堂发生。今天,官民协商共治更成为广州城市的特色。政府的支持和民间组织的积极参与,双方默契地配合。共同协商,形成放而不乱的广州慈善,铸就了广府慈善生生不息的文化力量。